INCIPIT LIBER RATRAMNI DE CORP̅ ET SANG DNI

IUSSISTIS gloriose princeps, ut quid de sanguinis & corporis xp̅i mysterio sentiam uestrae magnificentiae significem. Imperium quā magnifico uiro principatu dignū. tam mihi ex paruitatis uiribus constat difficillimū. Quid enim dignius regali prudentia quā de illius sacris misteriis catholice sapere. qui sibi regale solium dignatur e̅ contribuere. Et subiectos pati non posse diuersa sentire de corpore xp̅i in quo constat christiane redēptionis summā consistere. Dū eni quidā fideliū. corporis sanguinisq̅. xp̅i quod in eccl̅ia cotidie celebratur dicant, quod nulla sub figura. nulla sub obuelatione fiat. sed ipsius ueritatis nuda manifestatione p̅agatur. quidā uero testentur

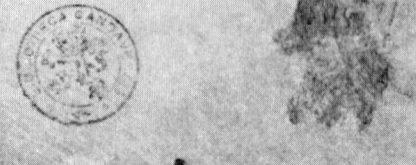

Fig. 1. Codex Lobiensis s. IX^med. (*L*), Bibl. univ. Gandavensis ms. 909^II, fol. 16vo, grandeur nature (voir p. 9).

VERHANDELINGEN DER KONINKLIJKE NEDERLANDSE
AKADEMIE VAN WETENSCHAPPEN, AFD. LETTERKUNDE
NIEUWE REEKS, DEEL 87

RATRAMNUS
DE CORPORE ET SANGUINE DOMINI
TEXTE ORIGINAL ET NOTICE BIBLIOGRAPHIQUE

Edition renouvelée
par
J. N. BAKHUIZEN VAN DEN BRINK

NORTH-HOLLAND PUBLISHING COMPANY - AMSTERDAM, LONDON - 1974

ISBN 72048288 7

LIBRARY OF CONGRESS
CATALOGUE CARD NUMBER: 74–81833

265.322
R189
1974

203037

AANGEBODEN IN DE VERGADERING VAN
11 MAART 1974

PREFACE

La première édition de ce livre étant épuisée depuis plusieurs années, je suis heureux de pouvoir la remplacer par une édition bien renouvelée surtout en ce qui concerne le texte-même du traité de Ratramne, De corpore et sanguine domini. Les études approfondies des manuscrits de l'abbaye de Corbie du Professeur B. Bischoff, Munich, et de M. T. A. M. Bishop, Cambridge, établissent avec certitude que le manuscrit connu comme: Bibliothèque de l'Université de Gand, ms. 909 (notre ms. *L*), est le produit du scriptorium de l'abbaye habitée par Paschase Radbert et Ratramne, et qu'il date de leur époque-même. C'est ce que nous ne savions pas il y a vingt ans. Tandis que la première édition fut basée principalement sur *L*, le nouveau texte est celui de *L*, tout simplement. L'importance des huit ou dix autres manuscrits mentionnés dans notre première édition, dont aucun ne peut descendre, immédiatement ou indirectement, d'une autre source que *L*, s'en trouve considérablement réduite; ils nous apprennent très peu sur le texte original de Ratramne. D'autre part, ils nous disent quelque chose de l'histoire ultérieure de son texte et de l'intérêt qu'on lui a porté jusqu'à l'editio princeps de 1531. Aussi n'avons-nous pas supprimé la description de ces manuscrits; nous avons même ajouté celle d'un manuscrit qui se trouve aux Archives d'Histoire de la Ville de Cologne (sigle: *Ca*), qui ne nous était pas connu plus tôt, et qui semble ne pas s'éloigner beaucoup de l'editio princeps.

Le texte du De corpore et sanguine domini de Ratramne que nous présentons ici est donc celui du manuscrit de Gand, n. 909, connu comme codex Lobiensis (ou Laubiensis), qui est en vérité un codex Corbeiensis du 9e siècle, sans plus. Afin d'éviter toute confusion nous conservons le sigle traditionnel de *L*. Parce qu'il est complètement incertain sur quelle tradition manuscrite l'edition princeps se base, nous avons noté les variae lectiones de celle-ci.

A propos de l'Exaggeratio, traditionnellement attribuée à Hériger, abbé de Lobbes (990–1007), nous avons pu constater, d'accord avec le P. Bedae Paulus (Pascasius Radbertus, *De corpore et sanguine domini*, Turnholti 1969), et d'après l'évidence de plusieurs manuscrits, que l'ébauche de ce recueil appartient plutôt à Paschase Radbert.

Primitivement nous avions été conduits au traité eucharistique de Ratramne en partant des discussions eucharistiques pendant la Réformation de la première moitié du 16e siècle. Les fortunes si variées que ce petit livre a connues, du temps de son editio princeps à nos jours, montrent de manière éclatante sa valeur extraordinaire du point de vue théologique. On a dit du traité eucharistique de Ratramne qu'il était un livre martyr; et ce à bon droit. Au concile de Verceil de 1050 il a été condamné comme hérétique, mais il était alors attribué à Jean Scot Erigène. Il a fort bien survécu à cette condamnation. Après la Réformation, approuvé par les Zwingliens et par des Calvinistes, il a été tantôt rejeté comme un faux, tantôt combattu directement par les Catholiques et enfin approuvé par quelques esprits critiques, dont Jean Mabillon. Notre 'notice bibliographique', qui raconte cette histoire, est réimprimée, non sans plusieurs corrections et mises au point.

Je tiens à remercier ici le Professeur A. Derolez, Conservateur des manuscrits de la Bibliothèque de l'Université de Gand, et M. T.A.M. Bishop, Cambridge, qui ont donné un appui précieux à mes investigations, et surtout mon Collègue G. I. Lieftinck, Leiden, aux avis duquel le lecteur doit essentiellement le renouvellement de ce livre.

Mars 1974.   J. N. Bakhuizen van den Brink

CHAPITRE I

LA TRADITION LITTERAIRE ET MANUSCRITE. DATATION

Les témoins

1. L'Anonyme de Cellot. Cet opuscule, contenant surtout des citations patristiques à l'égard de l'Eucharistie, a été imprimé par Louis Cellot S.J. sous le titre: 'Dicta de corpore et sanguine domini' dans l'appendice de son Histoire de Gotteschalck [1]. Cellot, qui avait reçu ce texte de la bibliothèque de son coreligionnaire Jacques Sirmond, le data du 9e siècle, ne pouvant identifier plus exactement ce traité; de toute façon l'ouvrage serait antérieur aux controverses prédestinatiennes de ce temps-là. Plus tard, Jean Mabillon retrouva le même livre dans un codex de Gembloux datant du 12e siècle, où il était intitulé: 'Dicta domni abbatis Herigeri de corpore et sanguine domini' [2], et ne douta pas de l'authenticité de cette attribution au célèbre abbé de Lobbes († 1007). Un autre ms., de l'abbaye cistercienne de Signy, donnait la même attribution. Bernard Pez, cependant, réimprima en 1721 le même texte dans son 'Thesaurus' d'après un ms. de l'abbaye de Göttweig, où il est attribué expressément à Gerbert d'Aurillac, le futur pape Silvestre II. Nous aurons encore à parler de ce codex [3]. Ainsi un problème d'authenticité assez compliqué s'était élevé, qui fut provisoirement tranché par Dom Germain Morin [4] d'une façon qui, partiellement, semble être convainquante, mais non pas dans sa base, comme nous allons encore voir. Les 'Dicta', selon lui, appartiennent à Hériger; donc ils dateraient de la fin du 10e s. L'Anonyme y dit que contre la doctrine eucharistique de Paschase Radbert ont argumenté amplement Raban Maur dans sa lettre à Egilon, abbé de Prüm [5], et un 'certain Ratramne dans un livre composé pour le roi Charles', tous les deux disant que dans l'Eucharistie la chair du Seigneur diffère

---

[1] *Historia Gotteschalci praedestinatiani, et accurata controversiae per eum revocatae disputatio in libros quinque distincta*, auct. R. P. Ludovico Par., Soc. Jesu Theologo, Paris 1655, p. 539 s.; 'Sicut ante nos dixit quidam sapiens', *MPL* 139, 177–188.

[2] J. Mabillon, *Acta Ss. ord. S. Benedicti*, saec. IV, pars 2, Venise 1738, praef. p. XIV, § III, n. 46 (aujourd'hui Bruxelles B.R. 5576/604).

[3] B. Pez, *Thesaurus anecdotorum novissimus*, I, 1, p. 2, Augsbourg 1721, p. 133 s.; *MPL* 139, 179–188; v. ci-dessous p. 20.

[4] G. Morin, *Les Dicta d'Hériger sur l'Eucharistie*, dans *Revue Bén.*, XXV, 1908, p. 1 ss. M. Cappuyns, *Jean Scot Erigène, sa vie, son oeuvre, sa pensée*, Louvain–Paris 1933, p. 87.

[5] Raban Maur, *Ep.* III, MPL 112, 1510D–1518D. Jos. Geiselmann, *Die Eucharistielehre der Vorscholastik*, dans *Forschungen z. chr. Literatur- u. Dogmengeschichte* de A. Ehrhard et J. P. Kirsch, t. 15, fasc. 1–3, Paderborn 1926, p. 222 ss. Plus tard Morin l'attribua à Gotteschalck, *Revue Bén.* XLIII, 310.

de la chair qui naquit de la vierge Marie [1]. Cette observation est exacte. Un peu plus loin l'auteur cite un texte de Jérôme, qu'il semble avoir emprunté au traité de Ratramne, c. 70, qu'il doit alors avoir eu sous les yeux. Voici le plus ancien témoignage sur le livre de Ratramne. Dans notre Notice bibliographique nous allons voir combien, au cours de la discussion dogmatique du 17e s., on a mésestimé cette évidence.

2. Le Catalogue de la bibliothèque de l'abbaye de Lobbes, dressé en 1049 [2]. Ce catalogue, conservé au British Museum (ancien fonds royal 6 A.V.) signale sous le n. 116 un volume qui contient trois livres: 'Herigeri abbatis exaggeratio plurimorum auctorum de corpore et sanguine domini vol. I. Ratramni de corpore et sanguine domini, ad Karolum regem lib. I. Ejusdem de praedestinatione dei, ad eundem. lib. II'. Ce catalogue a été consulté par Mabillon [3]. Le triple volume mentionné ici est identique au codex 909 de la Bibliothèque de l'Université de Gand, qui contient le plus ancien texte manuscrit des deux livres de Ratramne et dont nous aurons à parler dans un instant. Quant à l''Exaggeratio', Dümmler [4] et Dom Morin ont étudié la relation entre elle et les 'Dicta' soi-disant d'Hériger, dont nous venons de parler. Morin considère les 'Dicta' comme la mise en oeuvre d'une collection de matières par le même auteur, c'est-à-dire Hériger lui-même. C'est douteux. Si les 'Dicta' appartiennent à Hériger, ce n'est pas la même chose à l'égard de l''Exaggeratio'. Le P. Beda Paulus a fait observer dans son édition récente du 'De corpore et sanguine domini' de Paschase Radbert que celui-ci avait déjà initié une collection de citations patristiques concernant l'Eucharistie: 'Sententiae catholicorum Patrum brevitatis Compendio adnotae' [5]. Un certain nombre de ces citations se retrouvent dans l''Exaggeratio'; nous les avons indiquées dans le tableau plus loin, pp. 29–31. Le compendium primitif de Paschase Radbert précède en tout cas l''Exaggeratio'. Or, le Professeur B. Bischoff de Münich nous assure que le ms. de l''Exaggeratio' dans le codex Gand 909 date de la première moitié du 10e s., voire d'avant l'époque d'Hériger. L''Exaggeratio' telle que nous la connaissons de ce ms. ne saurait donc être une oeuvre originale de l'abbé de Lobbes. Il l'aura trouvé et y a emprunté l'inspiration pour ses 'Dicta'. Comme il y a un

---

[1] Contra quem satis argumentantur et Rabanus in epistola ad Egilonem abbatem et Ratramnus quidam in libro composito ad Carolum regem, dicentes esse aliam, *MPL* 139, 179 CD.

[2] H. Omont, *Manuscrits de Lobbes*, dans *Revue des Bibliothèques*, I, 1891, p. 3–14. Jos. Warichez, *L'Abbaye de Lobbes depuis les origines jusqu'en 1200*, Louvain–Paris 1909, p. 278 et 66–69.

[3] J. Mabillon, *Acta SS. s. IV*, pars 2, p. XIV, n. 47 et p. XXI, n. 63; id., *Ann. ord. S. Ben.*, t. III, Paris 1706, p. 68, 69.

[4] E. Dümmler, *Zum Heriger von Lobbes*, dans *Neues Archiv*, XXVI, 1901, p. 755–759.

[5] Beda Paulus, *Pascasius Radbertus, De corpore et sanguine domini*, CC, CM, XVI, Turnholti 1969, p. 138 s., 162–169.

beaucoup plus grand nombre de manuscrits de l''Exaggeratio', répartis dans plusieurs bibliothèques[1], il nous semble que le problème de l'origine et de la diffusion de ce recueil, ainsi que du caractère des 'Dicta' est à reprendre en prenant le point de départ du ms. de Gand et de l'oeuvre de Paschase Radbert.

Le catalogue de 1049 nous présente un deuxième témoignage sur le traité de Ratramne. Ce témoignage est d'autant plus intéressant par sa coïncidence chronologique avec la condamnation du traité — attribué au concile de Verceil à Jean Scot Erigène.

3. Sigebert de Gembloux. Le 'Liber de scriptoribus ecclesiasticis' de Sigebert de Gembloux[2] donne, sous le n. XCVI le texte suivant: 'Bertramus scripsit librum de corpore et sanguine Domini, et ad Carolum librum de praedestinatione'. Le premier éditeur de ce travail, Suffridus Petri, ajoute une note: 'Bertramus: in Gemblac. cod. erat Ratramnus; ut et in cod. Virid. Vallis'. Sigebert doit avoir fini son catalogue en 1111, car au n. CLXXI il parle de ses propres écrits et de sa chronique[3]; or, il mourut en 1112.

L'orthographe Bertramus est une chose qui frappe dans le texte de Sigebert; le catalogue de Lobbes ne la connaît pas. Elle doit son origine très vraisemblablement à une erreur de copiste soit dans le travail de Sigebert, soit dans un texte antérieur. Suffridus Petri s'est servi, en préparant son édition du 'Liber de scriptoribus', de six mss., dont quatre semblent lire Ratramnus. L'orthographe causera quelque discussion dans la controverse à propos de Ratramne au cours du 17e s. L'editio princeps avait paru sous le nom de Bertramus presbyter. Cette orthographe se maintint jusqu'au 19e s.

Les successeurs de Suffridus Petri ont cru devoir enrichir le texte du 'Liber de scriptoribus' de deux notes qui s'excluent l'une l'autre. Aubertus Miraeus observe: 'Bertramus .... excusum 1532; Basileae in Micropresbytico, et alibi damnatum a Tridentinis Censoribus, ita Molanus in ms. Bibliotheca sacra. Haeretici eum primi typis ediderunt; videnturque illa inseruisse, quaecumque vel obscura, vel in speciem prave sonantia leguntur. Plurimis certe locis veram Christi praesentiam post consecrationem adstruit, et transsubstantiationem docet: ut ne ipse quidem interpolator id sub finem dissimulet, dicens multa non cohaerere,

---

[1] Lettre de M. l'Abbé Bernard Merlette de 6–V–1953.

[2] *De illustribus Ecclesiae scriptoribus, Authores praecipui veteres*: I. *D. Hieronymus Stridonensis pres.* II. *Gennadius Massiliensis presbyter.* III. *Isidorus Hispalensis Episcopus.* IIII. *Honorius Augustodunensis presbyter.* V. *Sigebertus Gemblacensis monachus.* VI. *Henricus de Gandavo, Archidiaconus Tornacensis,* opera Suffridi Petri Leovardensis Frisij, Cologne 1580, p. 356. Sur les mss., cf. S. Hirsch, *De vita et scriptis Sigiberti Gemblacensis Commentatio historico-litteraria,* Berlin 1841, p. 330 s.

[3] M. Manitius, *Geschichte d. latein. Literatur des Mittelalters,* t. 3, Munich 1931, p. 348.

et praecedentia consequentibus contradicere. Hoc inter alios observavit Barthol. Petrus Lintrensis, Dr. Th^ae Duacensis' [1]. Fabricius, de son côté dans sa Bibliothèque ecclésiastique, répète le texte de Sigebert en y ajoutant une notice qui contredit formellement celle de Miraeus: 'Prima Bertrami editio Coloniensis curata a Romano-catholicis [2]. Le problème du responsable de l'editio princeps nous occupera encore.

4. L'Anonyme de Melk. En 1716 Bernard Pez publia une liste d'écrivains ecclésiastiques, dont il ignorait le compilateur, sous le nom de l''Anonymus Mellicensis', d'après le lieu supposé d'origine, la fameuse abbaye sur le Danube [3]. Sous le n. XLVII on y lit: 'Ratramnus vir doctus scripsit libellum cuidam principi de corpore et sanguine domini, a cuius libelli interim laude cessamus, donec perlecto eo, si forte ad manum venerit, an sane et Catholice fidei concordet, agnoscamus'. Ettlinger a prouvé avec vraisemblance qu'il ne faut pas localiser l'anonyme à Melk, ni à S. Emmeran, mais à l'abbaye de Prüfeningen (aujourd'hui un quartier de Regensbourg); il date la liste, dont il connaît encore trois autres mss., de la première moitié du 12e s. [4]. L'Anonyme n'a donc pas eu sous les yeux le traité de Ratramne, il ne le connaissait que par oui dire, c'est pourquoi il se montre si prudent dans cette notice originale et qu'il est amené finalement à réserver son jugement. Remarquons en outre qu'il donne, à la même époque que Sigebert, un peu après, l'orthographe exacte du nom de Ratramne.

5. Jean de Trithème. Premièrement dans son 'Catalogue scriptorum ecclesiasticorum' Joannes Trithemius O.S.B. raconte: 'Bertramus presbyter et monachus, in divinis scripturis valde peritus, et in literis saecularium disciplinarum egregie doctus, ingenio subtilis et clarus eloquio, nec minus vita quam doctrina insignis, scripsit multa praeclara opuscula, de quibus ad meam notitiam pauca pervenerunt. Ad Carolum regem, fratrem Lotharij imperatoris, scripsit commendabile opus De praedestinatione lib. I. De corpore et sanguine domini, li. 1. Claruit temporibus Lotharij imperatoris, Anno domini 830' [5]. Jean de Trithème naquit à Trittenheim,

---

[1] Aubertus Miraeus, *Bibliotheca ecclesiastica sive Nomenclatores VII veteres*, Anvers 1936, p. 145.

[2] Jo. Alb. Fabricius, *Bibliotheca ecclesiastica*, Hambourg 1718, p. 104, c. 95 (je cite les pages des parties individuelles de ce grand recueil); Fabricius ajoute: Prima Bertrami editio Coloniensis curata a Romano catholicis; *MPL* 160, 569 A.

[3] B. Pez, *Bibliotheca Benedictina Mauriana*, Graz 1716, Appendice p. 464, avec la note: Anno Christi 840.

[4] E. Ettlinger, *Der sog. Anonymus Mellicensis, De scriptoribus ecclesiasticis*, Karlsruhe 1896, p. 72.

[5] DN. Joh. Trithemii abbatis Spanheimensis, *De scriptoribus ecclesiasticis*, Coloniae ex officina Petri Quentel, mense Martio anni M.D.XLVI, p. 120. Cf. Aug. Potthast, *Wegweiser durch die Geschichtswerke des europäischen Mittelalters bis 1500*, t. 2, Berlin 1896, p. 1072, *Catalogus* seu *Liber scriptorum ecclesiasticorum*, rédigé 1487-1494; ed. princ. Moguntiae 1494; l'éd. de 1546 est la cinquième; réimpr. par Fabricius *Bibl. eccl.*, Hambourg 1718, p. 74, n. CCLXXIV.

près de Trèves, et fut abbé de l'abbaye bénédictine de Spanheim ou Sponheim, près de Creuznach, de 1483 à 1506. Il y réorganisa la bibliothèque, qui bientôt devint l'une des plus importantes de l'Allemagne. Quoiqu'il faille se servir de ses écrits de caractère historique avec précaution, son 'De scriptoribus ecclesiasticis' fournit des données d'une certaine valeur; on l'a même appelé 'un document unique en son genre pour toute la littérature latine du Moyen Age'[1]. La note citée a été adoptée avec le témoignage de Sigebert par presque tous les imprimeurs du traité de Ratramne, à partir de la réimpression qui parut en 1551 chez Jean Quentel à Cologne. Quentel lui-même avait publié le catalogue de Jean Trithème en 1546. L'éditeur y ajouta à propos de l'orthographe du nom: 'De nomine Authoris huius novit lector, quod quamvis alicubi aliter quam hic habetur, nomen eius exprimatur, tamen appellationem istam esse magis communem ac familiarem, ideoque hanc illi praeferendam' (p. 177). L'orthographe de Bertramus restait donc traditionnelle, malgré ces mises au point.

En deuxième lieu, Jean de Trithème mentionne les mêmes oeuvres de 'Bertram' dans les Annales de Hirsau: 'Bertramus monachus quoque presbyter et monachus coenobij S. Dionysij Parisiensis, vir magnae doctrinae et eruditionis his temporibus a° 841 inter alia scripsit ad Carolum regem Gallorum imperatoris Lotharij fratrem librum unum de praedestinatione. Aliud similiter scripsit de corpore et sanguine domini'[2]. Cette notice, d'une date un peu plus reculée que son Catalogue, n'y répond que partiellement et n'est jamais reproduite par les éditeurs du traité eucharistique de Ratramne. Les éditeurs paraissent avoir voulu éviter toute confusion avec un autre Bertram.

Les manuscrits

1. Codex Lobiensis (Laubiensis), notre codex *L*, conservé à la Bibliothèque de l'Université de Gand, ms. 909 du 9e siècle, 110 feuilles, parchemin, in-4°. Le codex provient de la célèbre abbaye de Lobbes dans le Hainaut, qui fut détruite en 1794. C'est ce manuscrit composé que nous avons trouvé signalé dans le catalogue de la bibliothèque de Lobbes dressé en 1049 et dont nous venons de parler comme deuxième témoin au sujet du traité de Ratramne. Le verso de la dernière page du codex porte un anathème de Lobbes du 12e siècle: 'Liber sc̄i Petri Lob. eccl. Servanti benedictio, tollenti maled. Fiat Fiat'. La qualification 'Lobiensis' a donc son droit historique. Mais ce n'est pas tout dit.

---

[1] P. Séjourné dans *Dict. de Théol. Cath.*, t. XV, 2, 1863.
[2] Ainsi le texte dans Joa. Trithemius, *Annales Hirsaugienses*, éd. Mabillon, t. 1, Mon. S. Galli 1690, p. 18; un meilleur texte se trouve reproduit chez *MPL* 121, 12 C: 'Bertramus monachus, in omni litteratura doctissimus, scripsit ad Carolum regem de praedestinatione. Item de corpore et sanguine domini, cum aliis multis quae ad notitiam nostrae lectionis non venerunt'.

Les ff. 1–15 de ce codex contiennent l''Exaggeratio'. Celle-ci manque dans la description que L. C. Bethmann a donnée du codex [1] qui se trouvait à ce temps-là dans les mains de M. Vergauwen à Gand; celui-ci l'avait acquis dans l'auction de M. Legrand, ci-devant moine de Lobbes, tenue à Bruxelles en 1836. Plus tard la bibliothèque de l'université à Gand l'acquit. Bethmann n'a pas reconnu l''Exaggeratio'. Ce n'est que beaucoup plus tard qu'E. Dümmler l'identifia [2]. Sigebert de Gembloux signale cette compilation: 'Congessit ⟨Herigerus⟩ etiam contra Ratbertum multa catholicorum patrum scripta de corpore et sanguine Domini' [3]; de même la continuation des 'Gesta abbatum Lobiensium' [4]. Nous avons dit déjà que cette compilation a été initiée par Paschase Radbert et que l'écriture de l''Exaggeratio' dans notre codex est de la première moitié du 10e siècle.

En voici la description codologique due à l'érudition de M. Bishop:
Les deuxième et troisième parties du codex sont deux ouvrages de Ratramne: 'Liber Ratramni de corpore et sanguine domini' (ff. 16–56) et: 'De praedestinatione dei L. II' (ff. 57–110). Ces deux manuscrits, indépendants l'un de l'autre, datent indubitablement du milieu du 9e siècle, étant des produits du scriptorium de S. Pierre de Corbie, l'ancienne abbaye royale mérovingienne située sur la Somme près d'Amiens. Ce sont donc deux codices Corbeienses, datant de l'époque de Ratramne-même. Ils proviennent du même atelier montrant le style de la même période de grande activité à Corbie, de 840 à 880 environ [5]. On pourrait peut-être même reconstruire une chronologie provisoire des mss. de cette époque à l'aide d'une observation minutieuse de la collaboration des copistes corbéiens identifiés jusqu'ici. Parmi les scribes du second ms. de Ratramne on en retrouve deux ayant collaboré également dans un Servius Grammaticus (Bibliothèque de l'Université de Leiden, B.P.L. 52) [6]. On reconnaît ces deux mains dans d'autres mss. de Corbie. Le ms. du 'De corpore et sanguine domini', pourtant, est le produit d'un autre copiste, qui a travaillé seul.

---

[1] *Archiv des Gesellschaft f. ält. deutsche Geschichtskunde*, VIII, 1843, p. 553.
[2] E. Dümmler, *Zum Heriger von Lobbes*, dans: *Neues Archiv*, XXVI; 1901, p. 755–759.
[3] Sigeb. Gemblac., *o.c.*, n. CXXXVII.
[4] *MGH, Script.*, XXI, p. 310; cf. Hauck, *Kirchengeschichte Deutschlands*, III, Leipsic 1920, p. 319, n. 2.
[5] B. Bischoff, *Hadoard und die Klassikerhandschriften aus Corbie*. Mittelalterliche Studien, I, Stuttgart 1966, p. 49–63, où nos mss. sont cités p. 57. P. Héliot, *L'Abbaye de Corbie, ses églises et ses bâtiments*, Louvain 1957, p. 21.
[6] 'Servii Grammatici in Vergilii Carmina commentarii Codex Leidensis B.P.L. 52'. *Umbrae codicum occidentalium*, Amsterdam 1960, Introduction par G. I. Lieftinck, p. XV–XVII. Il s'agit de deux cahiers plus récents comblant des lacunes d'un ms. de l'an 800 environ; cf. E. A. Lowe, *Codices latini antiquiores*, X, Oxford 1963, n. 1573.

Matière et préparation. 'De corpore et sanguine domini', Gand 909[II], montre une foliotation moderne qui remplace une ancienne du bas moyen-âge, partiellement coupée. A cause de la coupe des relieurs les feuillets mesurent 220×170 mm. Ils ont perdu toutes les piqûres dirigeant la réglure de la page et en même temps par-ci et par-là des lettres ajoutées dans les marges extérieurs. En-têtes et signatures manquent.

Le parchemin est de bonne qualité et bien préparé, sauf le côté-chair des double-feuillets 26/29 et 35/36, dont la surface est demeurée plus ou moins absorbante [1]. De temps en temps la transparence de l'écriture du côté-poil pourrait menacer l'exécution de la copie de l'autre côté du feuillet.

Montrant le côté-chair à l'extérieur [2] les cahiers ont été rangés normalement, c'est-à-dire les côtés-chair et -poil se rencontrant aux pages opposées (règle de Gregory). Formule: I^8 (16–23), II^8 (24–31), III^8 (32–39), IV^8 (40–47), V^8 + f. add. (48–55, 56).

Justification. Les piqûres pour la délimitation des marges par des lignes verticales sont situées quelque peu au-dessus et un peu au bas de la justification de la page. On ne les retrouve que dans le premier bifolium de tous les cahiers sauf du cahier V. Dans ce dernier les bifolia 3 et 4 sont assez forts et cette fois-ci les piqûres se trouvent dans le premier et dans le troisième double-feuillet [3]. Le feuillet ajouté, 56, qui ne montre pas de piqûres pour la réglure horizontale dans sa marge intérieure, fut coupé d'un bifolium préparé. Ce feuillet ne porte que 9 lignes au recto formant la clôture du traité. L'insertion du feuillet se fit par moyen d'un onglet étroit replié et recollé sur le devant du cahier V.

Les cahiers I–IV furent réglés, quatre bifolia en même temps, rangés dans leur ordre définitif, de sorte que l'extérieur du cahier pourrait montrer toujours le côté-chair du parchemin. Dans le cahier V les bifolia furent réglés par paires selon leurs piqûres doubles. F. 56 fut réglé indépendamment sur son recto qui montre le côté-chair du parchemin.

La justification des marges fut établie par moyen de lignes perpendiculaires doubles, s'étendant jusqu'aux bords des feuillets. L'espace écrit fut préparé dans un tracé de 15 lignes allant de la seconde perpendiculaire intérieure jusqu'à la seconde ligne intérieure. On traçait ces lignes doubles en vue des lettres capitales débordantes destinées à la répartition du texte en guise d'alinéa. Affaire de pure convention, car le scribe ne s'en est pas servie.

---

[1] cah. II cp pc *cp* pc cp *pc* cp pc   cah. III cp pc cp *pc* *cp* pc cp pc
         24 25 *26* 27 28 *29* 30 31   32 33 34 *35* *36* 37 38 39

[2] T. A. M. Bishop, *The Script of Corbie: a Criterion*. Litterae textuales, I, Amsterdam 1972, p. 9–16.

[3] Un usage assez fréquent se laisse discerner encore indistinctement à propos du piquage des cahiers II et III. Les piqûres dans les marges supérieures et inférieures du f. 31 ont l'air d'être agrandies quelque peu. F. 32r la piqûre pour la perpendiculaire extérieure bordant la marge extérieure de la page et les deux piqûres pour les perpendiculaires bordant la marge intérieure ont été redoublées. Ceci nous fait supposer que la justification du cahier II avait été transmise par l'acte de perforer le dernier feuillet de ce cahier également au bifolium 1 du cahier III. Parce que la perforation était insuffisante, ce double-feuillet avait besoin d'être piqué à nouveau.

L'encre est bonne, d'un beau brun foncé. L'incipit seul est en rubrique d'un rouge qui est un peu orangeatre. La première ligne du copiste est en capitales rustiques rubriquées ensuite par le rubricateur.

Ecriture. Le ms. a été calligraphié en un trait par un seul scribe. Cette calligraphie est de premier rang et pourrait passer pour un bel exemple d'écriture livresque du milieu du 9e siècle. On a évité presque tous les archaïsmes encore courants à cette periode du scriptorium de Corbie. Le x, caractéristique pour Corbie [1], manque pourtant. Aucun a ouvert; quelquefois une panse exagérée obscurcit la forme onciale du a. Point de ligatures -re; -rt une fois (f. 34v). D'autre part, notre scribe se sert du symbole & dans toutes les positions possibles. On rencontre une curieuse aversion de l'abrevation -b. pour -bus (six fois sur sept au bout d'une ligne). La majuscule, d'une forme très élevée, tantôt onciale, tantôt *capitalis quadrata* — V et Q notamment — mais aussi parfois en rustiques, joue un rôle prédominant dans ce ms., car la majuscule indique partout le début d'une *periodus*. La ponctuation est celle d'Isidore de Séville.

Le manque de particularités personnelles dans cette écriture témoignant d'une tendance spéciale et préméditée, fera comprendre la difficulté de trouver un éclaircissement concernant les distinctives de cette main. Toutefois il a été possible de reconnaître notre copiste dans ses produits moins formels comme la première partie du ms. d'Arras 775 ('liber Ratberti Paschasii de corpore et sanguine Domini nostri Iesu Christi' [2] et dans le ms. Paris, B.N. lat. 2863: Ratramnus, 'Contra Graecorum opposita'). Comme notre ms., ces deux sont holographes. On reconnaît son p dont la courbe n'atteint que rarement le jambage de la lettre, ce qui est, pourtant, le cas dans la capitale rustique. Dans notre ms. ce défaut a toujours été réparé par un petit trait émanant du jambage. La seconde partie du ms. Paris, B.N. lat. 18296, la 'Vita Adalhardi', reconnue par l'Abbé Bernard Merlette comme un ms. de Corbie, semble être un produit du même copiste [3]. Les dimensions et les proportions sont les mêmes dans les deux livres, seule la réglure est différente.

Décoration. La seule décoration du ms. figure dans sa première ligne. Elle est écrite en capitales rustiques de l'époque. On y observe le P — comme aussi le F — dont le jambage est prolongé sous la ligne, caractérisant les scribes de Corbie et leurs contemporains. Le début propre du traité (f. 17, l. 10) est relevé par une initiale Q encastrée dans le texte à la hauteur de deux lignes.

Seul l'incipit est en minium, établi plus tard et sans doute écrit à Corbie. Le rubricateur a orné également la première ligne du copiste en rubriquant ses capitales rustiques du même style; on devine sa main aussi comme contribuante à l'initiale I de ce feuillet, gâtée entièrement plus tard par une mauvaise encre noire qui a continué

---

[1] Cf. Bischoff, *o.c.*, p. 50.

[2] Cf. Beda Paulus, *Pascasius Radbertus, De corpore et sanguine domini*, p. XXXII.

[3] On retrouve cette main parmi d'autres dans les mss. Laon 330[II]; Paris, 7499; 7761; 12202; 12960; 13381 et peut-être ailleurs. Le ms. Amiens 404[III], f. 100–170[v] montre le type stylisé de notre copiste.

'ussistis' sur rature de 'VBES' du copiste (au commencement du 13e siècle?). L'orthographe est bonne. On notera: ethimologiarum, et surtout misterium sauf deux fois avec y et mystica.

Correction. Le scribe a corrigé son texte avec soin. Plusieurs fois on rencontre un texte sur rature. La correction la plus intéressante c'est l'addition par notre scribe d'un passage omis comme suite d'homoioteleuton. Cette addition dans la marge inférieure du f. 32v rélève sa main courante. Le p du mot 'passionis' se retrouve e.a. f. 34, premier mot de la ligne 11, et f. 36v, premier mot de la ligne 7.

De la part des collaborateurs contemporains, très peu nombreux, proviennent les guillemets dans les marges accompagnés de noms d'autorités en capitales rustiques. D'autres corrections postérieures sont extrêmement rares (f. 47v). Deux notes marginales importantes ont attiré l'attention des savants depuis longtemps; elles témoignent d'une critique sérieuse. Le présent éditeur y voit la main-même de l'abbé Hériger de Lobbes. Leur date: la fin du 11e siècle, s'accorde parfaitement avec ces données (ff. 36v et 41v).

Le texte du 'De corpore et sanguine domini' de Ratramne que nous allons présenter est celui de ce codex Lobiensis (*L*) qui en vérité est un codex Corbeiensis.

Mabillon fut le premier à collationner l'éditio princeps du traité de Ratramne avec *L* qu'il considérait comme faisant autorité. Plus loin, et puis au cours de notre Notice bibliographique, nous nous occuperons de cette collation ainsi que de l'usage que Boileau a fait de la copie due à la main de Mabillon.

Dans une lettre adressée au P. Luc d'Achéry, écrite à Bruxelles le 25 août 1672, donnant le récit de son pèlerinage au travers des bibliothèques des monastères en Belgique, Mabillon raconte qu'il a copié le traité de Ratramne sur le ms. de Lobbes:

'Il me semble vous entendre murmurer contre moy de ce qu'il y a si longtems que je ne vous ay point ecrit. Mais les chemins de traverse que nous avons tenu m'ont empesché de le faire. De St. Martin de Tournay nous avons esté a St. Amand, de la a St. Guislain, a St. Denis, a Lobbes, Alne, Gembloux, Cambron, Villers, Wavre, et nous sommes enfin arrivé icy aujourd'hui de Louvain, tous deux en bonne santé Dieu mercy. Nous avons esté tresbien receus dans tous ces Mon[res]. & j'ay trouvé beaucoup de bons memoires qui nous seront très utiles. Mes conjectures sur l'Anonyme se sont trouvées veritables, jay copié le traité attribué a Bertram touchant l'Eucharistie sur le ms. de Lobbes. Nous n'avons pas crû qu'il fut apropos de nous exposer au voyage de Prum a cause des dangers qu'il y a sur les chemins qui approchent du Liege. ... Nous avons toujours marché à pied depuis L'Isle, nous aurons maintenant la commodité des canaux ....'[1].

Il est donc certain que Mabillon n'a pas seulement pris des notes, dont Boileau plus tard allait se servir pour sa nouvelle édition du traité eucharistique, mais qu'une copie complète a existé. Or, dans le cod. lat. 11.687

---

[1] Mabillon à d'Achéry, à Bruxelles ce 25 Aoust 1672 (Bibl. Nat., ms. fr. 19.649, f. 21).

de la Bibliothèque Nationale à Paris, où Dom Lambot a trouvé une copie du 'De anima' de Ratramne [1], qu'on pensait être perdu, se trouve aussi une copie du 'De corpore et sanguine Domini'. Ce codex 'renferme diverses copies et collations des XVIIe et XVIIIe siècles, qui toutes concernent les œuvres de Ratramne. Ces pièces se trouvaient déjà groupées à Saint-Germain-des-Prés pour former un dossier spécial. Entrées à la Bibliothèque Nationale, elles furent reliées en un volume, sous le titre moderne de *Matériaux pour une édition de Ratramne*. La réunion de ces documents par les Bénédictins de Saint-Maur semble indiquer, en effet, que ceux-ci préparèrent une édition complète des œuvres du moine de Corbie, et peut-être l'enterprise fut-elle confiée à Dom Grenier. Nous ignorons toutefois pour quelle raison le projet ne fut jamais réalisé' [2]. L'une des copies recueillies dans ce volume est celle du 'De corpore et sanguine Domini' du ms. de Lobbes. Elle est intitulée: 'Ex ms. Bibliothecae Lobiensis script. ab an. fere DCCC. optimae notae'. Elle comprend les f. 29–42[recto] du recueil, tandis que le f. 42[verso] est laissé en blanc. L'écriture semble appartenir au 17e s. Il n'y a aucune erreur ni aucune correction dans toute cette copie. Il faut faire observer qu'elle se permet une orthographe plus classique que celle du ms. médiéval. On lit toujours mysterium au lieu de misterium; quaerere au lieu de quererre; quotidianus au lieu de cotidianus, plus loin pourtant cotidie; pretiosius au lieu de preciosius, ch. 9; patientibus au lieu de pacientibus, ch. 12 et 13; s.[to] et s[ta] au lieu de sancto et sancta; satiabitur au lieu de saciabitur, satietatis au lieu de sacietatis, etc. Boileau dans son édition du texte a adopté cette orthographe. Nous nous trouvons ici face à face avec la copie de Mabillon, faite au mois d'août 1672; l'écriture le prouve avec assez d'évidence. Dans notre appareil critique les leçons de cette copie apparaissent sous le sigle *Lc*.

2. Codex Salemensis, notre ms. *S*, conservé à la bibliothèque de l'Université de Heidelbergue, n. IX, 20, s. XI–XII, 134 feuillets, parchemin, 4°. Le codex provient de l'ancien monasterium B. Mariae in Salem (Salemannswilare, Salmannsweiler, Salmanweiler) de l'ordre de Cîteaux, fondé en 1134 aux bords de l'Aach en Bade, et supprimé en 1802. Les feuillets mesurent 255 sur 195 mm. et sont écrites en deux colonnes de 35 lignes à 75 mm. F° 17v: 'Incipit Liber ratrani De Perceptione Corporis Et Sanguinis Domini. Ad Karolum Magnum. Iubes gloriose princeps'. F° 27: 'Explicit liber I Ratramni de corpore et sanguine Christi. Incipit II[us] de praedestinatione ad eundem'.

Mabillon a été ravi de découvrir, à l'occasion de son voyage en Allemagne, le 17 septembre 1683, ce codex à Salmanweiler [3]. Il ne s'occupa

---

[1] D. C. Lambot O.S.B., *Ratramne de Corbie, Liber de anima ad Odonem Bellovacensem* (Analecta mediaevalia Namurcensia, 2), Bruxelles-Namur-Lille [1952].

[2] Lambot, *o.c.*, p. 13.

[3] I. Mabilionii *Iter Germanicum*, ed. J. A. Fabricius, Hambourg 1717 = *Vetera Analecta*, ed. nova, Paris 1723, p. 14[b].

pas du reste du codex, qui évidemment n'a plus rien à faire avec Ratramne. D'autre part, Mabillon ne dit rien du texte qui précède le 'De perceptione'. Il s'agit de l' 'Exaggeratio'. Bethmann, qui a donné une description des mss. de Heidelbergue provenant de Salem et de Petershausen, n'identifia l' 'Exaggeratio' ni dans L ni dans S [1]. C'est à tort qu'il fit remarquer que le commencement du premier traité de Ratramne manque et qu'on l'avait remplacé par des sermons du 14e s.

Une autre description manuscrite, se trouvant à la Bibliothèque de l'Université de Heidelbergue, est plus exacte. Elle cite le commencement du codex: 'Incipit omelia Eusebij de sacramentis in libro divino de sancta trinitate etc.'; suivent d'autres extraits patristiques sur le même sujet, f° 1–17. Après f° 14, cette description continue, quelques feuilles manquent et au f° 15 un autre traité commence. Une partie du f° 14r et f° 14v est laissée en blanc. Or, il ne peut être question d'un autre traité. Quoique les f^a 15r jusqu'à 17r diffèrent complètement, comme parchemin et comme écriture, des feuillets précédents, qui sont plus jeunes, ils répondent précisément aux feuillets suivants, qui contiennent les traités de Ratramne, et comme texte ces f^a 15r–17r font un tout avec celui des 14 premières feuilles. Ce fut encore Dümmler qui sut identifier ici l' 'Exaggeratio' [2]. Comme de ce texte il ne restait que ces dernières feuilles, on l'a complété au 15e s. en les faisant précéder d'une copie du commencement, jusqu'au milieu du n. 16 (Morin n. 18). Ainsi le codex présente de nouveau le texte intégral. Dümmler croyait que les 14 feuilles ajoutées avaient été copiées d'après L [3]. La comparaison pourtant des textes des deux mss. montre tant de différences plus ou moins importantes, à part des différences de caractère purement orthographique, qu'il faut plutôt supposer que tous les deux sont des copies indépendantes entre elles, d'un ou deux autres mss. Morin n'a pas connu S. Il cite trois codices contenant l' 'Exaggeratio': 1. notre cod. L; 2. le cod. de Gembloux conservé à la Bibliothèque royale à Bruxelles no. 5574–604, s. XII; 3. le cod. 6 F 30bis (Morin, par erreur, 30) du séminaire de Liège [4]. Il faut donc y ajouter en quatrième lieu notre cod. S; et il y en a beaucoup d'autres encore.

Comme en L, une main très ancienne a ajouté un grand nombre de guillemets dans les marges, alternant plusieurs fois avec la lettre N(ota). Ils ne correspondent que très rarement avec les guillemets en marge de L.

3. **Codex Pontiniacensis, immo Autissiodorensis**, notre ms. P, conservé à la Bibliothèque de la ville d'Auxerre, ms. 25, s. XII, 102 f., parchemin, petit-in 4°. Le codex proviendrait du monastère de Pontigny,

---

[1] L. C. Bethmann, *Handschriften der Universitätsbibliothek zu Heidelberg aus den Klöstern Salem und Petershausen erworben 1827*, dans *Archiv der Gesellschaft f. ält. deutsche Geschichtskunde*, IX, 1847, p. 581.

[2] E. Dümmler, *Neues Archiv der Ges. f. ält. deutsche Gesch.*, XXVII, 1902, p. 325.

[3] Manitius, *o.c.*, p. 416 étend cette supposition au cod. S en entier.

[4] *Revue Bén.*, XXV, 1908, p. 1 et 3.

de l'ordre de Cîteaux, fondé en 1114 et pour la grande partie détruit en 1792; restauré de nos jours. Mabillon n'a pu consulter ce ms. lorsqu'il visita Pontigny en novembre 1669. Il écrit à d'Achéry:

> '... Nous avons veu Pontigny, mais on ne nous a pas fait le grace de nous montrer la Bibliothèque quoyque je laye demandé avec assez d'instance. Un proces que nos Peres de St Germain d'Auxerre ont avec Pontigny est cause de ce refus comme je croy' [1]).

Montfaucon, dans sa Bibliothèque des manuscrits, publiée en 1739, ne signale que 46 mss. de Pontigny, parmi lesquels notre codex ne paraît pas [2]. Le Catalogue général des mss., t. I, donne une 'Annotatio librorum pontiniacensium' du 12e s., où le codex ne se trouve pas non plus parmi les 305 volumes cités, en tout cas pas sous le nom de Ratramne ou de Bertram [3]. Le Catalogue général, Départements, t. VI, ajoute que l'abbaye de Pontigny les possédait encore en 1778. Lorsqu'en 1796 la bibliothèque de la ville d'Auxerre fut installée, le restant des livres de Pontigny, qui avait survécu à la révolution, y fut inséré. La bibliothèque pourtant resta négligée pendant plusieurs années; un premier catalogue ne fut rédigé qu'en 1875 [4]. Le Catalogue général, Dép. t. VI donne la description du codex, dont la provenance nous semble très incertaine, en ces termes:

> 'Prières diverses, dont manque le début; quelques unes sont attribuées à St Augustin: premiers mots: 'Deus in quo sunt omnia'.
> F° 32. Ratramni de corpore et sanguine Dei.–Jubes, gloriose princeps ... Migne, *Patr. lat.* CIII (lire CXXI), cc. 125–170. [Etc.]
> F° 94vo Homélie, dont la fin manque. 'peccatorem Deus quotiens feriendo corrigit'.
> Xe siècle. Parchemin. 102 feuilles. 171 sur 136 millim. à 18 lignes. Rubriques; capitales rustiques aux titres. Rel. veau [5].

Cette description n'est pas sans quelques inexactitudes. Le livre de Ratramne s'arrête brusquement au f° 47 (la numérotation du codex est 46, ce qui est une erreur) après les mots: 'non morietur in aeternum et qui est corpus Christi', fin du c. 52. Sans interruption le ms. continue: 'Item alibi: Venisti ad altare'. C'est le début du n. 6 le l''Exaggeratio' qui continue jusqu'à la fin du n. 21, 'qui vitam dat huic mundo, f° 59 (58). Sans aucune interruption le ms. poursuit encore: 'Epistola sancti Augustini ad Volustianum. Nomen humanitatis ab eo dignanter assumens'. C'est l'épître 137 de S. Augustin, dont quelques parties, II,8, III,11, V,20 sont reproduites ici. Ensuite une partie de l''Expositio missae' de Flore

---

[1] Jean Mabillon de Ferrières le 18 nov. 1669 à Dom Luc d'Achéry (B.N. ms. fr. 19.659, f. 3 et 4).

[2] B. de Montfaucon, *Bibl. bibliothecarum manuscriptorum nova*, t. 2, Paris 1739, p. 1334.

[3] *Catal. gén. des mss. des Bibl. publ. des Dép.*, t. I, Paris 1849, p. 697–717.

[4] *Catal. gén. des mss. des Bibl. publ. de France, Dép.*, t. VI, Paris 1887, p. 1–3.

[5] *ib.*, p. 16.

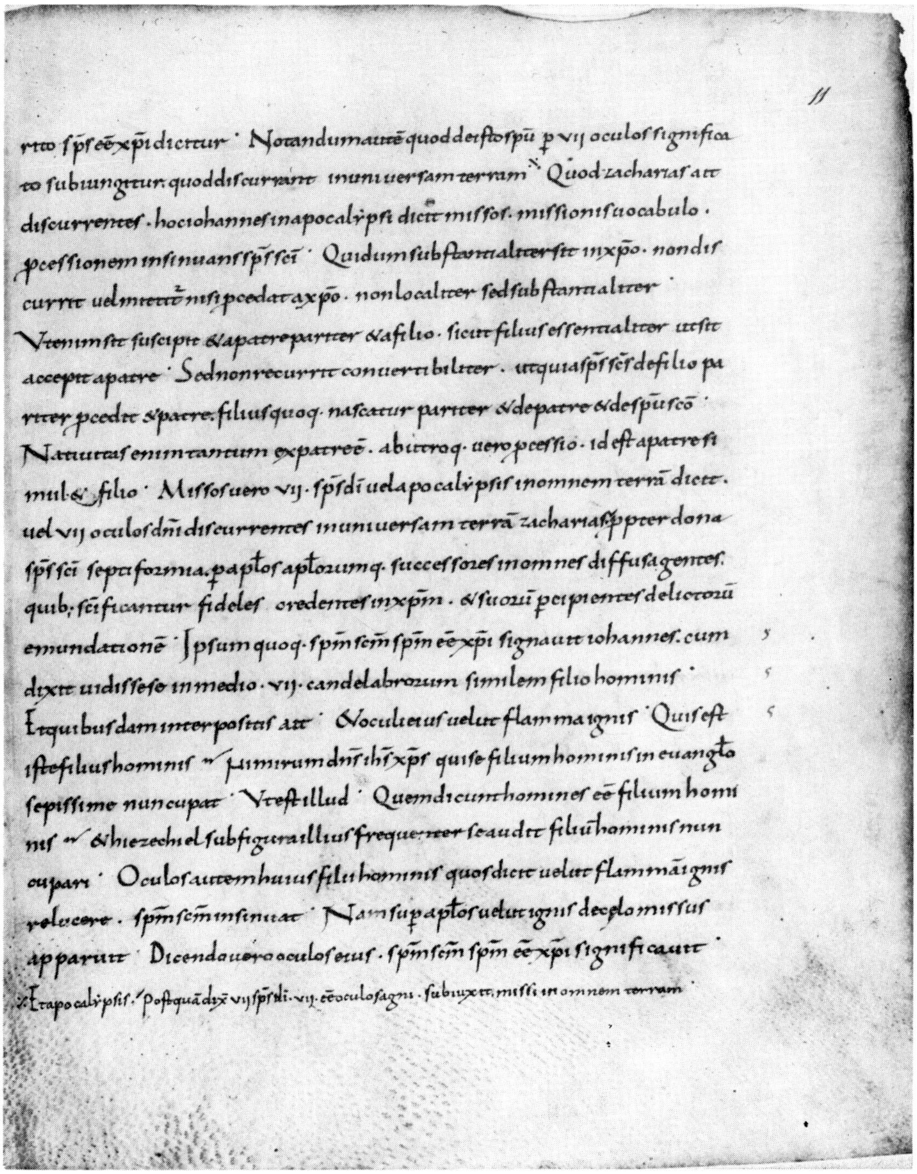

Fig. 2. Paris Bibliothèque Nationale, ms. lat. 2863 s. IX^med., fol. 11. Ratramnus, *Contra Graecorum opposita*, *MPL* 121, 239 D–240 C. Codex Corbeiensis, justification 150 × 128 mm. (voir p. 12).

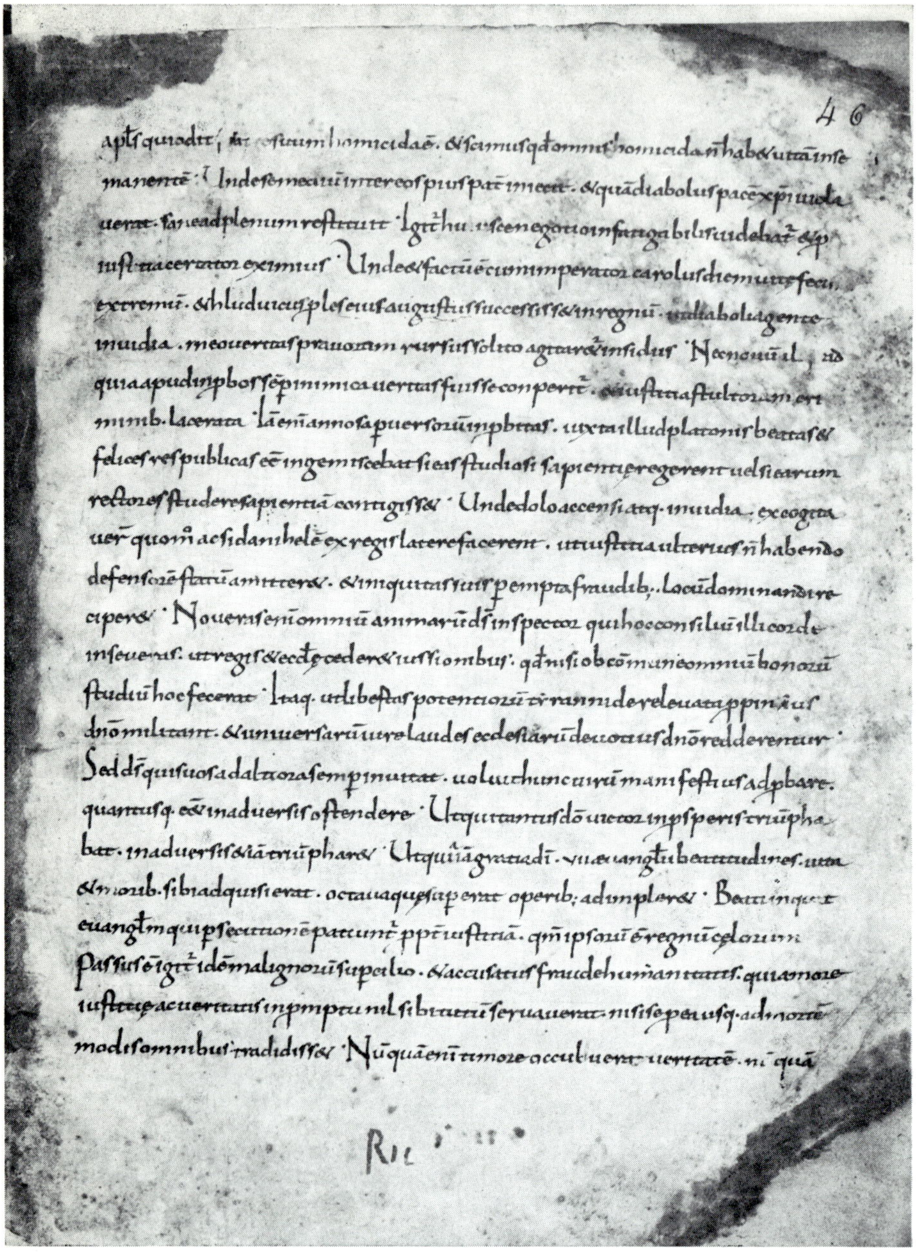

Fig. 3. Paris, Bibliothèque Nationale, ms. lat. 18296 s. IX^med·, fol. 46. Paschasius Radbertus, *Vita Adalhardi*, c. 29–30, *MPL* 120, 1523 B–1524 A. Codex Corbeiensis, justification 175 × 150 mm. (voir p. 12).

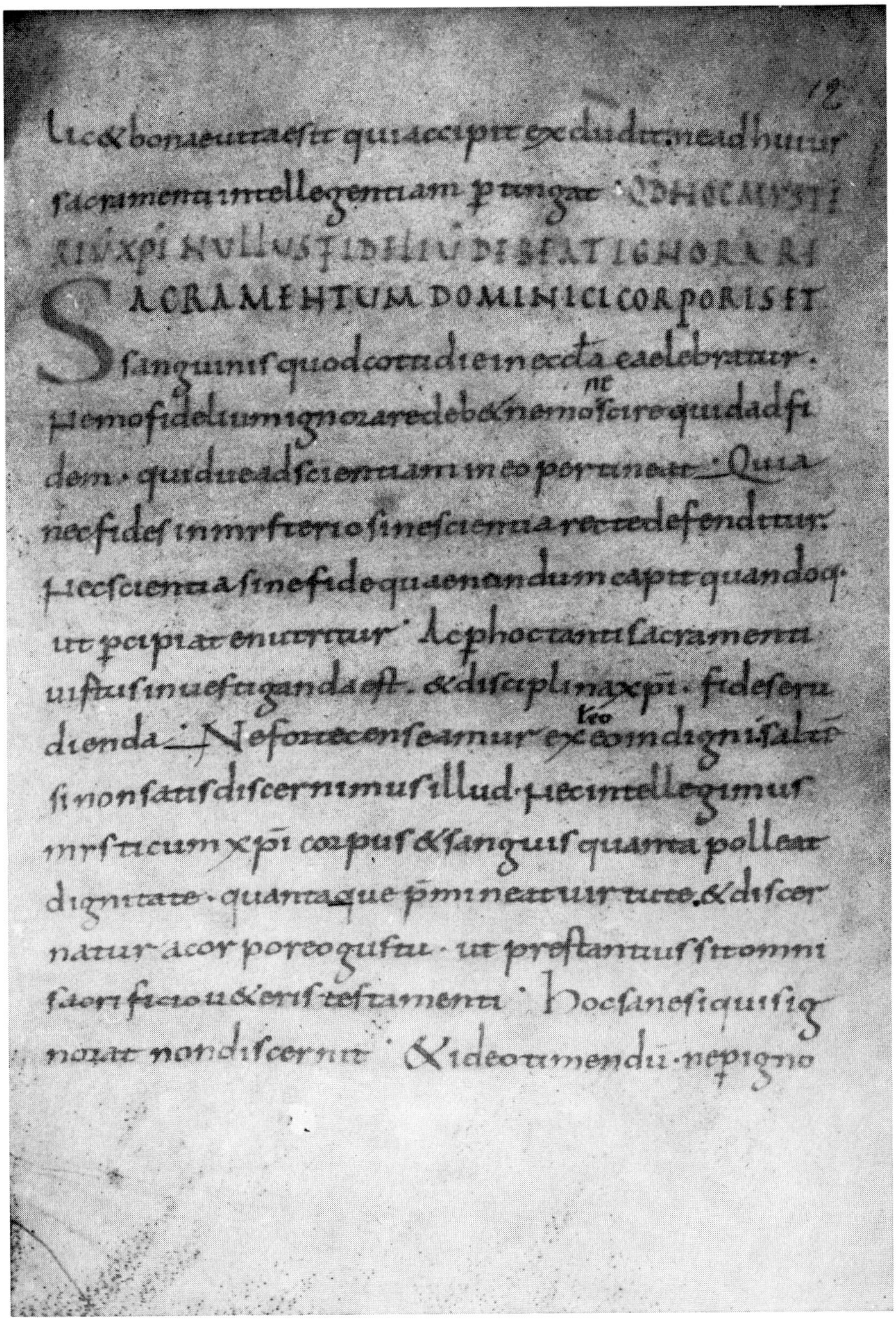

lic & bonae uitae sit qui accipit exdudit. ne id huius
sacramenta intellegentiam pingat. AD HOC AUTE(M)
IN XPI NULLUS FIDELIU(M) DEBET IGNORARI
Sacramentum dominici corporis et
sanguinis quod cottidie in eccl(esi)a celebratur.
n(on) nemo fidelium ignorare debeat nemo scire quid ad fidem · quid ue ad scientiam in eo pertineat. Quia
nec fides in m(y)sterio sine scientia recte defenditur.
nec scientia sine fide quae non dum capit quandoq(ue)
ut p(er)cipiat enutritur. A(c) p(er) hoc tanti sacramenti
uirtus inuestiganda est. & disciplina x(rist)i. fides eru-
                            leo
dienda. Ne forte censeamur ex condigni sal(ute)
si non satis discernimus illud. p(er) quod intellegimus
m(y)sticum x(rist)i corpus & sanguis quanta polleat
dignitate · quantaque p(rae)mineat uirtute. & discer-
natur a corpore eo qui fuit. ut prestantius sit omni
sacrificio ueteris testamenti · Hoc sane si quis ig-
norat non discernit. & ideo timendu(m) ne pigno-

Fig. 4. Codex Atrebatensis Paschasii Radberti, Bibl. municip. Atrebatensis n. 775, fol. 12, grandeur nature. Pasch. Radbertus, *De corpore et sanguine domini*, c. 2, *MPL* 120, 1272 C–1273 A (voir p. 12).

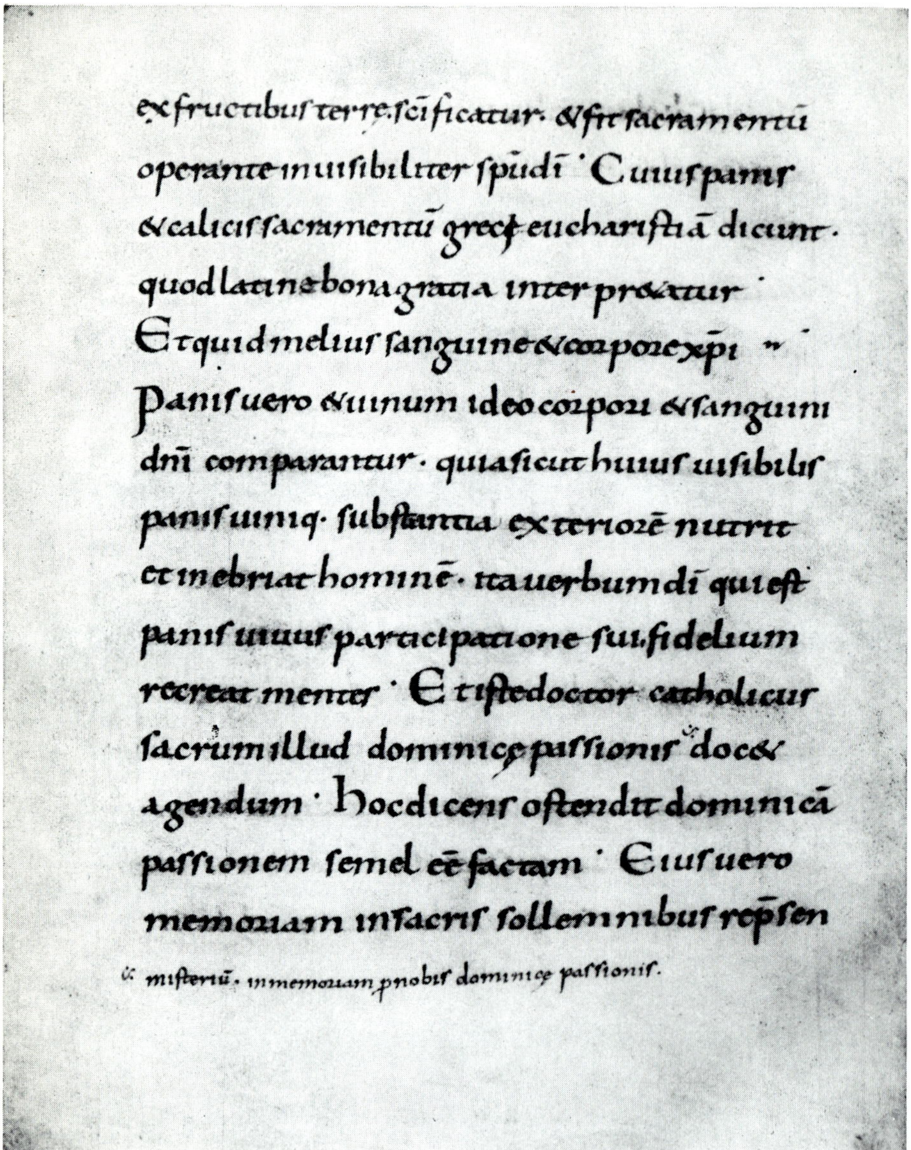

ex fructibus terrę scificatur. & fit sacramentū
operante inuisibiliter spū di. Cuius panis
& calicis sacramentū grecę eucharistiā dicunt.
quod latine bona gratia interpretatur.
Et quid melius sanguine & corpore xpi.
Panis uero & uinum ideo corpori & sanguini
dni comparantur. quia sicut huius uisibilis
panis uiniq. substantia exteriore nutrit
et inebriat homine. ita uerbum di qui est
panis uiuus participatione sui fidelium
recreat mentes. Et iste doctor catholicus
sacrum illud dominicę passionis doc&
agendum. hoc dicens ostendit dominicā
passionem semel ee factam. Eius uero
memoriam in sacris sollemnibus repręsen

misteriū. in memoriam p nobis dominicę passionis.

Fig. 5. Codex Lobiensis s. IX^med. (*L*), Bibl. univ. Gandavensis ms. 909^II, fol. 32vo.
(voir p. 13).

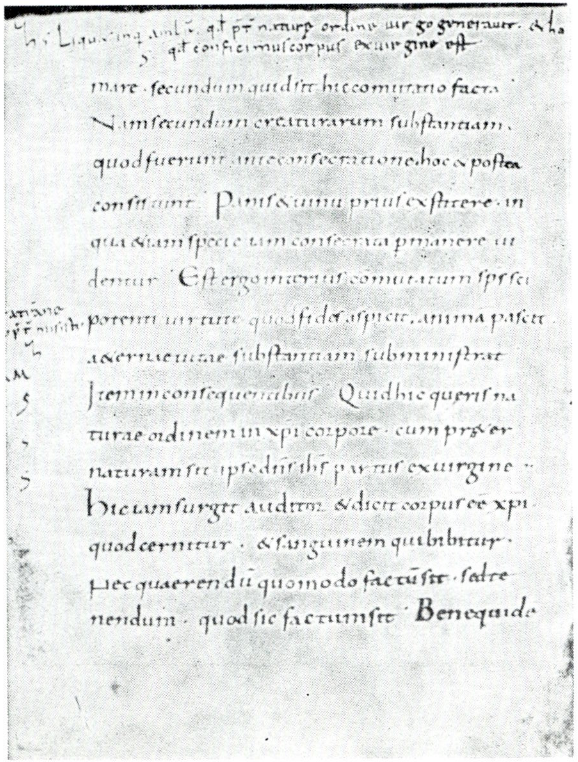

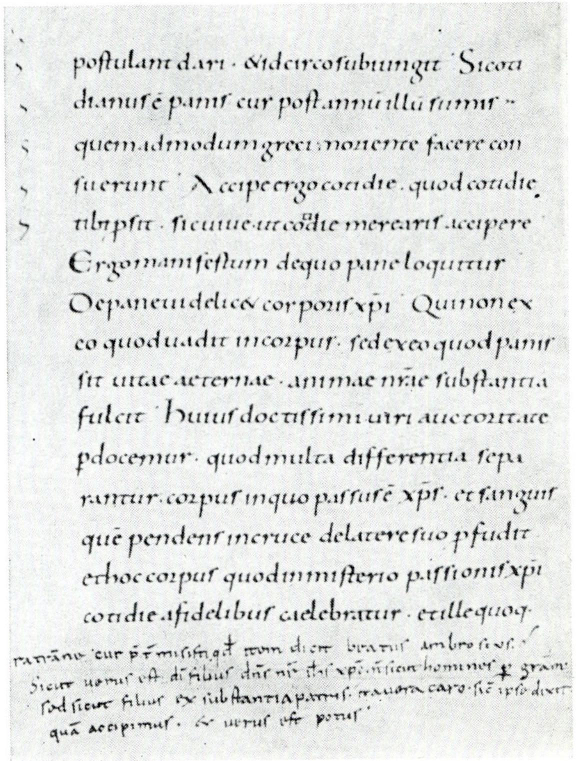

Fig. 7. Codex Lobiensis s. IX^med. (*L*), Bibl. univ. Gandavensis ms. 909^II, fol. 26vo, notitia Herigeri abbatis Lobiensis (voir p. 12, 31).

Fig. 6. Codex Lobiensis s. IX^med. (*L*), Bibl. univ. Gandavensis ms. 909^II, fol. 21vo, notitia Herigeri abbatis Lobiensis (voir p. 12, 31).

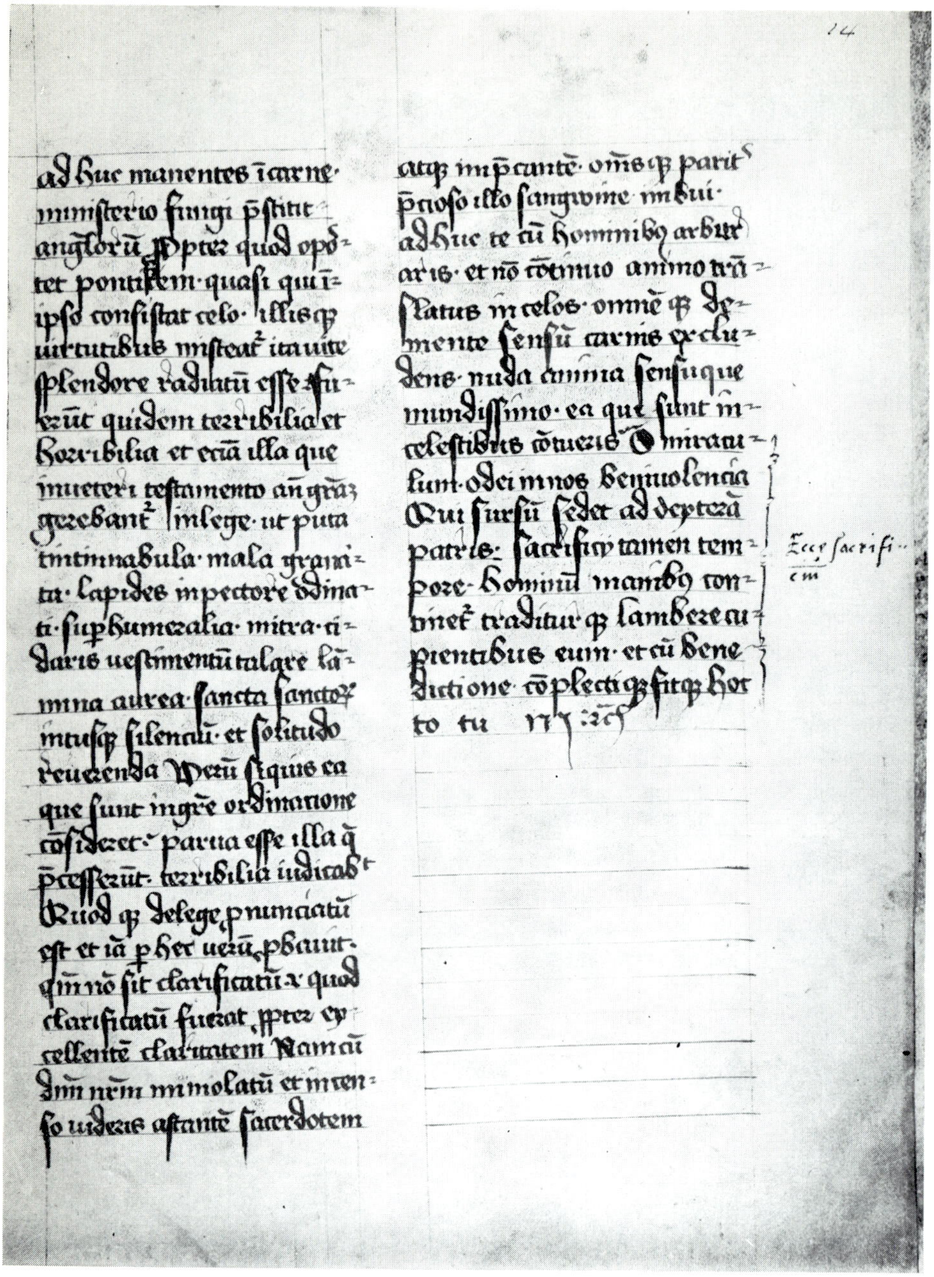

Fig. 8. Codex Salemensis s. XV² (S), Bibl. univ. Heidelbergensis ms. IX, 20, fol. 14 (voir p. 15).

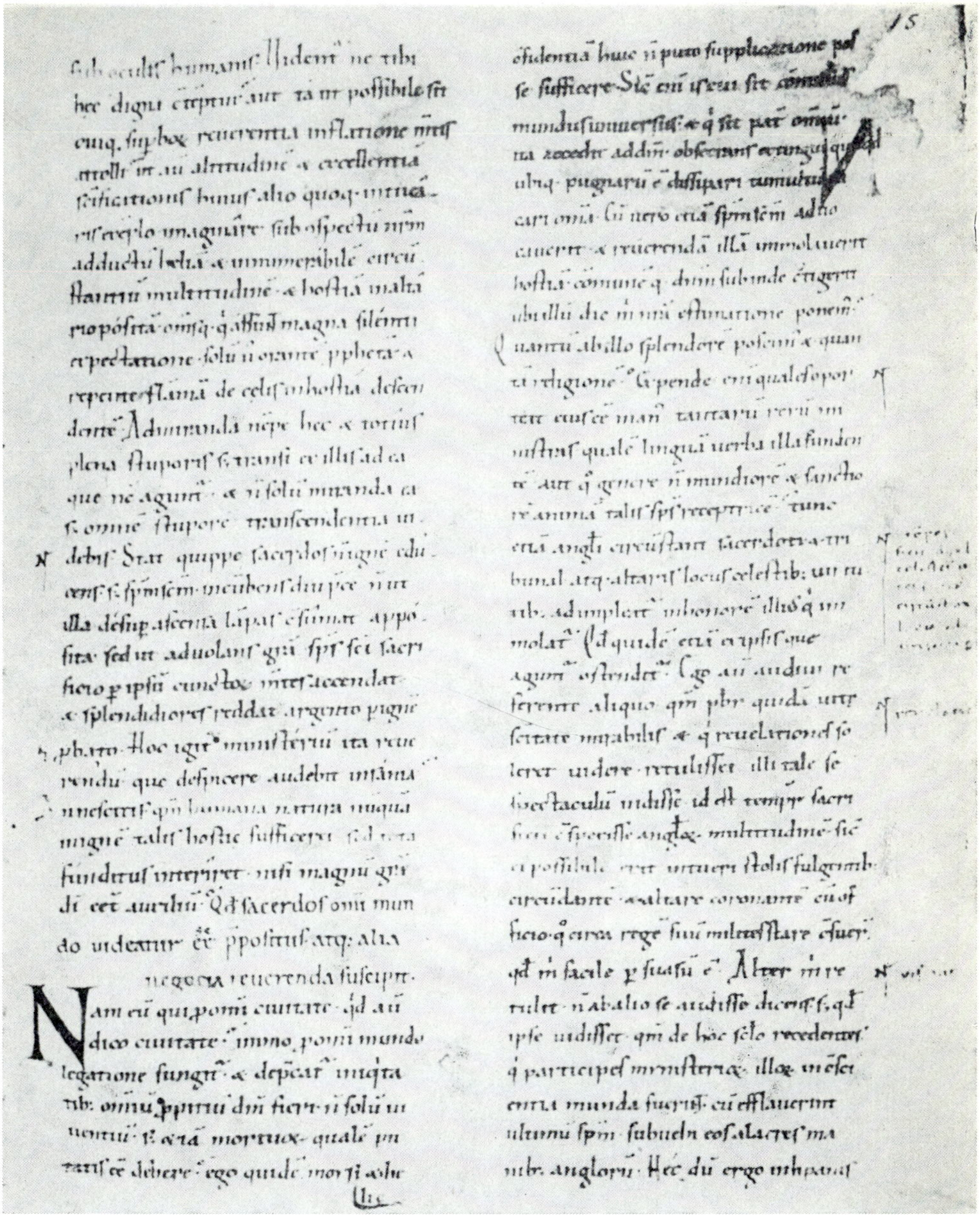

Fig. 9. Codex Salemensis s. XII[in.] (*S*), Bibl. univ. Heidelbergensis ms. IX, 20, fol. 15 (voir p. 15).

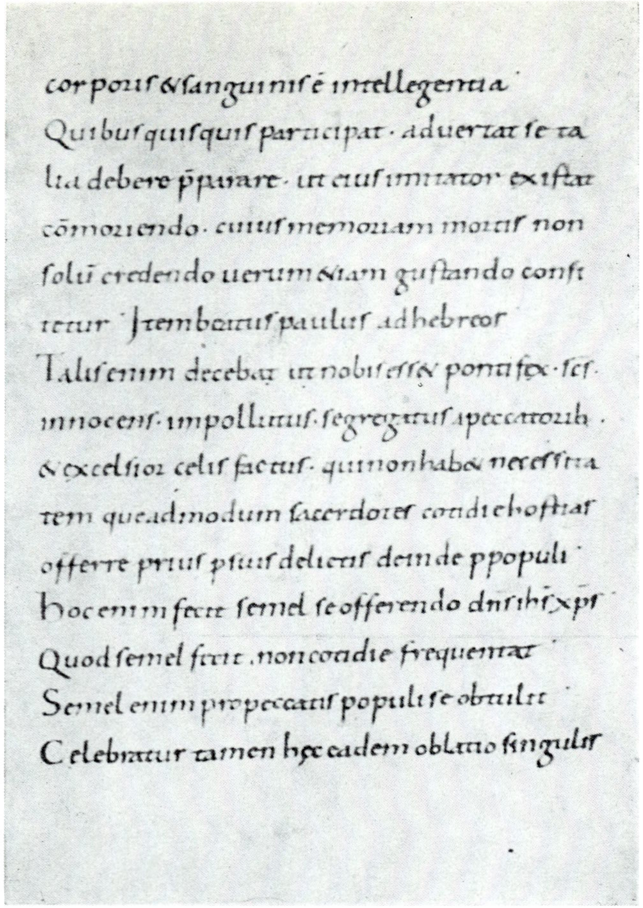

corporis & sanguinis ē intellegentia
Quibus quisquis participat · aduertat se ta
lia debere pparare · ut eius imitator existat
cōmoriendo · cuius memoriam mortis non
solū credendo uerum etiam gustando confi
tetur · Item beatus paulus ad hebreos
Talis enim decebat ut nobis esset pontifex · scs ·
innocens · impollutus · segregatus a peccatorib ·
& excelsior celis factus · qui non habet necessita
tem queadmodum sacerdotes cotidie hostias
offerre prius p suis delictis deinde p populi
hoc enim fecit semel se offerendo dns ihs xps
Quod semel fecit . non cotidie frequentat
Semel enim pro peccatis populi se obtulit
Celebratur tamen hęc eadem oblatio singulis

Fig. 10. Codex Lobiensis s. IX^med.^ (*L*), Bibl. univ. Gandavensis, fol. 31vo (voir p. 18–20).

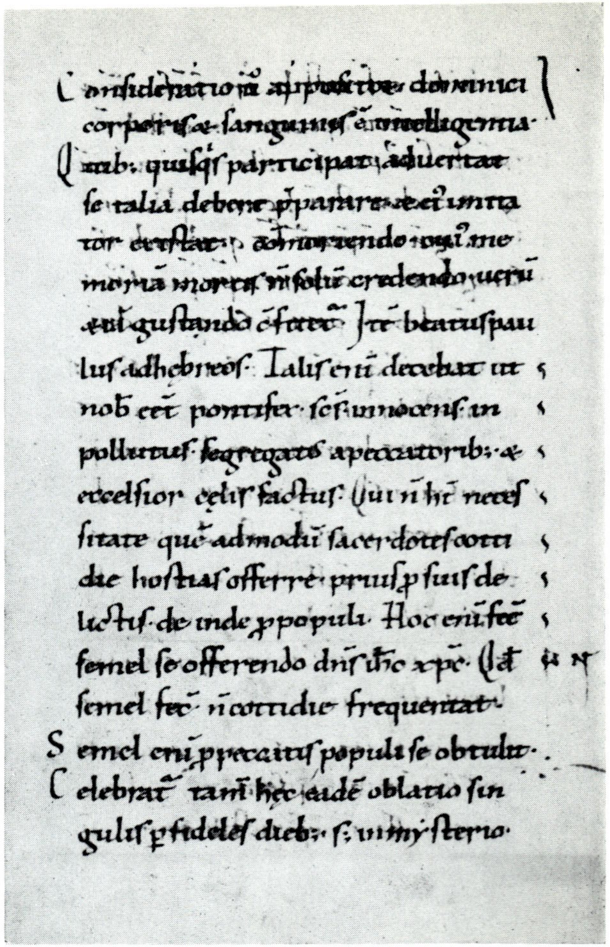

Fig. 11. Codex Salemensis s. XII^in.^ (*S*), Bibl. univ. Heidelbergensis ms. IX, 20, fol. 21 (voir p. 18).

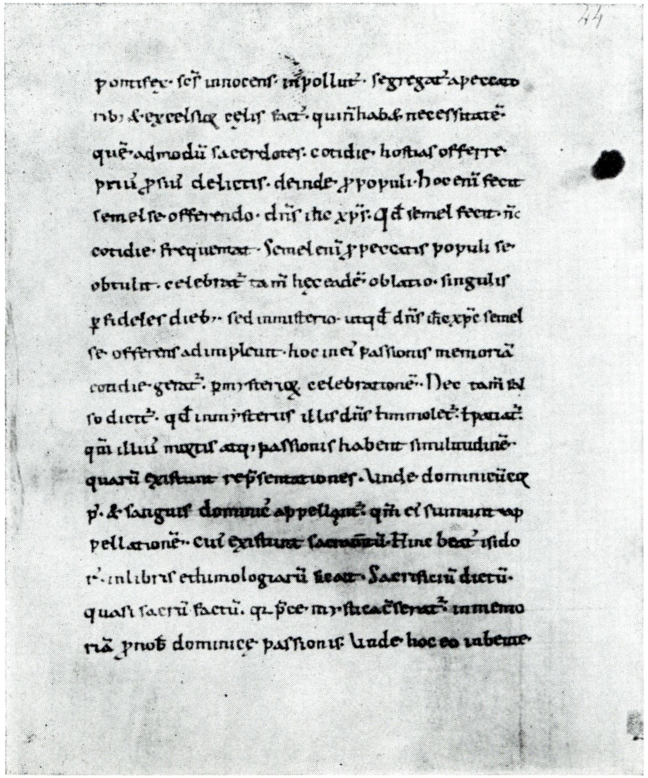

Fig. 12. Codex Pontiniacensis s. XII^in.? (P), Bibl. municip. Autissiodorensis ms. 25, fol. 44 (voir p. 18-20).

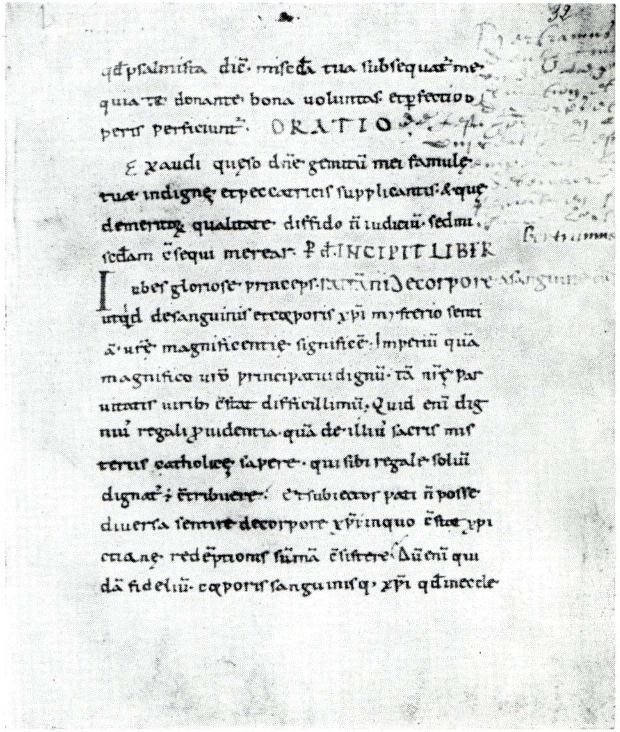

Fig. 13. Codex Pontiniacensis s. XII^in.? (P), Bibl. municip. Autissiodorensis ms. 25, fol. 32 (voir p. 16).

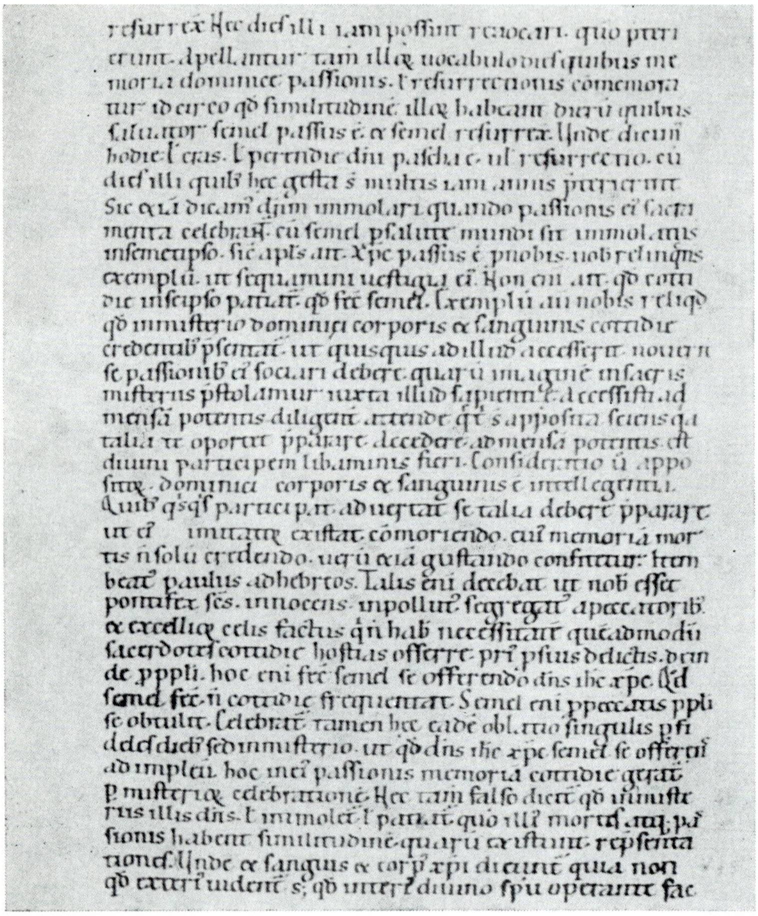

Fig. 14. Codex Gottwicensis s. XII (*GI*), fol. 26ᵛᵒ (voir p. 21).

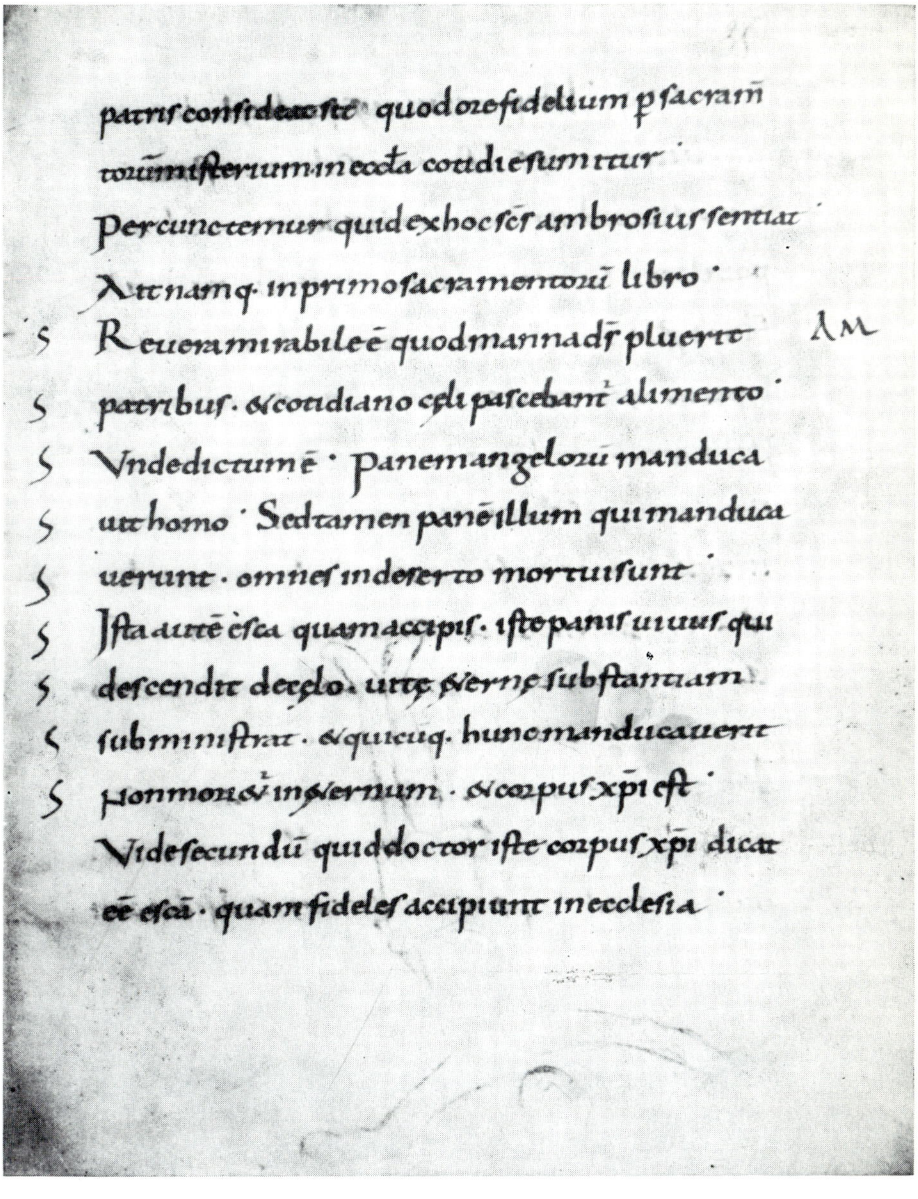

patris considera iste quod ore fidelium p(er) sacram
tou(m) misterium in eccl(esi)a cottidie sum(m)itur
Percunctemur quid ex hoc s(an)c(tu)s ambrosius sentiat
Ait nam(que) in primo sacramentoru(m) libro
S Revera mirabile e(st) quod manna d(eu)s pluerit   AM
S patribus. & cotidiano c(a)eli pascebant alimento
S Unde dictum e(st) panem angeloru(m) manduca
S ut homo. Sed tamen pane(m) illum qui manduca
S verunt. omnes in deserto mortui sunt
S Ista aute(m) esca quam accepis. isto panis uiuus qui
S descendit de c(ae)lo. u(er)e (a)et(er)n(a)e substantiam
S subministrat. & quicu(m)q(ue) hunc manducauerit
S non morie(tur) in (a)et(er)num. & corpus xp(isti) est
Vide secundu(m) quid doctor iste corpus xp(isti) dicat
e(ss)e esc(a)m. quam fideles accipiunt in ecclesia

Fig. 15. Codex Lobiensis s. IX[med.] (*L*), Bibl. univ. Gandavensis ms. 909[II]. Le crucifié (voir p. 36).

Fig. 16. Codex Lobiensis, 1ᵉ partie, s. X¹, Bibl. univ. Gandavensis, fol. 1. Les capitales des 3 premiers mots sont en rouge carminé; le titre est en vermillon (voir p. 36).

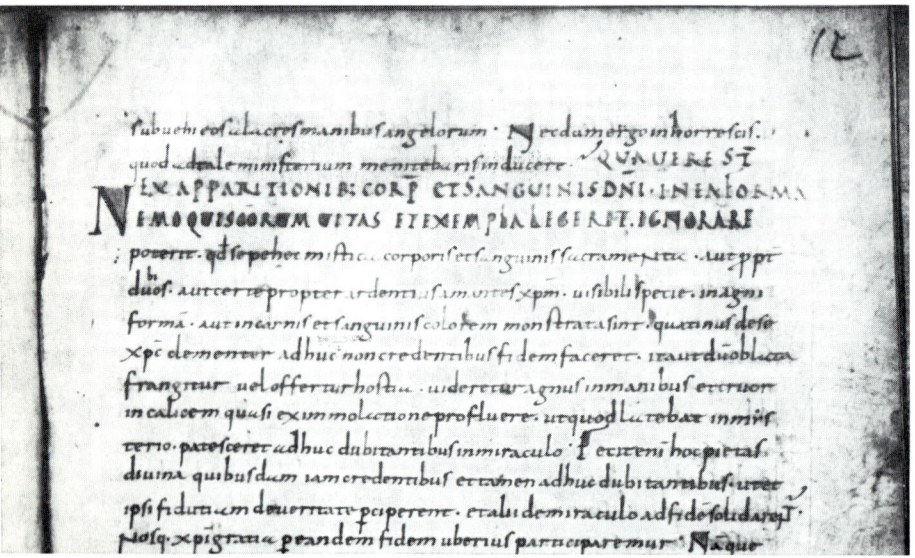

Fig. 17. Codex Lobiensis, 1ᵉ partie, s. X¹, Bibl. univ. Gandavensis, fol. 12. Les capitales des lignes 2 et 3 sont en rouge carminé (voir p. 36).

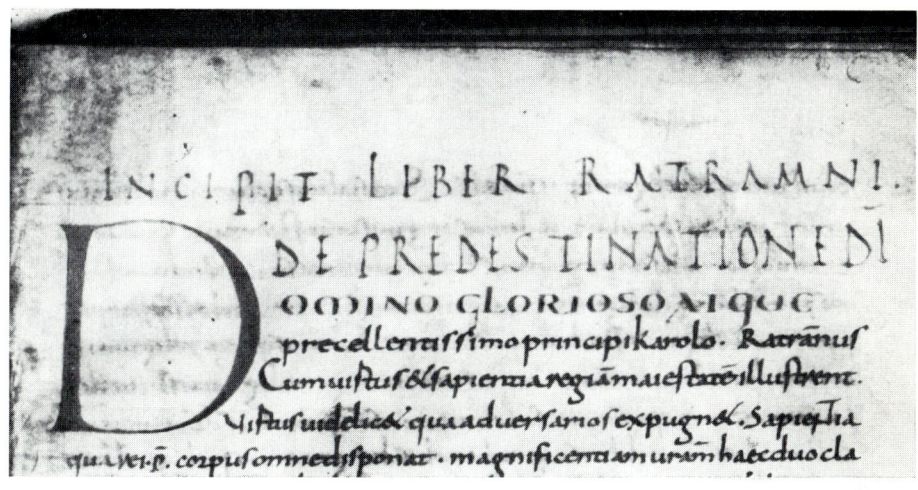

Fig. 18. Codex Lobiensis, 3ᵉ partie, s. IX², Bibl. univ. Gandavensis, fol. 57. Les capitales des lignes 1–2 sont en vermillon; les onciales de l'incipit sont en rouge carminé (voir p. 36).

de Lyon, c. 62 et 63 (*MPL* 119, 54 B–55 C), d'autres fragments de s. Augustin, du 'De sacramentis' et 'De mysteriis' de s. Ambroise, etc. sont arrangés en une sorte de traité de l'Eucharistie évidemment pour remplacer la deuxième moitié du livre de Ratramne. Enfin, aux ff. 76v–78 on lit:

> 'Haec, rex clarissime et carissime, accepta oportunitate de epistola quam nobis mitti iussistis, ex sensu ac verbis catholicorum dulcioribus super mel et fauum. Sagittis quoque potentis acutis cum carbonibus desolatoribus et fulgurantibus hastis irae dei et maxime de dictis faui ut ita eum appellemus diuini, eloquiis scilicet beati Gregorii qui veraciter dicere potuit: quam faucibis meis eloquia tua domine super mel et fauum ori meo. Quiquid domini ori eius in fudente suscepit nobis dulcissime ministrauit, quasi in uno fasciculo et vobis et nobis. Set et omnibus legere et intellegere et servare volentibus colligere studium pro modulo meo ad instar illorum, qui ad complanandum iter domini salvatoris suo ramos cedebant de arboribus. Insuper etiam scripsi per quae vicia praecipue non solum generis humani fluuium absorbet verum et vineam domini sabaoth, id est fideles quoque, aper de silva, et singularis ille ferus diabolus exterminare quantum potest non cessat. Et de quibus cetera vicia oriuntur quatinus et sapientia vestra diaboli insidiis cognitis item ad regnum aeternum facilius carpere. Et ne simplicium christi devotio in via veritatis erret edificari et indignitas mea pro imposito sibi ministerio sermonis sonitum exhibens iram domini quoquo modo possit effugere. Hinc enim Moysi praecipitur ut tabernaculum sacerdos ingrediens tintinnabulis ambiatur ut videlicet voces praedicationis habeat ne supremi inspectoris iudicium ex silentio offendat. Scriptum quippe est ut audiatur sonitus quando ingreditur et egreditur sanctuarium in conspectu domini et ne moriatur. Sacerdos namque ingrediens vel egrediens moritur si ideo sonitus non auditur qui iram contra se occulti iudicis exigit, si sine praedicationis sonitu incedit. Sed quia nisi intersit qui doceat doctoris lingua exterius in vacuum laborat. Obsecranda est nobis divina clementia ut quod per nos loquitur in auribus vestris per sancti spiritus organum infundat cordibus vestris qui cum coaeterno patre suo in unitate eiusdem spiritus sancti vivit et regnat deus per omnia saecula saeculorum. amen'.

Une main moderne, peut-être du 18e s., a ajouté: 'Hic finit liber Bertramij', l'orthographe non-médiévale alors du nom de Ratramne. Cet épilogue barbare, plus maladroitement rédigé encore que la suite interpolée de l''Exaggeratio' qui précède, n'appartient évidemment pas à Ratramne, ni à Hériger. Mabillon nous informe que dans la bibliothèque de M. De Thou (in bibliotheca Thuanea) se trouvait un ms. qui à tort était attribué à Paschase Radbert; comme épilogue y avait été ajoutée la péroraison du 'De praedestinatione' de Hincmar. Notre ms. nous semble être une compilation d'un caractère analogue. Notons cependant surtout que nous nous trouvons encore en face d'une combinaison dans un seul ms. du traité eucharistique de Ratramne et de l''Exaggeratio', en tout cas de la partie majeure de cette compilation.

Nous avons fait observer déjà, à propos de *L*, que l'édition soi-disant critique du texte de Ratramne fut établie par Jacques Boileau à l'aide d'une collation de ce ms. que Mabillon est dit lui avoir confiée. Nous ne saurions pas dire si Boileau a pu disposer de la copie complète du ms. de Lobbes, qui se trouve dans le cod. lat. 11.687 de la B.N. Elle n'a pas l'air d'avoir été beaucoup et minutieusement utilisée et il est fort difficile de s'imaginer comment elle pourrait être passée des mains de Boileau au recueil de St. Germain-des-Prés. D'autre part, nous ne savons rien d'une autre collation ou des notices données par Mabillon à Boileau. Quoiqu'il en soit, le grand bénédictin prononça un jugement généreux sur l'exactitude de l'editio princeps. Le texte de Boileau est beaucoup moins précis et ne mérite pas la même grâce. Une leçon surtout chez lui est fausse. Il s'agit du c. 39, où Ratramne, à propos d'un passage emprunté à l'épître aux Hébreux ch. 7 v. 26 et 27, explique le caractère unique du sacrifice de Jésus-Christ. Après avoir dit que ce sacrifice, parlant historiquement, a eu lieu une fois pour toutes, il continue: 'Quod semel fecit, non cotidie frequentat' (*L* et *Lc*). *S* lit: 'qd semel fec̄ n̄ cottidie frequentat'; *G* (v. plus loin, n. 4) lit: 'Q°d semel fec̄ n̄ cotidie frequentat'; *Ca* (v. plus loin, n. 5) lit: 'Quod semel fecit nunc quotidie frequentat'. L'editio princeps et toutes les autres éditions que nous avons pu étudier, sans aucune exception, lisent: 'Quod semel fecit nunc cotidie frequentat'. On pourrait dire que c'est devenu la vulgata de ce texte. Néanmoins elle est tout à fait contraire à la vraie pensée de l'auteur. Non seulement cette phrase est en parfaite contradiction avec les paroles de l'épître aux Hébreux, que Ratramne vient de citer, mais l'idée est aussi en pleine contradiction avec son contexte: qu'on lise les chapitres qui suivent, où le mot 'semel' se répète tant de fois et l'idée de 'nunc cotidie frequentat' est fermement exclue. Si les éditeurs de Cologne en 1531 ont corrigé arbitrairement le texte du ms. qui était à leur disposition, il faut supposer que, en bons catholiques, ils s'étaient heurtés à la thèse de Ratramne sur le caractère unique du sacrifice du Christ — semel — en tant qu'elle semble retrancher quelque chose de la réalité de la Messe — qui est célébrée cotidie. En tout cas il est irrecevable alors que ces éditeurs aient été des partisans de la Réformation.

D'autre part, point n'est besoin de supposer ici une infraction de la part des éditeurs. Comme nous venons de le dire, le ms. *Ca* lit: 'Quod semel fecit nunc — en toutes lettres — quotidie frequentat' Ce ms. est parmi tous ceux que nous avons eu sous les yeux, seul pour présenter ce texte. Peut-être cette copie, ou un ms. apparenté, est la source de cette lectio vulgata, qu'on ne rencontre qu'après le 12e s.

Elle n'est pas demeuré tout à fait sans conséquence blâmable. Le cod. *P*, dont nous nous occupons en ce moment, semble lire aussi: 'Qd̄ semel fecit n̄c cotidie frequentat'; n̄c = nunc. Cette abréviation cependant est une falsification dans *P*. L'abréviation n̄ se trouvant à la fin d'une ligne une autre main, tardive, y a ajouté assez maladroitement le c. L'oeil le moins exercé constate immédiatement l'addition illégitime

(v. fig. 12). Quelqu'un qui connaissait le texte imprimé, qui lit: nunc, se heurtant à la phrase si authentiquement ratramnienne dans ce ms. ancien, l'a voulu corriger comme le porte notre codex *Ca*. Qui fut cette inconnu? Au verso de la feuille de garde du codex on lit ces lignes:

> 'Hoc in Manuscripto continuatur opus Ratramni Monachi Corbeiensis de corpore et sanguine Xti quod suis favore partibus contendebant Calvinistae. hoc usus est abbas Boileau pro vulgando anno 1686 hoc opere in gallicum idioma. il a été publié en latin en 1712' [1].

Boileau, à notre connaissance, ne raconte nulle part sa lecture du codex *P*. Est-il permis d'en conclure qu'il avait quelque chose à cacher? Il est regrettable en tout cas que Mabillon n'ait pas pu voir — et copier — *P* avant que Boileau ne l'ait eu entre les mains.

Le même texte du ch. 39 a suscité certaines controverses théologiques curieuses. Dans son beau livre sur l'Enseignement eucharistique de Ratramne, ch. II, intitulé: 'Le sacrifice eucharistique dans l'enseignement de Ratramne', Roger Béraudy [2] se donne les plus grandes peines pour établir clairement que le terme 'semel', qui paraît tant de fois aux ch. 37 ss., confirme la distinction entre la mort unique du Sauveur sur la croix et le sacrifice quotidien sur l'autel, sans devenir pour autant infidèle au réalisme sacramentel ni se perdre dans un symbolisme qui n'est pas du tout ratramnien. Béraudy, qui plusieurs fois au cours de son livre, invoque des leçons de *L* et de *S* (chez lui G(and) et H(eidelberg), cf. la liste étendue dans l'Appendice, p. 262–270), ne s'est pas rendu compte du fait que le texte original est: 'Quod semel fecit non cotidie frequentat' et non pas: 'nunc cotidie frequentat' (p. 236, n. 18, en contradiction avec p. 265, ligne 3); ici il préfère la leçon de l'edition princeps — qu'il estime en en outre être une oeuvre protestante! — à celle de ses témoins anciens, ce qui l'oblige à ébaucher des arguments superflus aux pp. 230–240, et ceci pour résoudre au mieux une contradiction évidente, qu'il aurait pu éviter dans son traité, par ailleurs si original et de caractère indépendant. C'est encore la puissance de la tradition ecclésiastique qui, très curieusement, a laissé un auteur averti aveugle devant l'évidence manuscrite. Aussi, c'est en vain, à notre avis, que Béraudy constatant que Ratramne 'affirme avec force que le sacrifice de la croix est une réalité unique,

---

[1] La notice continue: 'Ratramne est mort sur la fin du 9me siècle et ce Mst est au moins du 10me. Ce Ratramne au rapport d'Oudin avoit écrit une lettre sur les cynocephales ou hommes a tete de chin. Sans doute qu'il aura confondu les singes avec l'espece humaine, ou quelques monstruosites de la nature qui auraient été hereditaires dans une famille'. Aug., De civ. Dei XVI, 8; v. Addenda.

[2] Roger Béraudy, *L'Enseignement eucharistique de Ratramne, moine de Corbie au XIème siècle dans le De corpore et sanguine domini. Etude sur l'histoire de la théologie eucharistique*. Thèse de doctorat présentée devant la Faculté de Théologie de Lyon, Année académique 1952–1953. 281 p., ex. polycopié.

appartenant au passé et qu'il n'est pas identique au sacrifice eucharistique' (p. 253), prend la peine d'harmoniser très artificiellement cette thèse avec celle-ci: 'que son unique sacrifice s'y multiplie quotidiennement' (p. 255). C'est exactement ce que Ratramne n'a pas voulu dire.

4. Codices Gottwicenses, nos mss. *GI* et *GII*. Les mss. sont conservés à la bibliothèque de l'abbaye bénédictine de Göttweig, anciennement Kotwich ou Ketwig, située près de la rive droite du Danube en face de Krems en Bas-Autriche [1]. Le monastère a été fondé en 1072 pour des Chanoines réguliers de S. Augustin et fut habité depuis 1094 par des Bénédictins réformés d'après les coutumes de Cluny, venus avec leur prieur Hartman de S. Blaise, de la Forêt-Noire. Le catalogue manuscrit des 1111 mss. de Götweig — dont quelques-uns sont perdus par suite des calamités de la deuxième guerre mondiale — dû à la main du P. Vinzenz Werl (3 t. in-f°, 1843–'44), t. I, p. 186–187 donne la description qui suit du premier codex qui va nous occuper (*GI*):

'Codex N° 58 [schwarz] (54 rot): Rhabani Mauri liber contra eos, qui repugnant institutis b. P. Benedicti.
Obitus S. Bedae Ven.
Gerbertus (Pp Sylvester II) de sacramento corporis et sanguinis domini.
LIBER Ratramni ad Karolum regem de corpore et sanguine Domini.
Joannis Cassiani Collationes patrum, XVIIIma usque ad cap. VIII, XIXma et XXIma usque ad XXIVmam incl.
XII Jhdt. fol. Perg. Zeilen auslaufend, mit trockenem Griffel vorgezogen. Aufschriften meist in Majuskel. Initialen roth, einige florirend. Am hintern Banddeckel klebt ein fragmentum breviarii manu sec. XII. Im vorderen Banddeckel steht ein Index manu sec. XV'.

La reliure du codex est en bois couvert de parchemin, bien usé. Le texte de Ratramne commence au f° 21v et est interrompu au f° 27v, à la fin du c. 52, comme dans *P*. Les différences entre *G* et *P* sont: 1. *GI* avant l'interruption supprime déjà plusieurs passages qu'on trouvera signalés dans notre appareil critique; 2. *P* continue par une amplification de l' 'Exaggeratio', tandis que *GI* n'a que: AN OPRIS, le reste de la feuille étant laissé en blanc. Les collations de Jean Cassien commencent par une nouvelle pagination. Werl (t. III, p. 249) compte ce codex parmi les 70 qui sans doute ont été écrits au scriptorium de Göttweig-même. Note copiée en crayon par une main récente au verso de la reliure: '2 Göttweiger Hände vom Anfang des 12. Jahrh.' [2]). Il faut donc conclure que les Béné-

---

[1] H. Siegl O.S.B., *Das Benediktinerstift Göttweig*, éd. de l'abbaye, et Vienne 1914. L. Koller O.S.B., *Abtei Göttweig. Abriss ihrer Geschichte und Kulturarbeit*, éd. de l'abbaye 1953. Th. Gottlieb, *Mittelalt. Bibliothekskataloge Österreichs*, t. I, *Niederösterreich*, Vienne 1915, p. 4–7.

[2] Des facsimiles dans A. F. Fuchs O.S.B., *Die Traditionsbücher des Benediktinerstiftes Göttweig* (Akad. d. Wiss. in Wien, *Fontes rerum Austriacarum*, 2. Abt. *Diplomataria et acta*, t. 69), Vienne et Leipsic 1931.

dictins, qui étaient venus de S. Blaise à la fin de l'onzième s., avaient apporté parmi leurs mss.[1] le traité de Ratramne, qui fut bientôt copié; l'original n'existe plus à Göttweig. La cotisation du ms. est aujourd'hui: hs 58/r 54 [2]. Les feuilles contiennent 37 lignes; minuscules. F° 21v, quelques lignes après le milieu du feuillet: 'Incipit liber Ratramni ad Karolum regem de corpore et sanguine DNI. Ivbes glose princeps'. Au c. 7 et 8 un N a été ajouté en marge du texte; au c. 35 NOTA; aux cc. 25 et 26 une main du 15e s. a ajouté une notice: 'Sis hic cautus. Certum est enim quod neque sub specie visibilis manna, neque sub specie exteriori[s] aque quae fluxit de petra, fuit verum corpus Xristi, sicut modo est sub s[peci]e panis et vini in sacramento eukaristie'. Au 28 encore: 'Augustinus' — 'huc usque', c. 33, 35, par une autre main. La supposition que ces omissions sont l'expression d'une critique croissante du livre de Ratramne nous semble assez hasardeuse.

Le deuxième codex de Göttweig, notre ms. *GII*, décrit par le P. Werl au IIIe t. de son catalogue (p. 584), porte la cotisation hs 312/r 285 et date du 15e s. C'est un recueil contenant un grand nombre de copies sur papier, in-4°. La reliure est en bois couvert de cuir blanc, très usé; la plupart de mss. de Götweig sont reliés en blanc.

F° 73v (Silvester II) 'Gerbertus de sacaramento corporis et sanguinis domini'.

F° 78b 'Incipit (spurium) liber Ratramni ad Karolum regem de corpore et sanguine domini. Ivbes gloriose princeps' (Jusqu'au f° 83v [3]).

Le texte a été écrit en deux colonnes de 37 lignes chacune. Le titre en rouge est placé au dessus de la première colonne de la feuille 78b. Il s'agit d'une copie très exacte du ms. *GI*, qui pour cela doit avoir été executée aussi à Göttweig et dont l'autorité est alors minime. Il y a des différences d'orthographe entre *GI* et *GII*, comme par exemple *GI* écrit souvent, et *GII* sans aucune exception e au lieu de ae, et *GI* écrit parfois et *GII* toujours -cio au lieu de -tio. *G* simple dans notre appareil critique désigne une leçon commune à *GI* et *GII*.

5. Codex Coloniensis, conservé aux Archives d'Histoire de la Ville de Cologne, ms. GB fol. 184, de la seconde moitié du XVe s., f. 180r–189r, notre ms. *Ca*. Le codex est un recueil de 11 textes, provenant de l'ancienne bibliothèque des Croisiers à Cologne. Il contient une page-titre avec table de matières, marque de propriété et cotes, et 237 feuillets, numérotés en

---

[1] *Vita Altmanni*: Hic [Altmannus] honorem loci aedificiis libris picturis palliis et religionis viris ampliavit, ainsi que l'histoire du calendrier de S. Blaise, datant de 1076 à Göttweig, A. F. Fuchs O.S.B., *Urkunden und Regesten zur Geschichte des Benediktinerstiftes Göttweig* (*Fontes rerum Austriacarum*, 2. Abt. *Diplomataria et Acta*, t. 51 et 55), Vienne 1901, 1902, 1, p. 17; 2, p. 820–823. Koller, *o.c.*, p. 70.

[2] Les cotisations chez Jos. Bach, *Die Dogmengeschichte des Mittelalters*, t. I, *Die werdende Scholastik*, Vienne 1873, p. 193 n. 2b ne sont plus valables.

[3] Werl écrit f° 73b, 79b et 84b.

crayon assez récemment. Au livre de Ratramne précèdent 6 traités de Jean Gerson; il est suivi du 'De predestinacione sanctorum' en du 'De perseverancia fidelium de S. Augustin', 'De corpore et sanguine domini secundum augustinum' et de l''omelia prima b. Johannis Crisostomi De laudibus s. Pauli apostoli'. Le 'liber Ratramni De corpore et sanguine domini ad Karulum imperatorem' occupe 9 ff. du 16e cahier. F. 189r ne porte que les huit lignes concluantes du traité sur la première colonne, tout le reste est laissé en blanc; au verso de ce f. commence le 'De predestianicone sanctorum'. Les ff. mesurent 295 × 210 mm.; le texte est écrit en deux colonnes à 42 lignes dans une justification de 225 × 63 mm. chacune. Plusieurs corrections de fautes d'écriture ont été apportées par le copiste-même.

F. 180: 'Incipit liber Ratramni de corpore et sanguine dñi ad Karulum imperatorem'. Une main du 16e s. a ajouté au-dessus du nom de l'auteur: 'alias Bertrami'. L'initiale I en rouge et brun-foncé, mesurant 15 lignes de hauteur, a été ajoutée manifestement après l'achèvement du texte écrit; la fleuronnée est en rouge, violet et un peu de vert. Le premier mot de la préface de Ratramne est: 'Iubes', comme dans *L* avant la substitution de ce mot par: 'Iussistis', qui date de l'an 1200 environ. *Ca* est donc la copie d'un ms. d'avant cette date-là. Le mot: 'Quod', initiant le texte du traité proprement dit (c. V), est muni d'initiale Q qui occupe la hauteur de 2 lignes du texte. Cette initiale est seule à orner le texte qui, pour le reste, ne montre aucune division. Le mot: 'mysterium' (ou 'sacramentum') manque au commencement du c. II, comme dans tous les mss., ce qui rend ce passage incompréhensible.

Nous avons dit déjà (p. 18) que le ms. *Ca* est seul pour lire au c. XXXIX: 'Quod semel fecit nunc cotidie frequentat'. Il est très difficile à deviner d'où vient cette variation de 'nunc' au lieu de 'non' dans ce ms., copié d'un ms. ancien. D'autre part, l'editio princeps du traité, publiée à Cologne 1531, présente la même variation: 'nunc'; de même toutes les autres éditions imprimées. Il y a encore quelques menues leçons communes à *Ca* et l'editio princeps. Un plus grand nombre de différences dans la suite des mots et d'orthographe nous défend, cependant, d'hasarder aucune conclusion plus précise, ce qui nous gêne d'autant plus parce que le 'De corpore et sanguine domini secundum augustinum' (ff. 218–223 de ce ms.) est le même texte qui, sous le titre: 'De Corpore et Sanguine Domini Divi Augustini Sententia' suit dans l'editio princeps le traité de Ratramne: Hincmar, *De cavendis vitiis*, 9–10, MPL 125, 919A–930A.

6. Codex Andegavensis, notre ms. *A*. Montfaucon donne la description suivante d'un codex du monastère de S. Albin à Angers:

Cod. 192 in-fol. 1° Sum Abbatis.
2° Fragmenta de rebus Theologicis.
3° Ratramni liber de corpore et sanguine Domini, imperfectus [1].

---

[1] B. de Montfaucon, *Bibliotheca bibl. manuscr. nova*, t. 2, Paris 1739, p. 1227B.

Ce ms. n'est plus mentionné par A. Molinier, qui dit que plusieurs volumes, catalogués sommairement par Montfaucon, manquaient lorsque le dépôt d'Angers fut ouvert au public en 1798 [1].

Est-ce que ce codex se dérobe complètement à nos recherches? Dans le cod. lat. 11.687 de la Bibliothèque Nationale se trouve la collation du texte imprimé de Boileau de 1686 et d'un codex d'Angers sous ce titre: 'Variae lectiones libri Ratramni de corp. et sang. dñi ex ms. codice S. Albini Andecavensis appar. circ. 400 (f. 45r)'. Le f. 45v est laissé en blanc. F. 46r. 'Ex ms. codice anni circ. 400 S. Albini Andecavensis (*i.m.* 'absque titulo et nomine auctoris vol. in 4°, cui inscriptum a tergo Varia opera sine nomine'); suivent quelques résumés du contenu de ce volume, qui ne regardent pas Ratramne. F° 46v: 'In eadem bibliotheca reperi 8 folia continentia opus Ratramni de corpore et sanguine domini cum hoc titulo in margine superiori manu recentissima scripto: scriptum Bertrami monachi Carolo calvo Imper. dicatum contra quod rescript. Paschasii Ratberti

VARIAE LECTIONES

Editio in 12. anni 1686   ms. codex ann. 400.
    d. Boilau'

Suit la collation, en deux colonnes, jusqu'au f°. 50r, le verso restant en blanc. Ce deuxième titre est donc l'inscription originale du collationneur, tandis que le premier a été ajouté à la première page du dossier, inséré maintenant dans le cod. Par. lat. 11.687, par une autre main. Quelqu'un ayant trouvé, non pas longtemps après 1686, comme l'écriture semble le prouver, le codex Andegavensis, a fait la collation que nous avons notée dans la première édition de ce livre. S'agit-il ici vraiment du codex signalé par Montfaucon? Une chose pourrait en faire douter: c'est que la collation contient tout le traité tandis que Montfaucon disait que le livre de Ratramne dans le ms. d'Angers est 'imperfectus'. Il a pu se tromper.

La collection de *A* a un peu plus d'importance pour le texte de Ratramne que les autres mss. que nous avons pu consulter, mais il demeure difficile à la placer et identifier plus précisément. Parfois le collationneur a transcrit des leçons variantes qui en réalité ne se trouvent pas chez Boileau et en a omis d'autres. Il faut donc se servir de son travail avec prudence. D'autre part il signale assez de variantes qui peuvent donner la certitude que *A* représente une édition revisée, pour ainsi dire, du traité. Plusieurs phrases ou citations ont été corrigées ou complétées; quelques uns de ces changements sont mauvais, d'autres prouvent un copiste, qui y a réfléchi; parfois ses leçons sont éminentes, quoique sans autorité, bien entendu.

7. **Le codex Par. lat. 11.687**, dont nous venons de parler, contient les pages découpées d'un texte imprimé de Ratramne, corrigées à la

---

[1] *Catal. gén. des Mss. des Bibl. publ. de France, Dép.*, 31, 1848, p. 189 s.

plume et qui semblent avoir été destinées à servir à une nouvelle édition imprimée. C'est l'édition protestante de Quévilly de 1672, dont nous allons nous occuper dans notre chapitre bibliographique [1]. Les corrections, qui ne sont pas nombreuses, semblent pour la plupart être prises dans *Lc*. Quelques unes pourtant empirent plutôt le texte. Parce que nous ne sommes pas certains de la source de ces corrections, nous avions noté autrefois celles qui pourraient lever des doutes, et qui ne sont pas de pur ordre orthographique, sous le sigle *Qc*. Il s'agit, pour ainsi dire, d'un précurseur inachevé — qui l'emporte en précision — de l'oeuvre de Boileau, qui ne l'a pas connu.

Les corrections ont été exécutées par quelqu'un qui approuvait la doctrine de Ratramne. Il doit y avoir eu d'autres à S. Germain-des-Prés qui, au contraire, la désapprouvaient sérieusement. Le codex a conservé les deux opinions qui se contredisent. Aux ff. 43r–44r on trouve des 'Reflexions sur l'ouvrage intitulé 'De Eucharistiae scriptoribus nonnullis observationum Libellus'. Ces réflexions sont en forme de thèses, concernant l' 'Exaggeratio'. La 8e thèse critique le traité de Ratramne comme 'un méchant livre' et s'oppose à l'opinion d'un 'Benedictin de notre Congregation', qui en défend l'authenticité, c'est-à-dire l'opinion de Mabillon. On trouve le texte de ces réflexions dans l'Appendice II de ce chapitre, p. 33.

8. Codex d'Avranches, notre ms. *Av*. Le Catalogue général mentionne à Avranches, sous le no. 109 [2] un volume intitulé: SS. Patrum opuscula varia, 212 f., s. X–XII. Au f° 74 commence un fragment sur l'Eucharistie, s. XII. Les feuilles 2 et 3 ont été biffées comme hétérodoxes. Il semble qu'on ait voulu supprimer ce ms. La description repose sur celle de Ravaisson [3], qui fut le premier à décrire le volume qui contient ce fragment, provenant certes d'un autre ms. Ravaisson dit que la seconde et la troisième page sont barrées, la troisième même à demi grattée; en marge on lit cette note: 'Qui cancellavit, pro falsis vera notavit'. L'écriture lui semblait être du XIe s. Nous avons à faire ici au traité de Ratramne, c. 72, à commercer des mots: 'compacta et humanorum membrorum', jusqu'au c. 78: 'nolo vos ignorare fratres' [4]. Ravaisson ayant donné une transcription des deux pages, qui sont encore lisibles,

---

[1] p. 90.

[2] *Catal. gén. des Mss. des Bibl. publ. de France, Dép.*, t. 10, Paris 1889, p. 50, où se trouve reproduite la description de L. Delisle, *Catal. gén. des Mss. des Bibl. publ. des Dép.*, t. 4, Paris 1872, p. 480.

[3] F. Ravaisson, *Rapports au ministre de l'instruction publique sur les Bibl. des Dép. de l'Ouest, suivis de pièces inédites*, Paris 1841, p. 119. On ne trouve pas notre ms. chez l'Abbé Des Roches, *Notices sur les mss. de la Bibl. d'Avranches*, dans *les Mémoires de la Soc. des antiquaires de Normandie*, 2e série, 1er vol., Paris 1840, p. 70 s.

[4] R. Heurtevent, *Durand de Troarn*, Paris 1912, p. 279.

en appendice de son rapport [1], nous avons notés ses leçons dans l'appareil de notre première édition; les variantes nous semblent être dues à la transcription du fragment à peine sauvé.

9. Le catalogue du Trinity College à Dublin signale sous le n. 236 un volume intitulé: 'Tractatus Theologici, fol. chart., s. XVII', consistant de plusieurs copies de la Bibliotheca Thuanea, dont 3: 'Bertramus seu Ratramnus. De Corpore et Sanguine Christi. Accedit Tract. adv. Haereticos' [2]. Il y a question d'une 'Continuation ex Manuscripto Codice libri Bertranni De Corpore et sanguine Domini'. Cette copie, écrite d'une main du 17e ou plutôt du 18e s., comporte les f. 357–406 du volume. Cette continuation est d'un bout à l'autre littéralement identique avec la continuation du livre de Ratramne qui dans *P* remplace toute la seconde moitié du livre à partir du c. 53. Nous avons déjà constaté que c'est une amplification, faite avec assez de liberté, de l'*Exaggeratio*'. On retrouve la fin supposée de *P*, sans faute, dans cette copie de Dublin.

Au dessus du titre de cette copie on a noté: 'Ex MS. Bibl. Thuana No 785'. Au 17e s. un codex du livre de Ratramne, appartenant à la bibliothèque de J.–A. de Thou était connu [3]. Mabillon jugeait qu'il avait peu de valeur. A juger d'après cette continuation on peut être incliné à supposer que tout ce ms. ressemblait à *P* et que son texte de Ratramne était ainsi incomplet que celui de *P*. Le jugement de Mabillon trouverait alors une justification évidente. Jusqu'ici le codex Thuanus n'a pas été retrouvé.

10. Dans le Marsh's Library, également à Dublin, se trouve une autre copie du livre de Ratramne. Sous le n. Z 3.5.22 deux copies ont été signalées qui pour nous ont un certain intérêt:

(22) Bertrami Liber de Corpore et Sanguine Domini.
(23) Excerpta ex Rabani Mauri libro de sacramento Eucharisticae [*sic*]. (Transcribed by John Brereton).

Le livre de Ratramne comporte les p. 513–540 de ce recueil: le texte est complet. La copie semble dater du 17e s.

À la fin de la p. 540 on lit: 'Opus nunc primum editum ex bibliotheca Cuthberti Tunstalli episcopi Dunelmensis. Coloniae Apud Joannem Quentel anno M:D:LI. Errata quae male habere quem possunt, nobis communia cum Architypo noris. Copia vera per me Johannem Brereton pres: À la fin de la copie n. 23 on lit encore: 'Copia vera transcripta ex precedenti libro, unde et Bertrami librum transcripti. Johannes Brereton predict'.

---

[1] Ravaisson, *o.c.*, p. 372–374.

[2] T. K. Abbott, *Catalogue of Manuscripts in the Library of Trinity College*, Dublin et Londres 1900, p. 34, n. 236.

[3] *Catalogus Bibliothecae Thuanae*, t. II, Paris 1679, p. 447: Ratramnus (sic) de corpore et sanguine Christi. 4°.

Nous ne pouvons rien dire du copiste, qui peut avoir été ministre de l'Eglise d'Angleterre. Il a eu à sa disposition le recueil paru à Cologne en 1551, dont on trouvera la description plus loin dans notre chapitre bibliographique [1]. Il est à regretter que la copie ne nous donne aucune information qui pourrait lever la confusion qui caractérise la première partie de cette édition. Bornons-nous à constater que Brereton s'est intéressé à Ratramne et non pas à Paschase Radbert, dont le traité eucharistique sous le nom de Rhaban Maur précède celui de Ratramne dans cette édition de Quentel.

Les cinq principaux mss. que nous venons de décrire, L, S, P, GI et Ca, sont trop peu nombreux pour permettre des conclusions décisives de classification. Il n'y a point de variations du texte de quelque importance. Sauf la leçon *Iubes* au c. I de L et *nunc* au c. XXXIX de Ca suscitent des problèmes que nous ne saurions résoudre en ce moment. Toutes les autres leçons variantes peuvent être attribuées à l'ignorance, à des erreurs, tout au plus à des modifications arbitraires mais peu importantes des copistes; pour le reste elles sont de pure ordre orthographique. L'interruption de P et de GI au c. LII, c'est-à-dire après la définition de la seconde question et une première citation d'Ambroise, est assez énigmatique. Il est difficile à comprendre pourquoi on a copié la première partie du traité et supprimé le reste. L représente le texte le plus authentique du traité, à l'autorité de laquelle il n'y a rien à redire.

Ce qui est évident, c'est qu'on s'est beaucoup plus occupé de ce traité que ne l'ont supposé la plupart des historiens des dogmes, même après le concile de Verceil. Le nom de l'auteur — Ratramne — l'a protégé: à Verceil un livre — qui n'a jamais existé — attribué à Jean Scot Erigène avait été condamné. L'Exaggeratio semble avoir été ajoutée dans nos mss. comme commentaire ou comme guide d'interprétation; c'est ainsi qu'il faut aussi comprendre la combinaison des 'Dicta sapientis cuiusdam' avec le livre de Ratramne dans G. Nous n'avons pas l'impression que les copistes de Ratramne aient considéré Hériger de Lobbes dans ces deux travaux comme son adversaire acharné.

Datation

Hincmar de Reims en parlant des deux livres de Ratramne sur la prédestination l'appelle 'monasterii Corbeiae monachus' [2]. Ratramne semble donc y être entré après 820, son nom ne paraissant pas encore dans la liste du 'Liber confraternitatis augiensis' [3]. Il est peut-être arbitraire de penser que Ratramne ait été le 'quidam monachus corbeiensis'

---

[1] p. 76–78.
[2] Hincmar, *De praedestinatione*, 5, *MPL* 125, 9B.
[3] *MGH*, *Confraternitates*, p. 289.

qui critiqua l'édition de quelques apocryphes d'Hincmar [1]. Le dernier ouvrage de Ratramne qu'il nous est possible de dater est le 'Contra Graecorum opposita' en IV livres, de 868.

Gotteschalck, l'inaugurateur des controverses prédestinatiennes au 9e s., a écrit un éloge poëtique en l'honneur de Ratramne, qu'il loue comme ami, frère, seigneur, père et maître [2]. On pourrait en supposer qu'un commerce personnel et directe a existé entre les deux hommes. Le 'De praedestinatione dei' de Ratramne est dans une certaine mesure une défense d'un aspect de la thèse de Gotteschalck. Nous ne pouvons pas dire où ce commerce a eu lieu mais la relation de ces deux théologiens, élève et maître, nous ammène à demander si Ratramne ait passé quelque temps en dehors de Corbie. C'est une erreur de le confondre, comme on le fait parfois, avec l'abbé Ratramne d'Orbais [3] — où Gotteschalck a vécu — mais il n'est pas exclu que Ratramne de Corbie n'ait vécu jamais ailleurs. La tradition quasi unanimement le connaît, cependant, comme moine de cette abbaye célèbre [4].

Ratramne a composé son 'De corpore et sanguine domini' sur la demande de son souverain, v. les quatre premiers, le 15e et le dernier chapitre de son livre. Le catalogue de Lobbes connaît l'ouvrage comme: 'Ratramni de corpore et sanguine domini, ad Karolum regem', quoique dans *L* le titre, ajouté plus tard, ne porte que: 'Incipit Ratramni De corpore et sanguine domini'. *S* présente la dédicace: 'Ad Karolum Magnum'. *P* n'a qu'un titre incomplet. *G* l'intitule: 'Liber Ratramni ad Karolum regem' etc. *Ca*: 'Incipit liber Ratramni de corpore et sanguine domini ad Karulum imperatorem'. L'Anonyme de Cellot présente aussi 'Karolum', tandis que Sigebert de Gembloux semble dire que seul le 'De praedestinatione' fut écrit pour Charles. Trithème dit que tous les deux ouvrages furent dédiés au roi. Nous savons qu'en 850 environ, consulté par Charles le Chauve, Ratramne écrivit ses deux livres sur la prédestination [5]. Le nom de ce roi ne se trouve pas dans la préface du traité eucharistique. Cela n'est pas une difficulté puisqu'il n'était point nécessaire d'inscrire le nom du prince dans un livre qui lui était envoyé en réponse à des questions qu'il avait posées lui-même.

Paschase Radbert, après avoir rédigé son livre 'De corpore et sanguine domini' entre 831 et 833, le revisa un peu et, devenu abbé de Corbie en 842, il le présenta au roi Charles à l'occasion de Noël 843 ou de Pâques

---

[1] Flodoardus, *Hist. Remens. eccl.*, III 23, cf. 5, *MPL* 135, 225C et 144D. *PRE*³, t. 16, p. 464, cf. Jos Schwane, *Dogmengeschichte der mittleren Zeit*, Fribourg-en-Br. 1882, p. 632, H. Schrörs, *Hinkmar Erzbischof von Reims*, 1884, p. 168 n. 103, 462.

[2] *MPL* 121, 367A–372A; *MGH*, *Poet. lat.*, III, p. 733.

[3] Flodoardus, *Hist. Remens. eccl.*, III 28, *MPL* 135, 257B.

[4] *Gallia christiana*, t. 10, Paris 1751, p. 1269: Paschasius adversarium expertus est Ratramnum et ipsum Corbeiae monachum.

[5] *MPL* 121, 13A, 41C; Flodoardus, *ib.*, III 15 ne connait que le 'De praedestinatione dei', *MPL* 175, 181A.

844 [1], soit spontanément, soit sur demande, dit l'Anonyme de Cellot, c.-à-d. Hériger [2]. Les controverses sur l'Eucharistie, qui s'étaient élevées dans l'église, étaient déjà aigues. Il reste difficile à dire si le roi a posé ses deux questions à Ratramne spontanément ou bien après avoir reçu le livre de Radbert. La doctrine de Radbert étant certainement bien connue déjà depuis 833 et parce qu'elle s'accordait en général avec les idées du sacrement qui étaient venus en vogue parmi les masses, il n'est pas du tout nécessaire que seul la présentation du livre ait pu provoquer l'enquête du roi. Or, il ne semble pas très probable qu'un souverain, ayant reçu un livre de l'abbé de l'un des plus dignes monastères de son royaume, ait invité aussitôt un moine, membre de la même communauté, à l'instruire sur la même matière. Vrai est que Ratramne, lui-aussi, jouissait d'une grande réputation à cause de son érudition, mais fut-ce une raison suffisante pour le roi, qui risquait ainsi d'insulter sérieusement l'abbé et de provoquer une lutte intestine dans le monastère, d'exciter le savant mais humble Ratramne? Heurtevent s'arrêtait à la même difficulté. Deux observations lui font fixer l'exécution du traité de Ratramne à une date ultérieure [3]. Il ne prend pas Ratramne pour un contemporain de Radbert. Celui-ci eut un successeur à Corbie en 853; cette année pourrait être le terminus a quo pour le 'De corpore et sanguine domini'. La deuxième observation, que Heurtevent emprunte à Boileau, à savoir que le traité est dédié à 'l'empereur' Charles et que ce prince ne ceignit la couronne impériale qu'en 875, tombe devant l'évidence des mss. Nous ne suivons pas Heurtevent sur cette piste.

Les questions que Charles posa à Ratramne, cadrent très bien avec l'idée que le roi se faisait de ses responsabilités en ce qui concerne le bien matériel et le bien spirituel de l'église; pensons en particulier à la convention de Coulaines de 844 [4]. S'il faut considérer le livre de Ratramne comme une critique des idées de Radbert et qui étaient populaires, le livre XII de l''Expositio in Mattheum', composé par Radbert en 853, et sa lettre au moine Frudegarde, écrite peu après, paraissent bien une défense de Paschase Radbert contre l'enseignement de Ratramne [5]. Comme Béraudy nous concluons qu'une lutte assez sévère à l'égard de la doctrine de l'Eucharistie s'est passée dans l'abbaye de Corbie et que le roi Charles n'a pas hésité à s'y mêler, peu après 844 et bien avant 853.

---

[1] Bedae Paulus, *Pascasius Radbertus, De corpore et sanguine domini*, CC, CM XVI, p. IX, X.

[2] *MPL* 120, 1259B–D.

[3] Heurtevent, *o.c.*, p. 189 n. 1.

[4] F. Lot et L. Halphen, *Le règne de Charles le Chauve* (Bibl. de l'Ecole des Hautes Etudes, Sciences hist. et philol., fasc. 175), Paris 1909, p. 91 s.

[5] Béraudy, *o.c.*, p. 21.

APPENDICES

APPENDICE I

EXAGGERATIO

Nous avons signalé plusieurs mss. de l'Exaggeratio et mentionné le problème de la relation des Dicta cuiusdam sapientis avec l'Exaggeratio. Parce que nous ne croyons pas que le dernier mot ait été dit sur ce problème et parce qu'il est à prévoir que plusieurs textes de l'Exaggeratio seront encore trouvés, soit des textes originaux, soit des textes variés et amplifiés comme dans *P* et dans le ms. de Trinity College à Dublin, il nous semble utile de donner ici l'énumération des textes qui constituent l'Exaggeratio. On les trouvera ci-dessous en concordance avec celles de Germain Morin, Les Dicta d'Hériger sur l'Eucharistie, dans la Revue Bénédictine, t. 25, 1908, p. 1 suiv. et celles de J. van den Gheyn S.J. citant le Catalogue des Manuscrits de la Bibliothèque Royale de Belgique, t. I, Bruxelles 1901, p. 195 suiv. (les items du ms 5576/604). Nous avons ajouté les numéros des textes chez Eligius Dekkers, Clavis Patrum Latinorum (*Sacris erudiri*, III, ²1961), Steenbrugis in Abbatia S. Petri.

    M   G

1   1   8   Incipit omelia Eusebii. De corpore et sanguine Domini. Magnitudo celestium beneficiorum angustias humanae mentis excedit — preparare dignetur qui regnat in saecula saeculorum. amen.
            Sermonum LXXXV collectio pr. Eusebii Emeseni [*Gallicani*]; *Clavis* n. 966 = Faustus Rejensis, *s.* 16, *MPL* 30, 280C–284D (Hieronymus, *ep.* 38); *MPL* 67, 1052C–1056C (Caesar. ep. Arelat., *hom.* 6); *MPL* 88, 1225A–1228C (Isid. Hisp., *Op. app. XII, sermones,* cf. *Clavis* n. 1225).

2   2   9   Omelia sancti Hilarii de sacramentis in libro nono de sancta trinitate. Eos nunc qui inter patrem et filium voluntatem ingerunt uitam — cum uiuat ipse per patrem?
            Hilarius Pict., *De Trinitate* VIII 13–16, *MPL* 10, 246A–247B, 249A; *Clavis* n. 433. Pasc. Radbertus, *Ep. ad Fredugardum,* 553–590, *CC, CM,* p. 162.

3   3   10   Domini sancti Augustini de corpore et sanguine Domini. Ex libro de verbis Domini. Audivimus ueracem magistrum diuinum redemptorem — nisi cui datum fuerit a patre meo.
            Aug., *s.* 131 *De verbis ev. Joannis* VI, 54–66, c. 1.2, *MPL* 38, 729–730; *Clavis* n. 284. Pasc. Radbertus, *F.,* 592–629, *ib.,* p. 163.

4   4   11   Sancti Gregorii in libro quarto dialogorum. Id circo credo quia hoc tam aperte — si ante mortem deo hostia ipsi fuerimus.
            Greg. Magn., *Dial.* IV 57–60, *MPL* 77, 425B–429A *Clavis* n. 1713.

	M	G	
5	5/6	12/13	Scripta ex libris sancti Ambrosii de sacramentis. His abluta plebs dives — debeo habere medicinam.

        Ambr., *De myst.* VIII 43–IX 58, *De sacr.* IV 13–28, *MPL* 16, 420A–426B; 458B–464B; *Clavis* n. 155, 154.

6   7   14   Item alibi. Venisti ad altare — iocunditas est spiritalis.

        Ambr., *De sacr.* V 2, 5–8, *MPL* 16, 466B–467A; *Clavis* n. 154.

7   8   15   Item ipse sanctus Ambrosius ait. Sicut uerus est Dei filius — sed Deo resurrexit.

        Ambr., *De sacr.* VI 1, 1–27, *MPL* 16, 473B–475C; *Clavis* n. 154.

8   9   16   Item sanctus Augustinus in titulo T III Psalm. XXXIII. Cum fugeret dauid persecutorem saul, inquiens ita: et efferebatur in manibus suis — corpus in manibus suis.

        Aug., *Enarr. in Ps.* 33, *s.* I, c. 10, *MPL* 36, (301) 306; *CC* 38, 281; *Clavis* n. 283. Pasc. Radbertus, *F.*, IV/8, 670–678, p. 166.

9   10/11   17/18   Item ipse in natale Innocentum. Recte ergo sub ara martyres collocantur — et benedictionem functionemque sacerdotis accipiant.

        Ps. Aug., *s.* 221 *In natali SS. Innocentium* c. 1, *MPL* 39, 2154–2155; *Clavis* n. 368. Pasc. Radbertus, *F.*, VII/5, 730–745, p. 168.

10   12   19   In sermone Leonis papae. Tunc enim et sacrificii munda — quod accipitur disputatur.

        Leo Magnus, *s.* 91 *De ieiunio* c. 3, *MPL* 54, 452B; *Clavis* n. 1657. Pasc. Radbertus, *F.*, IX/6, 757–764, p. 169.

11   13   20   In omeliis Bedae presbyteri de euangelio. Quomodo peccata mundi tollat — et immaculati iesu christi.

        Ps. Beda, *In S. Joannis Ev. expositio* c. 1, *MPL* 92, 648C; *Clavis* n. 1356.

Et in apocalypsi iohannis apostoli, cuius est hoc euangelium, qui dilexit nos — fidelium ore suam sumitur in salutem.

12   14   21   In epistula sancti Cirilli et centum quintaginta qui in Epheso sunt congregati. Necessarie igitur — factus et uocatur.

        Cyrillus Alex., *Ep. synodica translata a Dionysio Exiguo* c. 7, *Acta Conc. Oec.* t. I, *Conc. Univ. Ephes.*, vol. V, S. 240.

13   15   Adorate scabellum pedum eius, quoniam sanctum est. Sanctus augustinus, in expositionem eiusdem uersiculi, ita dicit: uidete fratres — peccamus non adorando.

        Aug., *Enarr. in Ps.* 98 c. 9, *MPL* 37, 1264 *CC* 39, 1385; *Clavis* n. 283; Pasc. Radbertus, *F.*, V/9, 680–690, p. 166.

14   16   22   In sermone sancti Augustini de IIIIa feria. Quid dicit omnis homo — tibi dimitti peccata.

        Quodvultdeus ep. Carth., *s.* 6 *De [ultima] quarta feria* c. 3, 4, *MPL* 40, 689 (Aug. dub.); *Clavis* n. 406.

	M	G	
15	17	22	Item ipse in eodem. Tu autem anima christiana — in remissionem peccatorum.

     Quodvultdeus ep. Carth., *s. 6 De [ultima] quarta feria* c. 6, *MPL* 40, 691 (Aug. dub.); *Clavis* n. 406.

| 16 | 18 | 23 | Ex dialogo sancti Basilii de dignitate sacerdotii. Sacerdotii autem de quo loquimur aspice dignitatem — gratia dei esset auxilium? |

     Chrysostomus, *De sacerdotio* III 4, *MPG* 48, 642–643.

| 17 | 19 | 24 | Quod sacerdos omni mundo uideatur praepositus atque alia negotia reuerenda suscipiat. Nam eum qui pro omni ciuitate — ministerium me nitebaris inducere? |

     Chrysostomus, *De sacerdotio* VI 4, *MPG* 48, 680–681.

| 18 | 20 | 25 | Ex apparitionibus corporis et sanguinis domini in ea forma qua uere sunt. Nemo qui sanctorum — mysterio sanaretur. |

     Paschasius Radbertus, *De corpore et sanguine Domini* XIV 1–3, *MPL*, 120, 1316C–1318B; *CC, CM* 16, 85–88.

| 19 | 21 | 26 | Item ex eisdem apparitionibus. Narrabat abbas Danihel — quod exterius uisu conspexerat. |

     Paschasius Radbertus, *De corpore et sanguine Domini*, XIV 4–5, *MPL* 120, 1318B–1320D; cf. *Vitae patrum* V, 18, *MPL* 73, 978D–980A; *CC, CM* 16, 88(?)–91.

| 20 | 22 | 26 | Haec diligenter attende, prudenter — quo solet incursare temptator. |

     Ambrosius, *Expositio in Ps. CXVIII s.* 8, *MPL* 15, 1383C–1384B; *CSEL* 62, 180; *Clavis* n. 141.

| 21 | 23 | 26 | Dicit etiam populus nationum — qui uitam dat huic mundo. |

     Ambrosius, *Expositio in Ps. CXVIII, s.* 18, c. 26–27, *MPL* 15, 1537C–1538A; *CSEL* 62, 410; *Clavis* n. 141.

L''Exaggeratio' a été initiée par Paschase Radbert. Ce fait est confirmé par la paléographie de l'ancienne copie de Gand 909[I], ff. 1–15. La date acceptée traditionnellement est erronée. La mauvaise qualité de l'encre et l'ornement tardif (s. XI/XII) ont égaré les savants jusqu'ici. L'abbé Hériger régnait entre 990 et 1007 †. L'auteur du catalogue de Lobbes de 1049 (p. 6) s'est trompé en attribuant ce texte à l'abbé, dont il avait reconnu l'écriture dans les marges des ff. 21vo et 26vo (fig. 6 et 7).

L'écriture date du commencement du 10e siècle — ainsi M. Bischoff — et la copie a été faite par une main experte de Corbie. Cette collection de 'Dicta patrum' est pourvue d'indications de leur provenance par un rubricateur qui usait le rouge carminé, p.e. *Incipit omelia eusebii* (f. 1) en capitales rustiques. Tout près de la première ligne du copiste, en rustiques irréprochables avec une bonne initiale, toutes ces rubriques sont de style, mais moins élégantes. Elles ont été insérées là où se trouvait une ligne, ou partie d'une ligne, libre. L'écriture fine du corps du ms. montre une quantité d'archaïsmes: a ouverts, ligatures -rt, -re, N rustiques de Corbie partout et même en fonction de minuscule. Celle-ci est encore très belle, tout en montrant des orthographes inattendues comme michi, nichil. L'étude de M. Bishop (cf. p. 11) au sujet de la structure des cahiers préparés à la mode des copistes de Corbie est importante ('A Criterion'). Or, dans notre ms. de l''Exaggeratio' cette méthode n'est pas suivie. Après les invasions des Vikings celle-ci paraît être complètement abandonnée au scriptorium, ou bien les moines qui ont collaboré à la composition de ce livre ne se trouvaient plus à Corbie, mais ailleurs. Comme l'oiseau sur la branche étaient-ils émigrés vers le Nord, vers les abbayes de la Picardie et du Hainaut comme Saint-Vaast [1] et Lobbes? En ce cas on comprendrait mieux la présence du *De corpore* de Paschase Radbert à Arras (Saint Vaast?) et de nos deux mss. de Ratramne à Lobbes vers le début du 10e siècle. Ainsi on pourrait expliquer cette seconde rubrication en rouge de couleur différente. munissant ces mss. de titre [2]. Le recueil de Lobbes serait donc entré dans la bibliothèque de cette abbaye dans le bagage d'un moine, voire des moines, immigrés au début du 10e siècle. Il semble être possible que l''Exaggeratio' soit copiée par des corbéiens à Lobbes et non pas à Corbie. (G.I.L.)

---

[1] Cf. E. Lesne, *Histoire de la propriété ecclésiastique en France*, IV, Lille 1938, p. 234.

[2] Appendice III, p. 36.

APPENDICE II

Cod. Par. lat. 11.687, v. plus haut p. 23, 24

Reflexions
Sur l'ouvrage intitulé
De eucharistiae scriptoribus nonnullis
observationum libellus

1.

Le stile de cet ouvrage porte le Charactere d'un scavant, et fait assez connoîstre que l'esprit de L'Aulteur est penetrant et beaucoup verse dans l'histoire.

2.

Cet ouvrage peut donner des plaisirs aux doctes, et des ouvertures assés agreables pour satisfaire leur curiosité sur quelques doûtes historiques par des Conjectures assés Recherchées et assés pleines d'erudition, voila ce qui regarde la forme de l'ouvrage.

3.

Quant a la matière: L'autheur peut aisement donner a sa plume egallement éloquente et scavante, de plus nobles sujets; et qui soient plus nécessaires, plus utiles et plus glorieux à l'Eglise; Sans êstre desavantageux. Comme celuycy, a la gloire de L'ordre de St Benoist.

4.

Personne ne nous attaque quant au fait de L'origine de la secte des Stercoranistes. Il n'y a qu'un petit nombre de doctes, qui ayent fait Reflexion sur ceux que l'on a soupconnés d'avoir été de cette opinion. Qu'est il donc besoin de Remuer ce fumier et de donner en present au Jour un livre ou l'on traitte de L'origine de cette secte basse et vilaine, et si Heribalde et Rhaban Maur en ont esté les Autheurs?

5.

Il est vray qu'un Anonyme Les en a autrefois accusés. Mais cet Autheur passe parmi les doctes, pour un homme qui' n'estoit pas de fort grande Esprit, ny de bien grande erudition. Ingenio mediocri et vulgari eruditione praeditus. A quoy bon donc authorizer cet Inconnu de si peu de credit, en faisant scavoir avec tant de soin a tout le monde que cet Anonyme est Heriger Abbe du Monastere de L'Aube: Herigerus Abbas Laubiensis, qui eo tempore Inter sapientes habebatur celeberrimus.

6.

Ce n'est point fair honneur a cet Abbé Benedictin lui attribuer cet ouvrage sans nom et de si bas alloy. Et s'est entamer le renom et perdre une parti du Respect que nous devons a la Memoire de Rhaban Maur, l'une des plus grandes lumieres de l'ordre de St. Benoist et d'Heribalde dont les sacrées Reliques sont conservées avec beaucoup de veneration comme celles d'un saint dans nr̃e Abbaye de Saint Germain d'Auxerre.

7.

Ne seroit il pas plus seant a un Benedictin de faire l'Apologie de Rhaban Maur, avec le docte Stephanus Baluzius, qui a restitué le texte de cette Epître de Rhaban en sa pureté, et a montré qu'il avoit esté corrompu par une glose Impertinente de quelqu'ignorant: comm'il paroist assés par cet (Id est) hors de propos, qui marque un' interprétation et un' addition etrangere, veu même qu'il est evident que cet (Id est) Redonde et detruit la construction, même grammaticale et la liaison du discours de Rhaban, Nr̃e Pere a mis luy même a la marge (haec redundant). Il est constant parmi les doctes qu'il y a de superflu et de l'addition en ce lieu, de quelques mots qui ont passé de la glose dans la suitte, un embarras de paroles qui n'a presque point de Rapport avec ce qui a esté dit auparavent.

8.

Dans le paragraphe sixiesme des observations historiques de nr̃e autheur il est parlé de Ratran et dans le septiesme de Jean Scot[1]. Il est en question parmi les doctes, de scavoir lequel de ces deux Benedictins est autheur d'un méchant livre Rempli d'erreurs et d'heresies contre le mistere adorable de l'Eucharisti. On ne peut pas bonnement nier que Jean Scot Erigene nayt erré en cette matiere, et on luy attribuë communement ce mechant livre Mais on en deschar... [*feuille coupée*]
Ratran Religieux de Corbie qui vivoit au neufiesme siecle.

Monsieur de Marca Archevesque de Thoulouze[2], et tout nouvellement le Pere Paris Chanoine Regulier de Ste. Geneviefve[3], ont pris la deffense de Ratran, et ont fait son apologie. Mais un Benedictin de nr̃e Congregation[4] s'y oppose, et pretend prouver et faire scavoir a tout le monde que nr̃e Ratran est Autheur de ce livre pernicieux. Et de plus que Jean Scotus Erigena a aussy composé un aut[re] ouvrage rempli des mesmes erreurs. De sorte qu'au lieu que les scavans avoient jusqu'a present crû qu'il ny avoit qu'un méchant ouvrage, et un de ces deux Benedictins coupable de l'avoir produit; il veut absolument qu'il y en ait eu deux, et que tous ces deux Benedictins soient reconnus pour atteints de ces erreurs et de cette impieté.

---

[1] Il s'agit du livre de Ratramne.
[2] v. ci-dessous p. 98.
[3] v. ci-dessous p. 102.
[4] Il doit y avoir question ici et au n. 5 de Mabillon.

9.

Tout au contraire, traittant au paragraphe premier et second de ces Remarques Historiques du fameux Abbé de Corbie Paschase Radbert et sçavoir s'il avoit composé deux excellents ouvrages, l'un de corpore et sanguine domini, qui nous reste encore: et l'autre plus ample intitulé De Sacramentis. Comme plusieurs scavans l'avoient estimé jusqu'icy il conclut qu'il n'en a fait qu'un, et se met beaucoup en peine de le prouver.

10.

Il semble doncq que l'autheur de ces Remarques Historiques sera bien conseillée, et se fera justice de ne point donner cet ouvrage au jour, qui pourroit luy attirer le blasme de ses confrères, d'avoir publié sans besoin des choses qui ne sont nullement necessaires pour le bien de l'Eglise, ce qui ne peuvent pour la pluspart servir qu'a diminuer la gloire de l'ordre Benedictin.

Conclusion.

Il sera donc mieux de ne point tremper sa plume dorée dan[s] un encre qui en terniroit l'eclat, qui noirciroit la Reputation de quelques Benedictins illustres, et obscurciroit du moins en partie la gloire des autres.

Fin.

APPENDICE III

Observations ultérieures sur le manuscrit de Lobbes — Corbie (L)

1. *L'incipit et la dédicace à Charles le Chauve.* Le premier mot du texte est affreusement maltraité par une main qu'on daterait des environs de l'an 1200. On a gratté VBES et remplacé ces lettres par USSISTIS. Notons en même temps que l'initiale I en rouge un peu orangé, correspondant au rouge de l'incipit, a été souillé d'une même encre noire qui va mal avec le brun foncé du texte. Ce rouge de l'incipit, qui est du minium, on le voit également utilisé pour les incipit des deux autres parties de notre recueil de Gand, l''Exaggeratio' et le 'De praedestinatione'. Or, ces deux mss. avaient été déjà munis d'une rubrication en rouge carminé quand des nouvelles inscriptions furent ajoutées. On est, par conséquent, en droit d'accepter un état primitif simple de notre ms. Il était dépourvu d'initiale, manifestement prévue, et avait resté sans incipit mentionnant le nom de l'auteur. Seule la première ligne, écrite par le scribe en capitales rustiques, a dû servir d'ornement de la préface. Les premières lignes de la dédicace au roi Charles ne laissent pas de nous intriguer par des corrections sur grattages de la main du scribe. L'orthographe mysterio nous frappe aussi. Dans le corps du texte le scribe écrit régulièrement misterium; les seules exceptions se trouvent ff. 32, l. 12 et 34, l. 9, où l'origine grecque de ce mot est rappelée.

2. *Le manuscrit comme document.* Le ms. ne montre pas de traces de ceux qui l'ont lu ou copié. On discerne deux mains primitives, celle du scribe et celle du correcteur. Comme cette distinction ne se base que sur la différence de concentration de l'encre, elle n'exclut pas une correction finale par le scribe lui-même. Curiosité comique: le copiste germain du 12e siècle qui se heurta au déraillement de notre scribe: actenus (f. 34v) a ajouté un h. Son devancier, le copiste qui a fait le ms. de Pontigny (P) avait conservé le mot sans h: il était de parlant roman.

3. *La copie.* De temps en temps la transparence du côté-poil allait menacer l'exécution de la copie de l'autre côté du feuillet. Le scribe s'est toujours tiré d'affaire en entamant la ligne suivante, mais une fois il a dû s'incliner devant la difficulté (f. 55v): la ligne 5 a gravement souffert de cette défectuosité du matériel. Le scribe fut obligé de se contenter de ce que lui avait été mesuré; nous avons vu que la préparation de deux bifolia, situés dans deux cahiers consécutifs, laissait à désirer. Le second était-ce un rebut? Quant à son côté-poil, on l'avait déjà utilisé pour le croquis d'un Crucifié. Quoique frotté le dessin se laisse encore distinguer assez bien (fig. 15).

4. *Abrévation.* (Quoniam est abrégé quō régulièrement, mais deux fois on lit qm̄ (f. 20, 15 et f. 32, 6). -bus, primitivement b., mais corrigé en b; pour éviter confusion avec la ponctuation?

5. *Correction*. Le ms. a été minutieusement corrigé par le scribe-même, lors de son travail et après. Beaucoup de mots sont écrits sur rature; rarement on peut conjecturer ce qui a été écrit primitivement. L'écriture étant très espacée, il y avait une occasion propice à d'altérations. Quelquefois le scribe nous a mis en état de le suivre:

f. 54, l. 6: sanctis — sanctorum où le copiste-même a changé: de sanctis patrum verbis en: de sanctorum patrum verbis. Il a gratté -is pour insérer -o, c.-à-d. la lettre o suivie d'un point qui sert à correspondre à: -rum suscrit.

f. 27, l. 6–9 on lit: Non ergo carnem meam vel sanguinem meum vobis corporaliter comedendam vel bibendum per partes distributum (grattage d'un troisième mot: vel) distribuendumue (ue suscrit) putetis. C'est une émendation stylistique. Elle pourrait — ce n'est qu'une hypothèse — être considérée comme mode d'action d'un auteur; elle surpasse la capacité d'un simple correcteur. Ratramne, moine de Corbie et sans doute actif dans le scriptorium, est-ce qu'il s'occupa ici lui-même du texte définitif de son traité? L'hypothèse trouve un soutien fort dans les études de Minio-Paluello du ms. Amiens 440[III]. Ce ms., partie indépendante d'un recueil comme le codex Gandavensis, étant daté du 11e s. en 1961 encore, est identifié depuis comme produit du scriptorium de Corbie du milieu du 9e s. par Bischoff. Nous avons vu déjà que Bishop l'a reconnu comme le ms.-frère de celui de Ratramne: l'exemplaire officiel d'un grand savant. Dans la préface de son livre sur les anciennes traductions latines d'Aristote, Minio dit: "quorum nonnulli exempla insignia sunt artis criticae edendi aetate mediae exercitae," et, précisant dans une note: "codex Ambianensis (Cb) editionem puram c praebens, sed secundum textum contaminatum k correctam"[1].

6. *Ponctuation*. La majuscule indique le début d'une periodus; elle est précédée du haut-point (la *disiunctio* d'Isidore), ou du signe d'interrogation exécuté sans point. A part cela les points sont placés 'ad imam et ad mediam litteram'. L'observation des règles est précise; la façon de s'y prendre en corrigeant les erreurs semble être caractéristique pour notre scribe. Il a altéré la position des points en y ajoutant des petits traits qui ne se rapportent pas à la hauteur de la voix (accents musicaux), mais qui désignent leur place. Ainsi, un 'punctus ad caput' changé en point d'interrogation est placé plus haut que d'ordinaire (cf. fig. 1, ll. 9 et 11) et un 'punctus ad mediam' qui se trouve à la fin d'une periodus est corrigé comme point-et-virgule renversé.

Jamais on n'a dû changer une lettre minuscule en majuscule ou à rebours. Les rares exceptions se rapportent au N et I rustiques et à quelques contingences ambigues comme celle de la lettre o et la ligature &. Le N rustique qui caractérise le scriptorium est parfois présent, même sans

---

[1] L. Minio-Paluello, [*Aristoteles latinus* I, 1–5] *Categoriae, vel Praedicamenta*, Bruges 1961, p. L, LIII. – Le correcteur, cependant, était un savant du onzième s.

être majuscule, mais on n'en comptera que dix en tout. Leur emploi va de pair avec celui de l'i-longa: ce sont des 'voces mediae' servant tantôt de majuscules, tantôt de minuscules ordinaires.

7. *Le recueil de Lobbes* (Gand 909). Encore de nos jours c'est un recueil de trois mss. indépendants qu'on semble avoir conservés comme tels dans une chemise, puisque la foliotation de sa deuxième partie fait preuve d'un emploi isolé encore au 15e siècle. A la fin du codex, à la dernière page de sa troisième partie, on lit: 'LIBER SC̄I PETRI LOB ECCLAE Servanti benedictio tollenti maled. FIAT FIAT'. C'est l'anathème de Lobbes (ca. 1200). Des mss. 909 I et II la partie inférieure du dernier feuillet est coupée. Ces feuillets peuvent très bien avoir été mutilés à cause du parchemin vierge qu'on pouvait utiliser pour y écrire des actes. Ainsi nous ne saurons jamais si d'anathèmes ou signatures de Corbie se sont perdus par hasard ou de propos délibéré.

La présente reliure date de l'an 1836. Cette reliure en veau brun ayant perdu son dos est très remarquable. Les plats, bien conservés encore, sont décorés par le fameux relieur belge P. C. Schavye, dont on retrouve la signature à l'intérieur sur la feuille de garde: 'Bruxelles, Avril 1836 Schavye'. On trouve son portrait en face du titre d'un ouvrage spécialiste: H. Dubois d'Enghien, *La reliure en Belgique au XIXe siècle*, où Schavye est cité abondamment (p. 210–217). La planche I montre le 'Style-Restauration' de l'artiste. Le médaillon de notre reliure doit y être classé. Un encadrement de cinq bordures, dont deux en or, achève l'aspect soigné des deux plats.

(G.I.L.)

CHAPITRE II

RATRAMNI

liber

De Corpore et Sanguine Domini

SIGLA

Codices manuscripti

L	=	codex Lobiensis s. IX, Bibl. univ. Gandavensis n. 909,
Lc	=	copia cod. Lob. Mabilionii s. XVII, in cod. Par. lat. 11.687.
S	=	cod. Salemensis s. XI–XII, Bibl. univ. Heidelbergensis IX, 20.
P	=	cod. Pontiniacensis s. X, Bibl. municip. Autissiodorensis n. 25.
GI	=	cod. Gottwicensis s. VII, Bibl. mon. Gottwicensis hs 58/r 54.
GII	=	cod. Gottwicensis s. XV, Bibl. mon. Gottwicensis hs 312/r 285.
Ca	=	cod. Coloniensis s. XV, Archiv. Hist. Coloniense GB, fol. 184.
A	=	collatio s. XVII cod. Andegavensis s. XIV (192), in cod. Par. lat. 11.687.
Av	=	fragm. cod. Abricensis s. XII, 109.

Editiones

C	=	editio princeps, apud Prael, Coloniae 1531 et 1532 (p. 75).
K	=	ap. Quentel. Coloniae 1551 (p. 76).
M	=	in: *ΜΥΚΡΟΠΡΕΣΒΥΤΙΚΟΝ*, Basileae 1550 (p. 78^2).
O	=	in: Orthodoxographa, Basileae 1555 (p. 78^4).
Gen.	=	ap. Michaëlem Sylvium, Genevae 1541 (p. 81^2).
D	=	in: Diallecticon Joh. Ponetii, (Argentorati) 1557 (p. 83^3).
F	=	ed. Feugueraei, (Antverpiae?) 1579 (p. 85).
T	=	in: Catalogus testium veritatis ed. S. Goulartius, t. 2, Lugduni 1597 (p. 87^3).
Q	=	ed. Quévilly 1672 (p. 90^1).
Qc	=	correctiones in *Q*, in cod. Par. lat. 11.687 (p. 23, 24).
B	=	ed. Boileau, Par. 1712 (p. 107^2).
H	=	ed. Hopkins, Lond. 1686. (p. 120^4).
Lamp.	=	ed. Lampadii, Bremae (p. 135^6).

De posituris

Divisiones sententiarum in hoc codice adhibitae sunt secundum praeceptum Isidori in libro suo primo Etymologiarum. Distinctio vel disiunctio periodi puncto loco elevato posito indicatur; mediae distinctiones vel subdistinctiones locis consuetis inveniuntur. Cum liber antiquus his notis accuratissime sit instructus, nos sola signa scribae signis nobis usitatis reddidimus, nullis aliis additis. Distinctionem maiorem per punctum, quandoque autem per colon (:) expressimus; signum vero interrogativum scripsimus ubicumque in originali invenitur. Pro minoribus distinctionibus semper virgulas posuimus. Litterae maiusculae in initio novae periodi scribuntur tam in manuscripto quam in editione. Errores paucos in distinguendo, quas ipse scriba non correxerat, nos tacite correximus.

⟨   ⟩   ab editore introductus
⟦VBES⟧   textus in codice deperditus
[   ]   in codice deletum per rasuram, textu non iam legibili
tra[h̠]icitur   id.,   textu incerto
[n]   id.,   textu legibili
[-ia]   litterae cancellatae
[/VSSISTIS]   substitutio in linea post rasuram
qu[o/i]d   id.,   textu deleto legibili
i[n⟩m]mensa   substitutio per transformationem
╱a╲   additio in linea
╲p╱   additio supra lineam
╲a╱╱   additio in margine
i.m.   in margine

Divisio in capita CII, auctore J. Boileau (1686) longaeva traditione vulgata, etiam in nostra editione adhibetur.

Limites paginarum manuscripti, quorum numeri in marginibus ponuntur, in textu per signum / invenies indicatas.

f. 16

INCIPIT LIBER RATRAMNI, DE CORPORE ET SANGUINE DOMINI IUBES GLORIOSE PRINCEPS, UT QUID DE sanguinis et corporis christi mysterio sentiam vestrae magnificentiae significem. Imperium quam magnifico vestro principatu dignum, tam
5 nostrae parvitatis viribus constat difficillimum. Quid enim dignius regali providentia quam de illius sacris misteriis catholice sapere, qui sibi regale solium dignatus est contribuere? Et subiectos pati non posse diversa sentire de corpore christi in quo constat christianae redemptionis summam consistere?

10 II. Dum enim quidam fidelium, corporis sanguinisque christi ⟨misterium⟩ quod in ecclesia cotidie celebratur dicant, quod nulla sub figura, nulla sub obvelatione fiat, sed ipsius veritatis nuda manifestatione

f. 16v peragatur, quidam vero testentur / quod haec sub misterii figura contineantur, et aliud sit quod corporeis sensibus appareat, aliud autem quod
15 fides aspiciat, non parva diversitas inter eos esse dinoscitur. Et cum apostolus fidelibus scribat, ut idem sapiant et idem dicant omnes, et scisma nullum inter eos appareat, non parvo scismate dividuntur, qui de misterio corporis sanguinisque christi non eadem sentientes elocuntur.

III. Quapropter regalis vestra sublimitas zelo fidei provocata non
20 aequanimiter ista perpendens, et secundum apostoli preceptum cupiens ut idem sentiant et idem dicant omnes, veritatis diligenter inquirit secretum, ut ad eum deviantes revocare possit. Unde non contempnitis etiam ab humillimis huius rei veritatem perquirere, scientes quod tanti secreti misterium nonnisi divinitate revelante possit agnosci, quae sine

f. 17 25 / personarum acceptione per quoscumque delegerit suae veritatis lumen ostendit.

IV. Nostrae vero tenuitati quam sit iocundum vestro parere imperio, tam est arduum super re humanis sensibus remotissima, et nisi per sancti spiritus eruditionem non posse penetrare disputare. Subditus igitur
30 vestrae magnitudinis iussioni, confisus autem ipsius de quo locuturi

---

16. *cf.* I Cor. 1, 10

---

1. Bertrami Presbyteri De Corpore et Sanguine Domini Praefatio ad Carolum magnum Imperatorem *C*
2. I [[VBES]] [VSSISTIS] (*ca* 1200?); GLORIOS[/E]
3. mysterio [s../ s] en[.../tiam] (sciendum *hic prius?*); mysterio raro *L GI* paene semper *P S G* semper *Lc*
8. christianae *nulla littera omissa*
10. vox mysterium — *vel* sacramentum — *in fere omnibus codicibus et editionibus desideratur, unus cod. A habet; una sola ed. Q mysterium desiderari notat i.m.; in translatione sua*: mystère, *quamquam in textu lat. deest, habet B*
20. preceptum *nulla littera omissa*
23. humilibus *P G Ca C*

sumus suffragio, quibus potuero verbis quid ex hoc sentiam aperire temptabo. Non proprio fretus ingenio, sed sanctorum vestigia patrum prosequendo.

5 V. Quod in ecclesia ore fidelium sumitur corpus et sanguis christi, quaerit vestrae magnitudinis excellentia in misterio fiat, an in veritate. Id est utrum aliquid secreti contineat quod oculis fidei solummodo pateat, an sine cuiuscumque velatione misterii hoc aspectus intueatur corporis exterius, quod mentis visus inspiciat interius, ut totum / quod 10 agitur in manifestationis luce clarescat. Et utrum ipsum corpus sit quod de maria natum est, et passum, mortuum et sepultum, quodque resurgens et caelos ascendens ad dexteram patris consideat.

VI. Harum duarum questionum primam inspiciamus, et ne dubietatis ambage detineamur, definiamus quid sit figura, quid veritas. Ut certum 15 aliquid contuentes, noverimus quo rationis iter contendere debeamus.

VII. Figura est obumbratio quaedam, quibusdam velaminibus quod intendit ostendens. Verbi gratia, verbum volentes dicere panem nuncupamus, sicut in oratione dominica *panem cotidianum* dari nobis expostulamus, vel cum christus in evangelio loquitur dicens: *Ego sum* 20 *panis vivus qui de caelo descendi*. Vel cum seipsum vitem, discipulos autem palmites appellat: *Ego sum dicens vitis vera, vos autem palmites*. Haec enim omnia / aliud dicunt, et aliud innuunt.

VIII. Veritas vero est, rei manifestae demonstratio, nullis umbrarum imaginibus obvelatae, sed puris et apertis, utque planius eloquamur 25 naturalibus significationibus insinuatae. Ut pote cum dicitur christus natus de virgine, passus, crucifixus, mortuus, et sepultus. Nihil enim hic figuris obvelantibus adumbratur, verum rei veritas naturalium significationibus verborum ostenditur, neque aliud hic licet intellegi quam dicitur. At in superioribus non ita. Nam substantialiter nec panis christus, 30 nec vitis christus, nec palmites apostoli. Quapropter hic figura, superius vero veritas in narratione monstratur, id est nuda et aperta significatio.

IX. Nunc redeamus ad illa, quorum causa dicta sunt ista, videlicet corpus et sanguinem christi. Si enim nulla sub figura misterium illud peragitur, iam misterium non rite vocitatur. Quoniam misterium / dici 35 non potest in quo nihil est abditum, nihil a corporalibus sensibus remotum,

---

18. Luc. 11, 3
19. Joh. 6, 41
21. Joh. 15, 5

---

1. ex L de C Qc i.m. B
5–6. Bertrami Presbyteri De Corpore et sanguine Domini Liber ad Carolum magnum Imperatorem incipit C
10. clarescat? C
31. a[/perta]

nihil aliquo velamine contectum. At ille panis qui per sacerdotis ministerium christi corpus conficitur, aliud exterius humanis sensibus ostendit, et aliud interius fidelium mentibus clamat. Exterius quidem panis quod ante fuerat forma pretenditur, color ostenditur, sapor accipitur. Ast
5 interius longe aliud multoque preciosius, multoque excellentius intimatur, quia caeleste, quia divinum, id est christi corpus ostenditur, quod non sensibus carnis, sed animi fidelis contuitu vel aspicitur, vel accipitur, vel comeditur.

X. Vinum quoque quod sacerdotali consecratione christi sanguinis
10 efficitur sacramentum, aliud superficietenus ostendit, aliud interius continet. Quid enim aliud in superficie / quam substantia vini conspicitur? Gusta, vinum sapit. Odora, vinum redolet. Inspice, vini color intuetur. At interius si consideres iam non liquor vini, sed liquor sanguinis christi, credentium mentibus, et sapit dum gustatur, et agnoscitur dum con-
15 spicitur, et probatur dum odoratur. Haec ita esse dum nemo potest abnegare, claret quia panis ille vinumque figurate christi corpus et sanguis existit. Non enim secundum quod videtur, vel carnis species in illo pane cognoscitur, vel in illo vino cruoris unda monstratur, cum tamen post misticam consecrationem nec panis iam dicitur nec vinum, sed christi
20 corpus et sanguis.

XI. Nam si secundum quosdam figurate nihil hic accipiatur sed totum in veritate conspiciatur, / nihil hic fides operatur, quoniam nihil spiritale geritur, sed quicquid illud est, totum secundum corpus accipitur. Et cum fides secundum apostolum sit rerum argumentum non apparent⟨i⟩um
25 id est non earum quae videntur sed quae non videntur substantiarum, nihil hic secundum fidem accipiemus, quoniam quicquid existit, secundum sensus corporis diiudicamus. Et nihil absurdius quam panem carnem accipere, et vinum sanguinem dicere. Nec iam misterium erit in quo nihil secreti nihil abditi continebitur.

30 XII. Et quomodo iam corpus christi et sanguis dicetur, in quo nulla permutatio facta esse cognoscitur? Omnis enim permutatio aut ex eo quod non est in id quod est efficitur, aut ex eo quod est in id quod non

---

21. cf. Paschasius Radbertus, *De corpore et sanguine domini IV*, *MPL* 120, 1278 A; *CC, CM XVI*, p. 27
23. cf. Hebr. 11, 1
31–33. cf. ps.–Augustinus, *Categoriae decem ex Aristotele decerptae*, c. 21, *MPL* 32, 1439A; Augustinus, *Confessiones*, IV, xvi, 28

---

1. sacerdot[/is ministerium], *utpote prius* sacerdotem misterium
2. ostend[e⟩i]t
13. co[n]sideres
17. in illo *L* nullo *C K M O F*
21. figurat[um/e]
26. secundum corporis sensus *Ca* sensum *C*
30. dicetur *L* dicitur *A Ca C i.m. B*

est, aut ex eo quod est in id quod est. In isto autem / sacramento si tantum in veritatis simplicitate consideretur, et non aliud credatur quam quod aspicitur, nulla permutatio facta cognoscitur. Nam nec ex eo quod non erat transivit in aliquid quod sit, quomodo fit transitus in rebus nascentibus. Si quidem non erant prius, sed ut sint, ex non esse, ad id quod est esse transitum fecerunt. Hic vero panis et vinum prius fuere quam transitum in sacramentum corporis et sanguinis christi fecerunt. Sed nec ille transitus qui fit ex eo quod est esse, ad id quod est non esse, qui transitus in rebus per defectum occasum pacientibus existit. Quicquid enim interit, prius subsistendo fuit. Nec interitum pati potest quod numquam fuit. Hic quoque, non iste transitus factus esse cognoscitur, quoniam secundum veritatem species creaturae quae fuerat / ante, permansisse cognoscitur.

XIII. Item illa permutatio quae fit ex eo quod est in eo quod est, quae perspicitur in rebus qualitatis varietatem pacientibus, verbi gratia quando quod ante nigrum fuerat in album demutatur, nec hic facta esse cognoscitur. Nihil enim hic, vel tactu, vel colore, vel sapore permutatum esse deprehenditur. Si ergo nihil est hic permutatum, non est aliud quam ante fuit. Est autem aliud. Quoniam panis corpus, et vinum sanguis christi facta sunt. Sic enim ipse dicit: *Accipite et comedite, hoc est corpus meum.* Similiter et de calice loquens dicit: *Accipite et bibite, hic est sanguis novi testamenti qui pro vobis fundetur.*

XIV. Quaerendum ergo est ab eis qui nihil hic figurate volunt accipere, sed totum in veritatis simplicitate consistere, secundum quid demutatio facta sit, / ut iam non sint quod ante fuerunt, videlicet panis atque vinum, sed sint corpus atque sanguis christi. Secundum speciem namque creaturae, formamque rerum visibilium, utrumque hoc id est panis et vinum nihil habent in se permutatum. Et si nihil permutationis pertulerunt, nihil aliud existunt quam quod prius fuere.

XV. Cernit sublimitas vestra princeps gloriose quo taliter sentientium intellectus evadat? Negant quod affirmare creduntur. Et quod credunt, destruere comprobantur. Corpus etenim sanguinemque christi fideliter confitentur. Et cum hoc faciunt, non hoc iam esse quod prius fuere procul dubio protestantur. Et si aliud sunt quam fuere, mutationem accepere. Cum hoc negari non possit, dicant secun / dum quid permutata sunt. Corporaliter namque nihil in eis cernitur esse permutatum. Fatebuntur igitur necesse est, aut mutata esse secundum aliud quam secundum

---

20. Matth. 26, 26
21. Mc. 14, 24

---

2. veritatis in simplicitate *Ca O K M O*
25. ante *om. C*
31. vr\a⫽
31. quod aliter *P* quo aliter *A Ca C i.m. B*

corpus ac per hoc non hoc esse quod in veritate videntur, sed aliud quod non esse secundum existentiam propriam cernuntur. Aut si hoc profiteri noluerint, compellentur negare corpus esse sanguinemque christi, quod nefas est non solum dicere verum etiam cogitare.

XVI. At quia confitentur et corpus et sanguinem esse christi, nec hoc esse potuisse nisi facta in melius commutatione, neque ista commutatio corporaliter, sed spiritaliter facta sit, necesse est iam ut figurate facta esse dicitur, quoniam sub velamento corporei panis corporeique vini spiritale corpus christi spiritalisque sanguis existit. Non quod duarum / sint existentiae rerum inter se diversarum corporis videlicet et spiritus, verum una eademque res secundum aliud species panis et vini consistit, secundum aliud autem corpus est et sanguis christi. Secundum namque quod utrumque corporaliter contingitur, species sunt creaturae corporeae, secundum potentiam vero quod spiritaliter factae sunt, misteria sunt corporis et sanguis christi.

XVII. Consideremus sacri fontem baptismatis. Qui fons vitae non immerito nuncupatur, quia descendentes in se melioris vitae novitate reformat, et de peccato mortuis, viventes iustitiae donat. Num secundum quod aquae conspicitur elementum esse, istam potentiam optinet? Attamen nisi sanctificationis virtutem optineret, labem vitiorum nequaquam diluere posset. / Et nisi vigorem vitae contineret nullo modo mortuis prestare vitam valeret. Mortuis autem non carne sed anima. In eo tamen fonte si consideretur solummodo quod corporeus aspicit sensus, elementum fluidum conspicitur, corruptioni subiectum, nec nisi corpora lavandi potentiam optinere. Sed accessit sancti spiritus per sacerdotis consecrationem virtus, et efficax facta est non solum corpora verum etiam animas diluere, et spiritales sordes spiritali potentia dimovere.

XVIII. Ecce in uno eodemque elemento duo videmus inesse sibi resistentia. Id est corruptioni subiacens, incorruptionem prestare, et vitam non habens vitam contribuere. Cognoscitur ergo in isto fonte et inesse quod sensus corporis attingat, et idcirco muta- / bile atque corruptibile. Et rursus inesse quod fides sola conspiciat, et ideo nec corrumpi posse, nec vitae discrimen accipere. Si requiras quod superficietenus lavat, elementum est. Si vero perpendas quod interius purgat, virtus vitalis est, virtus sanctificationis, virtus immortalitatis. Igitur in proprietate, humor corruptibilis, in misterio vero virtus sanabilis.

XIX. Sic itaque christi corpus et sanguis superficietenus considerata

---

17. *cf.* Rom. 6, 11.13

---

5. Christi esse *P C* Dei esse *B*
12. est *om. C K D M O F*
19. esse elementum *P Ca C*
20. *post* optineret: labem vitiorum nequaquam diluere posset. Et nisi vigorem vitae contineret *add.* G
31. corporis sensus *Ca C*

creatura est mutabilitati corruptelaeque subiecta. Si misterii vero perpendas virtutem, vita est, participantibus se tribuens immortalitatem. Non ergo sunt idem quod cernuntur et quod creduntur. Secundum enim quod cernuntur corpus pascunt corruptibile, ipsa corruptibilia. Secundum vero quod creduntur, animas pascunt / in aeternum victuras, ipsa immortalia.

XX. Apostolus quoque scribens chorintiis ait: *Nescitis quoniam patres nostri omnes sub nube fuerunt, et omnes mare transierunt, et omnes in moysen baptizati sunt in nube et in mari. Et omnes eandem escam spiritalem manducaverunt, et omnes eundem potum spiritalem biberunt? Bibebant autem de spiritali consequenti eos petra. Petra autem erat christus.* Animadvertimus et mare baptismi speciem pretulisse, et nubem. Patresque prioris testamenti in eis id est in nube sive mari baptizatos fuisse. Num vel mare secundum quod elementum videbatur baptismi potuit habere virtutem? vel nubes iuxta quod densioris crassitudinem aeris ostendebat, populum sanctificare quiverit? Nec tamen apostolum / in christo locutum, audemus dicere quod non vere dixerit patres nostros in nube et in mari fuisse baptizatos.

XXI. Et quamvis baptismus ille formam baptismatis christi quod hodie geritur in ecclesia ⟨non⟩ pretulerit, baptismum tamen extitisse, et in eo patres nostros baptizatos fuisse nullus negare sanus audebit, nisi verbis apostoli contradicere vesanus presumpserit. Igitur et mare et nubes non secundum hoc quod corpus extiterant sanctificationis munditiam prebuere, verum secundum quod invisibiliter sancti spiritus sanctificationem continebant. Erat namque in eis et visibilis forma quae corporeis sensibus appareret non in imagine sed in veritate, et interius spiritalis potentia refulgebat quae non carnis oculis sed mentis luminibus appareret.

XXII. Similiter manna populo de caelo datum / et aqua profluens de petra corporales extiterant et corporaliter populum vel pascebant, vel potabant. Attamen apostolus vel illud manna, vel illam aquam spiritalem escam, spiritalem potum appellat. Cur hoc? quoniam inerat corporeis illis substantiis spiritalis verbi potestas, quae mentes potius quam corpora credentium pasceret atque potaret. Et cum cibus vel potus ille futuri corporis christi sanguinisque misterium quod caelebrat ecclesia premon-

---

7–11. I Cor. 10, 1–4

---

1. perpendis *Ca CK i.m.* B
9. bapti[/zati sunt]
12. baptis[ ]mi
13. fuisse *L* esse *P G Ca C*
20. non *om. L S P A G Ca C solus inter omnes* non *iure in textu suo expressit B* non *i.m. H Q*
25. visibilis *L* invisibilis *CF i.m.* B
34. potus [/ille]

straret, eandem tamen escam spiritalem manducasse, eundem potum spiritalem bibisse patres nostros sanctus paulus asseverat.

XXIII. Quaeris fortasse quam eandem, nimirum ipsam quam hodie populus credentium in ecclesia manducat et bibit. Non enim licet diversam intellegi quoniam unus idemque christus est, / qui et populum in deserto in nube et in mari baptizatum sua carne pavit suo sanguine tunc potavit, et in ecclesia nun credentium populum sui corporis pane, sui sanguinis unda pascit atque potat.

XXIV. Quod volens apostolus intimare cum dixisset patres nostros eandem escam spiritalem manducasse, eundemque potum spiritalem bibisse, consequenter adiecit: *Bibebant autem de spiritali consequenti eos petra. Petra autem erat christus.* Ut intellegeremus in deserto christum in spiritali petra constitisse, et sui sanguinis undam populo praebuisse, qui postea corpus de virgine sumptum, et pro salute credentium in cruce suspensum nostris saeculis exhibuit, et ex eo sanguinis undam effudit, quo non solum redimeremur, verum etiam potaremur.

XXV. Mirum certe / quoniam incomprehensibile, et inaestimabile. Nondum hominem assumpserat, nondum pro salute mundi mortem degustaverat, nondum sanguine suo nos redemerat, et iam nostri patres in deserto per escam spiritalem potumque invisibilem eius corpus manducabant, et eius sanguinem bibebant, velut testis exstat apostolus clamans, eandem escam spiritalem manducasse, eundem potum spiritalem bibisse patres nostros. Non istic racio qua fieri potuerit disquirenda, sed fides quod factum sit adhibenda. Ipse namque qui nunc in ecclesia omnipotenti virtute panem et vinum in sui corporis carnem et proprii cruoris undam spiritaliter convertit, ipse tunc quoque manna de caelo datum corpus suum, et aquam de petra profusam proprium sanguinem invisibiliter operatus est. /

XXVI. Quod intellegens david in spiritu sancto protestatus est. *Panem* inquiens *angelorum manducavit homo.* Ridiculum namque est opinari quod manna corporeum patribus datum caelestem pascat exercitum, aut tali vescantur edulio, qui divini verbi saginantur epulis. Ostendit certe psalmista vel magis spiritus sanctus loquens in psalmista, vel quid

---

11. I Cor. 10, 4
30. Ps. 77 (78), 25

---

1. manducasse et *Ca C*
4. diversam *L Ca* diversa *C i.m. B*
8. atque *L* ac *Ca C*
14. poste⟨a⟩
18. assum\p/serat
24. quod *L Ca* quid *C i.m. B*
27. *ad finem* c. XXV: Sis hic cautus. Certum est enim quod neque sub specie visibilis manna, neque sub specie exterioris aque que fluxit de petra, fuit verum corpus Christi sicut modo est sub s⟨peci⟩e panis et vini in sacramento eukaristie *manu s.* XV *i.m.* f. 25v *add. Gl*

patres nostri in illo manna caelesti perceperint, vel quid fideles in misterio corporis christi credere debeant. In utroque certe christus innuitur. Qui et credentium animas pascit, et angelorum cibus existit. Utrumque hoc non corporeo gustu, nec corporali sagina sed spiritalis virtute verbi.

XXVII. Et evangelista narrante cognovimus quod dominus ihesus christus priusquam pateretur *accepto pane gratias egit et dedit discipulis suis dicens: Hoc est corpus meum | quod pro vobis datur, hoc facite in meam commemorationem. Similiter et calicem postquam cenavit dicens: Hic est calix novum testamentum in sanguine meo qui pro vobis fundetur.* Videmus nondum passum esse christum et iam tamen sui corporis et sanguinis misterium operatum fuisse.

XXVIII. Non enim putamus ullum fidelium dubitare panem illum fuisse christi corpus effectum quod discipulis donans dicit: *Hoc est corpus meum quod pro vobis datur*. Sed neque calicem dubitare sanguinem christi continere de quo idem ait: *Hic est calix novum testamentum in sanguine meo qui pro vobis fundetur*. Sicut ergo paulo antequam pateretur panis substantiam et vini creaturam convertere potuit in proprium corpus quod passurum erat, et in suum sanguinem / qui post fundendus exstabat, sic etiam in deserto manna, et aqua de petra, in suam carnem en sanguinem convertere prevaluit, quamvis longe post et caro illius in cruce pro nobis pendenda, et sanguis eius in ablutionem nostram fundendus superabat.

XXIX. Hic etiam considerare debemus quemadmodum sit accipiendum quod ipse dicit: *Nisi manducaveritis carnem filii hominis et eius sanguinem biberitis, non habebitis vitam in vobis*. Non enim dicit quod caro ipsius quae pependit in cruce particulatim concidenda foret, et a discipulis manducanda, vel sanguis ipsius quem fusurus erat pro mundi redemptione discipulis dandus esset in potum. Hoc enim scelus esset si secundum quod infideles tunc acceperunt, a discipulis vel sanguis eius biberetur, vel caro comederetur.

XXX. Propter quod in consequentibus ait discipulis non infideliter sed fideliter verba christi suscipientibus, nec tamen adhuc quomodo illa verba forent intellegenda penetrantibus: *Hoc vos scandalizat* inquiens? *Si ergo videritis filium hominis ascendentem ubi erat prius*. Tamquam diceret: Non ergo carnem meam vel sanguinem meum vobis corporaliter

---

6. Luc. 22, 19.20; I Cor. 11, 24.25
23. Joh. 6, 54
28. cf. Joh. 6, 52
32. Joh. 6, 62.63

---

1. perceperint *L* perceperunt *Ca C*
2. Christi certe *C*
4. non corporeo *L Ca* incorporeo *C*
6. egit[ ] et dedit
18. exstabat *L* erat *G* similiter hic cautus sis add. i.m. *GI*
23. sanguinem eius *C*
25. pependit *L* pendit *Ca C*

comedendam vel bibendum per partes distributum distribuendumve putetis cum post resurrectionem visuri sitis me caelos ascensurum cum integri corporis sive sanguinis mei plenitudine. Tunc intellegetis quod non sicut infideles arbitrantur carnem meam a credentibus comedendam, sed vere per misterium panem en vinum in corporis et sanguinis mei conversa substantiam a cre / dentibus sumenda.

XXXI. Et consequenter: *Spiritus est* inquit *qui vivificat, caro non prodest quicquam*. Carnem dicit quicquam non prodesse illo modo sicut infideles intellegebant. Alioquin vitam prebet sicut a fidelibus per misterium sumitur. Et hoc quare, ipse manifestat cum dicit: *Spiritus est qui vivificat*. In hoc itaque misterio corporis et sanguinis, spiritalis est operatio quae vitam prestat. Sine cuius operatione misteria illa nihil prosunt. Quoniam corpus quidem pascere possunt, sed animam pascere non possunt.

XXXII. Hic iam illa suboritur questio quam plurimi proponentes locuntur, non in figura, sed in veritate ista fieri. Quod dicentes sanctorum scriptis patrum contraire comprobantur.

XXXIII. Sanctus agustinus doctor ecclesiae / precipuus, in libro de doctrina christiana tertio taliter scribit: *Nisi manducaveritis* inquit *salvator carnem filii hominis et biberitis sanguinem eius, non habebitis vitam in vobis. Facinus vel flagitium videtur iubere. Figura ergo est precipiens passioni domini esse communicandum et suaviter atque utiliter recondendum in memoria, quod pro nobis caro eius crucifixa et vulnerata sit.*

XXXIV. Cernimus quod doctor iste misteria corporis et sanguinis christi sub figura dicit a fidelibus celebrari. Nam carnem illius sanguinemque eius sumere carnaliter non religionis dicit esse sed facinoris. De quibus fuerant illi qui in evangelio dicta domini non spiritaliter sed carnaliter intellegen / tes recesserunt ab eo, et iam cum illo non ibant.

XXXV. Item in epistola ad bonifacium episcopum scribens inter reliqua sic ait: *Nempe saepe ita loquimur ut pascha propinquante dicamus crastinam vel perendinam domini passionem, cum ille ante tam multos annos passus sit, nec omnino nisi semel illa passio facta sit. Nempe ipso die dominico dicimus,*

---

7. Joh. 6, 64
18. Augustinus, *De doctrina christiana* III, xvi, 24, *MPL* 34, 74–75
19. Joh. 6, 54
29. Joh. 6, 67
30. Augustinus, *ep.* 98, 9, CSEL 34, p. 530

---

1. distributum [/dis] tribuendū \ve/
5. conversam substantiam a credentibus sumendam *P Ca C B*
15. illa *om. B*
31. NOTA *i.m. GI*

hodie dominus resurrexit, cum ex quo resurrexit tot anni transierint. Cur nemo tam ineptus est ut nos ita loquentes arguat esse mentitos? Nisi quia istos dies secundum illorum quibus haec gesta sunt similitudinem nuncupamus. Ut dicatur ipse dies qui non est ipse, sed revolutione temporis similis eius, et dicatur illo die fieri propter / sacramenti celebrationem, quod non illo die sed iam olim factum est? Nonne semel immolatus est christus in seipso? Et tamen in sacramento non solum per omnes paschae sollempnitates sed omni die populis immolatur. Nec utique mentitur qui interrogatus eum responderit immolari. Si enim sacramenta quandam similitudinem rerum earum quarum sacramenta sunt non haberent, omnino sacramenta non essent. Ex hac ipsa autem similitudine plerumque iam ipsarum rerum nomina accipiant. Sicut ergo secundum quendam modum sacramentum corporis christi, corpus christi est, sacramentum sanguinis christi, sanguis christi est, ita sacramentum fidei fides est.

XXXVI. Cernimus / quod sanctus augustinus aliud dicit sacramenta, et aliud res quarum sunt sacramenta. Corpus autem in quo passus est christus, et sanguis eius de latere qui fluxit, res sunt. Harum rerum vero misteria dicit esse sacramenta corporis et sanguinis christi quae celebrantur ob memoriam dominicae passionis non solum per omnes paschae sollemnitates singulis annis, verum singulis in anno diebus.

XXXVII. Et cum sit corpus dominicum in quo semel passus est, et unus sanguis qui pro salute mundi fusus est, attamen sacramenta ipsarum rerum vocabula sumserunt, ut dicantur corpus et sanguis christi, cum propter similitudinem rerum quas innuunt sic appellentur sicut pascha et resurrectio domini vocantur quae per singulos annos / celebrantur, cum semel in seipso passus sit et resurrexit. Nec dies illi iam possint revocari quoniam preterierunt. Appellantur tamen illorum vocabulo dies quibus memoria dominicae passionis sive resurrectionis commemoratur, idcirco quod similitudinem illorum habeant dierum quibus salvator semel passus est et semel resurrexit.

XXXVIII. Unde dicimus hodie vel cras vel perendie domini pascha est vel resurrectio, cum dies illi quibus haec gesta sunt multis iam annis preterierint. Sic etiam dicimus dominum immolari quando passionis eius sacramenta celebrantur cum semel pro salute mundi sit immolatus in

---

10. Nec *L Ca* Haec *C*
15. qu[o⟩e]dā
21. Harum vero rerum *Ca C*
30. possint *L Ca* possunt *C F i.m. B*
31. tamen *L* autem *C F i.m. B* autem tamen *Ca*
37. preterierint *L* praeterierunt *Ca C i.m. F i.m. B*

f. 31 semetipso, sicut apostolus ait: *Christus pas / sus est pro nobis, vobis relinquens exemplum ut sequamini vestigia eius.* Non enim ait quod cotidie in seipso patiatur, quod fecit semel. Exemplum autem nobis reliquit quod in misterio dominici corporis et sanguinis cotidie credentibus presen-
5 tatur, ut quisquis ad illud accesserit, noverit se passionibus eius sociari debere, quarum imaginem in sacris misteriis prestolatur, iuxta illud sapientiae: *Accessisti ad mensam potentis, diligenter attende quae tibi sunt apposita,* sciens quia talia te oportet praeparare. Accedere ad mensam potentis est, divini participem libaminis fieri. Consideratio vero apposi-
f. 31v 10 torum, dominici / corporis et sanguinis est intellegentia. Quibus quisquis participat, advertat se talia debere preparare, ut eius imitator existat commoriendo, cuius memoriam mortis non solum credendo verum etiam gustando confitetur.

XXXIX. Item beatus paulus ad hebreos: *Talis enim decebat ut nobis*
15 *esset pontifex, sanctus, innocens, impollutus, segregatus a peccatoribus et excelsior caelis factus, qui non habet necessitatem quemadmodum sacerdotes cotidie hostias offerre prius pro suis delictis deinde pro populi. Hoc enim fecit semel se offerendo dominus iesus christus.* Quod semel fecit non cotidie frequentat. Semel enim pro peccatis populi se obtulit. Celebratur
f. 32 20 tamen haec eadem oblatio singulis / per fideles diebus, sed in misterio. Ut quod dominus iesus christus semel se offerens adimplevit, hoc in eius passionis memoriam cotidie geritur per misteriorum celebrationem.

XL. Nec tamen falso dicitur quod in misteriis illis dominus vel immoletur vel patiatur, quoniam illius mortis atque passionis habent simili-
25 tudinem, quarum existant repraesentationes. Unde dominicum corpus et sanguis dominicus appellantur, quoniam eius sumunt appellationem, cuius existunt sacramentum. Hinc beatus isidorus in libris ethimologiarum, sic ait: **Sacrificium dictum quasi sacrum factum, quia prece mystica consecratur in memoriam pro nobis dominicae**
30 **passionis. Unde hoc eo iubente corpus christi et sanguinem**
f. 32v **dicimus, quod dum sit** / **ex fructibus terrae, sanctificatur, et fit sacramentum operante invisibiliter spiritu dei. Cuius panis et calicis sacramentum greci eucharistiam dicunt, quod latine bona gratia interpretatur. Et quid melius**

---

1. I Petri 2, 21
7. *cf.* Prov. 23, 1; *cf.* Paschasius Radb., *De Corpore* II, 2, *MPL* 120, 1273 C; *CC, CM* XVI, p. 21
14. Hebr. 7, 26.27
28. Isid. Hispal., *Etymol.* VI, 19, 38, ed. Lindsay I; *MPL* 82, 255 B

---

3. semel fecit *Ca C B*
18. ihs. *cf.* ms. 909III, f. 109: IHM *i.e.* iesum
18. non *L* nunc *Ca C*; *v. supra* p. 18, *et infra* p. 106
25. *Post* unde *sequitur* c. XLIII *G*
27. Etymologiarum *Ca C*
33. grec[e>i]; latin[i/e] εὐχαριστίαν *C*

sanguine et corpore christi? Panis vero et vinum ideo corpori et sanguini domini comparantur, quia sicut huius visibilis panis vinique substantia exteriorem nutrit et inebriat hominem, ita verbum dei qui est panis vivus participatione sui, fidelium recreat mentes.

5 XLI. Et iste doctor catholicus sacrum illud dominicae passionis misterium, in memoriam pro nobis dominicae passionis, docet agendum. Hoc dicens ostendit dominicam passionem semel esse factam. Eius vero memoriam in sacris sollemnibus represen- / tari.

f. 33

XLII. Unde et panis qui offertur ex fructibus terrae cum sit assumptus, 10 in christi corpus dum sanctificatur transponitur, sicut et vinum cum ex vite defluxerit, divini tamen sanctificatione misterii efficitur, sanguis christi. Non quidem visibiliter, sed sicut ait presens doctor: Operante invisibiliter spiritu dei.

XLIII. Unde et sanguis et corpus christi dicuntur, quia non quod 15 exterius videntur, sed quod interius divino spiritu operante facta sunt accipiuntur. Et quia longe aliud per potentiam invisibilem existunt quam visibiliter appareant, discernit, dum dicit, panem et vinum ideo corpori et sanguini domini comparari, quia sicut visibilis panis et vini substantia exteriorem nutrit et inebriat hominem, ita verbum dei, / qui est panis vivus participatione sui fidelium recreat mentes.

f. 33v 20

XLIV. Ista dicendo planissime confitetur, quod in sacramento corporis et sanguinis domini quicquid exterius sumitur ad corporis refectionem aptatur. Verbum autem dei qui est panis invisibilis invisibiliter 25 in illo existens sacramento, invisibiliter participatione sui fidelium mentes vivificando pascit.

XLV. Hinc etiam idem doctor dicit: Sacramentum est in aliqua celebratione, cum res gesta ita fit ut aliquid significare intellegatur, quod sancte accipiendum est. Haec dicendo ostendit 30 omne sacramentum in divinis rebus aliquid secreti continere, et aliud esse quod visibiliter appareat, aliud vero quod invisibiliter sit accipiendum.

f. 34

/ XLVI. Quae sunt autem sacramenta fidelibus celebranda consequenter ostendens ait: Sunt autem sacramenta baptismus et chrisma, corpus et sanguis. Quae ob id sacramenta dicuntur, 35 quia sub tegumento corporalium rerum virtus divina secretius salutem eorundem sacramentorum operatur. Unde et a

---

27. Isid. Hispal., *Etymol.* VI, 19, 39, ed. Lindsay I; *MPL* 82, 255 C; *cf.* Jos. Geiselmann, *Die Abendmahlslehre an der Wende der christlichen Spätantike zum Frühmittelalter*, Munich 1933, p. 233.
33. Isid. Hispal., *Etymol.* VL, 19, 39, ed Lindsay I; *MPL* 82, 255 C

---

6. *verba* misterium, in memoriam pro nobis dominicae passionis *i. marg. inferiore f. 32v penna currenti add.* sunt. Mysterium docet agendum in memoriam pro nobis dominicae passionis *P Ca C*
14. qu[i>o]d [ ] *membrana dilucida*

secretis virtutibus vel sacris, sacramenta dicuntur. Et in consequentibus ait: Grece mysterium dicitur, quod secretam et reconditam habeat dispositiomen.

XLVII. Quid istinc perdocemur, nisi quod corpus et sanguis domini
5 propterea misteria dicuntur quod secretam et reconditam habeant dispositionem? Id est aliud sint quod exterius innuant, et aliud quod interius invisibiliter operentur.

f. 34v XLVIII. Hinc etiam / et sacramenta vocitantur, quia tegumento corporalium rerum virtus divina secretius salutem accipientium fideliter
10 dispensat.

XLIX. Ex his omnibus quae sunt actenus dicta monstratum est quod corpus et sanguis christi quae fidelium ore in ecclesia percipiuntur, figurae sint secundum speciem visibilem. At vero secundum invisibilem substantiam, id est divini potentiam verbi, corpus et sanguis vere christi
15 existunt. Unde secundum visibilem creaturam corpus pascunt, iuxta vero potentioris virtutem substantiae mentes fidelium et pascunt et sanctificant.

L. Iam nunc secundae quaestionis propositum est inspiciendum, et videndum, utrum ipsum corpus quod de maria natum est, et passum,
f. 35 20 mortuum, et sepultum, quodque ad dexteram / patris consideat, sit quod ore fidelium per sacramentorum misterium, in ecclesia cotidie sumitur.

LI. Percunctemur quid ex hoc sanctus ambrosius sentiat. Ait namque
AM in primo sacramentorum libro: Revera mirabile est quod manna deus pluerit patribus, et cotidiano caeli pascebantur ali-
25 mento. Unde dictum est: Panem angelorum manducavit homo. Sed tamen panem illum qui manducaverunt, omnes in deserto mortui sunt. Ista autem esca quam accipis, iste panis vivus qui descendit de caelo, vitae aeternae substantiam subministrat, et quicumque hunc manducaverit
30 non morietur in aeternum, et corpus christi est.

LII. Vide secundum quid doctor iste corpus christi dicat esse escam, quam fideles accipiunt in ecclesia. Ait namque: Iste panis vivus qui de caelo descendit, vitae aeternae substantiam subministrat. Num

---

18. *Doctrina* Paschasii Radberti, *De corpore* I, 2, *MPL* 120, 1269; *CC, CM* p. 15
22. Ambrosius, *De myst.*, VIII, 47, *MPL* 16, 421 C
25. Ps. 77 (78), 25
32. *cf.* Joh. 6, 50

---

2. m[i⟩y] sterium; μυστήριον C
11. \h/actenus L actenus P cf. supra p. 36; c. XLIX *om.* G
12. [ ] ore
14–15. san[/guis vere christi existunt. Unde secundum visibilem creaturam corpus pas] cunt. C. LI et LII *usque ad verba* num secundum *om.* F
16–17. sanctificant. , *positura musicalis*
22. Percunctemur L Percuntemus Ca Percontemur SC
31. quid L quod Ca C

secundum hoc quod videtur, quod corporaliter sumitur, quod dente premitur, quod fauce gluttitur, quod receptaculo ventris suscipitur, aeternae vitae substantiam subministrat? Isto namque modo carnem pascit morituram, nec aliquam subministrat in corruptionem, neque dici
5 vere potest, ut quicumque *hunc manducaverit non morietur in aeternum*. Et hoc enim quod sumit corpus corruptibile est, nec ipsi corpori potest prestare ne moriatur in aeternum, quoniam quod corruptioni subiacet, aeternitatem prestare non valet. Est ergo in illo pane vita, quae non oculis apparet corporeis, sed fidei con- / tuetur aspectu. Qui etiam *panis*
10 *vivus qui descendit de caelo* existit, et de quo vere dicitur, *quicumque hunc manducaverit non morietur in aeternum*, et qui est corpus christi.

LIII. Item in consequentibus. Cum de omnipotente virtute christi loqueretur sic ait: Sermo ergo christi qui potuit ex nihilo facere quod non erat, non potest ea quae sunt in id mutare
15 quod non erant? Nonne maius est novas res dare, quam mutare naturas?

LIV. Dicit sanctus ambrosius in illo misterio sanguinis et corporis christi commutationem esse factam, et mirabiliter, quia divine, et ineffabiliter, quia incomprehensibile. Dicant qui nihil hic volunt secundum
20 interius latentem virtutem accipere, sed totum quod apparet visibiliter aesti- / mare, secundum quid sit hic commutatio facta. Nam secundum creaturarum substantiam, quod fuerunt ante consecrationem, hoc et postea consistunt. Panis et vinum prius exstitere, in qua etiam specie iam consecrata permanere videntur. Est ergo interius commutatum spiritus
25 sancti potenti virtute quod fides aspicit, animam pascit, aeternae vitae substantiam subministrat.

LV. Item in consequentibus: Quid hic quaeris naturae ordinem in christi corpore, cum praeter naturam sit ipse dominus iesus partus ex virgine?

30 LVI. Hic iam surgit auditor et dicit corpus esse christi, quod cernitur, et sanguinem qui bibitur, nec quaerendum quomodo factum sit, sed tenendum, quod sic factum sit. Bene quidem / sentire videris, sed si vim verborum diligenter inspexeris. Corpus quidem christi sanguinemque fideliter credis, sed si perspiceres quia quod credis nondum vides. Nam
35 si videres diceres video, non diceres credo corpus sanguinemque esse

---

5. *cf.* Joh. 6, 50
10. Joh. 6, 50
13. Ambrosius, *De myst.* IX, 52, *MPL* 16, 424 A
27. Ambrosius, *De myst.*, IX, 53, 54, *MPL* 16, 424 B

---

11. C. LIII *et sequentia om.* P G
15. Nonne L Non enim S Ca C
17. Dicit [a] scs
29. partus L Ca natus C
30. iam L etiam Ca C
33. Christi quidem Ca C

christi. Nunc autem quia fides totum quicquid illud est aspicit, et oculus carnis nihil apprehendit, intellege quod non in specie sed in virtute corpus et christi sanguis existant, quae cernuntur. Unde dicit ordinem naturae non hic intuendum, sed christi potentiam venerandam. Quae quicquid vult, quomodo vult, in quodcumque vult et creat quod non erat, et creatum permutat in id quod antea non fuerat. Subiungit idem auctor: **Vera utique caro christi quae crucifixa est, quae sepulta est, verae ergo carnis illius sacramentum est.** Ipse clamat dominus iesus *hoc est corpus meum.*

LVII. Quam diligenter, quam prudenter facta distinctio. De carne christi quae crucifixa est, quae sepulta est id est secundum quam christus et crucifixus est, et sepultus, ait, **vera itaque caro christi.** At de illa quae sumitur in sacramento dicit: **Verae ergo carnis illius sacramentum est**, distinguens sacramentum carnis, a veritate carnis, quatinus in veritate carnis, quam sumpserat de virgine diceret eum et crucifixum et sepultum. Quod vero nunc agitur in ecclesia misterium, verae illius carnis in qua crucifixus est diceret esse sacramentum. Patenter fideles instituens quod illa caro secundum quam et crucifixus est christus, et sepultus, non sit misterium sed veritas naturae. Haec vero caro quae nunc similitudinem illius in misterio continet, non sit specie caro sed sacramento. Siquidem in specie panis est, in sacramento verum christi corpus, sicut ipse clamat dominus ihesus: *hoc est corpus meum.*

LVIII. Item in consequentibus: *Quid comedamus quid bibamus*, alibi tibi per prophetam spiritus sanctus expressit dicens: *Gustate et videte quoniam suavis est dominus, beatus vir qui sperat in eo.* Num corporaliter gustatus ille panis, aut illud vinum bibitum ostendit quam sit suavis dominus? Quicquid enim sapit corporale est, et fauces delectat. Numquid dominum gustare, corporeum est aliquid sentire? Invitat ergo spiritalis gusti saporem experiri, et in illo vel potu vel pane nihil corporaliter opinari, sed totum spiritaliter sentire, quoniam dominus spiritus est, et **beatus vir qui sperat in eo.**

---

3. *cf.* Pasch. Radb., *De corpore IV*, 3 *MPL* 120, 1279 C; *CC, CM* XVI, p. 30
7. Ambrosius, *ib.*
i.m. O ratramne hic pretermisisti: Liquet inquit ambrosius quod preter naturae ordinem virgo generavit, et hoc quod conficimus corpus ex virgine est (Ambrosius, *ib.* 53, *MPL* 16, 424 B) *manu Herigeri i.m. sinistra et superiore f.* 36v *add. sunt.*
9. *et* 22. Matth. 26, 26
23. Ambrosius, *De myst.* IX, 58 *MPL* 16, 426 A
25. Ps. 33 (34), 9.

---

1. totum quicquid illud totum *Ca C B*
2. intellege *L Ca* intelleget *C*
3. sanguis Christi *Ca C*
9. meum *L* meus *C*
11. id est *L Ca* idem *C i.m. B*
15. sum\p/serat
29. gusti *L* gustus *S C Ca i.m. B*

LIX. Item consequenter: In illo sacramento christus est quia corpus christi est. Non ergo corporalis esca sed spiritalis est. Quid apertius, quid manifestius, quid divinius? Ait enim: In illo sacramento christus est. Non enim ait ille panis et illud vinum christus est, quod si diceret christum corruptibilem, quod absit, et mortalitati subiectum predicaret. Quicquid enim in illa esca vel cernitur vel gustatur corporaliter, corruptibilitati constat obnoxium esse.

LX. Addit quia corpus christi est. Insurgis et dicis: / Ecce manifeste illum panem et illum potum corpus esse christi confitetur. Sed attende quemadmodum. Subiungitur: Non ergo corporalis esca sed spiritalis est. Non igitur sensum carnis adhibeas. Nihil enim secundum eum hic decernitur. Est quidem corpus christi sed non corporale, sed spiritale. Est sanguis christi sed non corporalis, sed spiritalis. Nihil igitur hic corporaliter sed spiritaliter sentiendum. Corpus christi est, sed non corporaliter. Et sanguis christi est, sed non corporaliter.

LXI. Item consequenter: Unde et apostolus inquit de tipo eius ait: *quia patres nostri escam spiritalem manducaverunt et potum spiritalem biberunt*. Corpus enim dei corpus spiritale est, corpus chriti, / corpus est divini spiritus, quia spiritus, christus, ut legimus: *Spiritus ante faciem nostram christus dominus*.

LXII. Luculentissime sanguinis et corporis christi misterium, quemadmodum debeamus intellegere edocuit. Cum enim dixisset patres nostros escam spiritalem manducavisse, et potum spiritalem bibisse, cum tamen manna illud quod comederunt, et aquam quam biberunt corporea fuisse nemo qui dubitet, adiungit de misterio quod in ecclesia nunc agitur definiens secundum quid corpus sit christi. Corpus enim dei inquiens, corpus est spiritale. Deus utique christus, et corpus quod sumpsit de maria virgine, quod passum, quod sepultum est, quod resurrexit, corpus utique verum fuit. Id est quod visibile atque palpabile manebat. / At vero corpus quod misterium dei dicitur, non est corporale sed spiritale. Quodsi spiritale, iam non visible, neque palpabile. Hinc beatus ambrosius subiungit: Corpus inquiens christi, corpus est divini spiritus. Divinus autem spiritus, nihil corporeum, nihil corruptibile, nihil palpabile, quod sit existit. At hoc corpus quod in ecclesia celebratur, secundum visibilem speciem, et corruptibile est, et palpabile.

LXIII. Quomodo ergo, divini spiritus corpus esse dicitur? Secundum

---

1. Ambrosius, *ib.*
16. Ambrosius, *De myst.* IX, 58 *MPL* 16, 426 AB
17. I Cor. 10, 3.4
20. *cf.* Threni 4, 20

---

19. divini est *S Ca C*
20. ut legimus in Threnis *C B*
23. manducavisse *L* manducasse *Ca C B*
29. Id est *L Ca* idem *C*

hoc utique quod spiritale est, id est secundum quod invisibile consistit et inpalpabile, ac per hoc incorruptibile.

LXIV. Hinc in consequentibus: **Quia spiritus christus, et legimus, spiritus ante faciem nostram christus dominus.** / Patenter ostendit secundum quid habeatur corpus christi, videlicet secundum id, quod sit in eo spiritus christi, id est divini potentia verbi. Quae non solum animam pascit, verum etiam purgat.

LXV. Propter quod ipse dicit auctor consequenter: **Denique cor nostrum esca ista confirmat, et potus iste laetificat cor hominis. Ut propheta commemoravit.** Num esca corporalis cor hominis confirmat? Et potus corporeus laetificat cor hominis? Sed ut ostenderet quae esca vel qui potus sint de quibus loquitur, addidit signanter, esca ista, vel potus iste. Quae ista, vel qui iste? **Corpus nimirum christi, corpus divini spiritus et apertius inculcetur, spiritus christus, de quo legitur: Spiritus ante faciem nostram christus dominus.** Quibus omnibus / evidenter ostenditur nihil in esca ista, nihil in potu isto corporaliter sentiendum, sed totum spiritaliter attendendum.

LXVI. Non enim anima quae corde hominis presenti loco significatur, vel esca corporea, vel potu corporeo pascitur, sed verbo dei nutritur ac vegetatur. Quod apertius in libro quinto sacramentorum, doctor idem affirmat: **Non iste panis est inquiens qui vadit in corpus, sed ille panis vitae aeternae qui animae nostrae substantiam subministrat.**

LXVII. Et quia non de communi pane dixerit hoc sanctus ambrosius, verum de pane corporis christi, sequentia lectionis manifestissime declarant. Loquitur enim de pane cotidiano quem credentes sibi / postulant dari.

LXVIII. Et idcirco subiungit: **Si cotidianus est panis cur post annum illum sumis? Quemadmodum greci in oriente facere consuerunt. Accipe ergo cotidie, quod cotidie tibi prosit, sic vive ut cotidie merearis accipere.** Ergo manifestum de quo pane loquitur. De pane videlicet corporis christi. Qui non ex eo quod vadit in corpus, sed ex eo quod panis sit vitae aeternae animae nostrae substantiam fulcit.

---

8. Ambrosius, *De myst.* IX, 58, *MPL* 16, 426 B cf. *Ps.* 103 (104), 15
21. Ambrosius, *De sacr.* V, 4, 24, *MPL* 16, 471 B
27. Ambrosius, *De sacr.* V, 4, 25, *MPL* 16, 471 C

---

5. quid *L* quod *Ca C*
28. [m⟩in] oriente
29. O ratramne, cur pretermisisti, quod item dicit beatus ambrosius? Sicut verus est dei filius dominus noster ihesus christus, non sicut homines per gratiam, sed sicut filius ex substantia patris, ita vera caro, sicut ipse dixit, quam accipimus, et verus est potus. (Ambrosius, *De sacr.* VI, 1, 1, *MPL* 16, 473 BC) *manu Herigeri ad calcem f. 41v*
30. co\ti/die

LXIX. Huius doctissimi viri auctoritate perdocemur, quod multa differentia separantur, corpus in quo passus est christus, et sanguis quem pendens in cruce de latere suo profudit, et hoc corpus quod in misterio passionis christi cotidie a fidelibus caelebratur, et ille quoque / sanguis qui fidelium ore sumitur, misterium sit illus sanguinis quo totus redemptus est mundus. Iste namque panis, et iste potus, non secundum quod videntur, corpus sive sanguis existunt christi, sed secundum quod spiritaliter vitae substantiam subministrant. Illud vero corpus in quo semel passus est christus, non aliam speciem preferebat, quam in qua consistebat. Hoc enim erat vere, quod videbatur, quod tangebatur, quod crucifigebatur, quod sepeliebatur. Similiter sanguis illius de latere manans, non aliud apparebat exterius, et aliud interius obvelabat. Verus itaque sanguis, vero de corpore profluebat. Ast nunc sanguis christi quem credentes ebibunt, et corpus / quod comedunt, aliud sunt in specie, et aliud in significatione. Aliud quod pascunt corpus esca corporea, et aliud quod saginant mentes, aeternae vitae substantia.

LXX. De qua re beatus hieronimus in commentario epistolae pauli ad ephesios ita scribit: Dupliciter sanguis christi et caro intellegitur. Vel spiritalis illa atque divina de qua ipse dicit, *caro mea vere est cibus, et sanguis meus vere est potus*, vel caro quae crucifixa est, et sanguis qui militis effusus est lancea.

LXXI. Non parva doctor iste differentia corporis et sanguinis christi fecit distinctionem. Namque dum carnem vel sanguinem qui cotidiae sumuntur a fidelibus spiritalia dicit esse, at vero / caro quae crucifixa est, et sanguis qui militis effusus est lancea, non spiritalia esse dicuntur neque divina, patenter insinuat quod inter se differunt. Quantum differunt spiritalia, et corporalia, visibilia, et invisibilia, divina, atque humana. Et quod a se differunt, non idem sunt. Differunt autem caro spiritalis quae fidelium ore sumitur, et sanguis spiritalis qui cotidie credentibus potandus exhibetur, a carne quae crucifixa est, et a sanguine qui militis effusus est lancea, sicut auctoritas presentis viri testificatur.

LXXII. Non igitur idem sunt. Illa namque caro quae crucifixa est de virginis carne facta est, ossibus et nervis compacta et humanorum membrorum liniamentis / distincta, rationalis animae spiritu vivificata in propriam vitam, et congruentes motus. At vero caro spiritalis quae populum credentem spiritaliter pascit, secundum speciem quam gerit

---

18. Hieronymus, *Comm. in ep. ad Eph.* I, 7, *MPL* 26, 481 A
20. Joh. 6, 56
21. *cf.* Joh. 19, 34

---

5. f[e⟩i]delium
9. p̄fer[a⟩e]bat
13. de vero corpore *C B*
30. a sanguine *L* a *om. S Ca C*

exterius, frumenti granis, manu artificis consistit, nullis nervis ossibusque
compacta, nulla membrorum varietate distincta, nulla rationali substantia
vegetata, nullos proprios potens motus exerere. Quicquid enim in ea
vitae prebet substantiam, spiritalis est potentiae, et invisibilis efficientiae,
5 divinaeque virtutis. Atque aliud longe consistit secundum quod exterius
conspicitur, atque aliud secundum quod in misterio creditur. Porro caro
f. 44   christi quae crucifixa est, non aliud exterius / quam quod interius erat
ostendebat, quia vera caro veri hominis existebat. Corpus utique verum
in veri corporis specie consistens.

10   LXXIII. Considerandum quoque quod in pane illo non solum corpus
christi, verum corpus etiam in eum credentis populi figuretur. Unde
multis frumenti granis conficitur, quia corpus populi credentis, multis
per verbum christi fidelibus augmentatur.

LXXIV.   Qua de re sicut in misterio panis ille, christi corpus accipitur,
15 sic etiam in misterio, membra populi credentis in christum intimantur.
Et sicut non corporaliter, sed spiritaliter panis ille credentium corpus
dicitur, sic quoque christi corpus non corporaliter, sed spiritaliter neceese
est intellegatur.

f. 44v   LXXV.   Sic et in vino qui san- / guis christi dicitur, aqua misceri
20 iubetur, nec unum sine altero, permittitur offerri. Quia nec populus sine
christo, nec christus sine populo, sicut nec caput sine corpore, vel corpus
sine capite valet existere. Aqua denique in illo sacramento populi gestat
imaginem. Igitur si vinum illud sanctificatum per ministrorum officium,
in christi sanguinem corporaliter convertitur, aqua quoque quae pariter
25 admixta est, in sanguinem populi credentis necesse est corporaliter
convertatur. Ubique namque una sanctificatio est, una consequenter
operatio, et ubi par ratio, par quoque consequitur misterium. At videmus
f. 45   in aqua secundum corpus nihil esse conversum. Consequenter / ergo et in
vino nihil corporaliter ostensum. Accipitur spiritaliter quicquid in aqua
30 de populi corpore significatur. Accipiatur ergo necesse est spiritaliter
quicquid in vino de christi sanguine intimatur.

LXXVI.   Item: Quae a se differunt idem non sunt. Corpus christi
quod mortuum est, et resurrexit, et immortale factum *iam non moritur
et mors illi ultra non dominabitur*, aeternum est, nec iam passibile. Hoc
35 autem quod in ecclesia celebratur temporale est, non aeternum. Corruptibile est, non incorruptum, in via est, non in patria. Differunt igitur a se.
Quapropter non sunt idem.

---

19. *cf.* Cyprianus, *ep.* 63, 13, Hartel p. 711; *cf.* Pasch. Radb., *De corpore* XI, 2,
   MPL 120, 1308 B; *CC, CM* XVI, 73
33. *cf.* Rom. 6, 9

---

14. in *om. C* in *i.m. H*
15. intima\n/tur (*id est* intimat→intimantur)
27. videmus *L* videamus *Ca C K*

LXXVII. Quodsi non sunt idem, quomodo verum corpus christi
dicitur, et verus sanguis? Si enim corpus / christi est, et hoc dicitur vere
quia corpus christi est, in veritate corpus christi est. Et si in veritate
corpus christi est, et corpus christi incorruptibile et inpassibile est ac per
hoc aeternum. Hoc igitur corpus christi quod agitur in ecclesia, necesse
est ut et incorruptibile sit, et aeternum. Sed negari non potest corrumpi,
quod per partes comminutum dispertitur sumendum, et dentibus commolitum in corpus traicitur. Sed aliud est quod exterius geritur, aliud vero
quod per fidem creditur. Ad sensum quod pertinet corporis, corruptibile
est, quod fides vero credit, incorruptibile. Exterius igitur quod apparet,
non est ipsa res, sed imago rei, mente vero quod sentitur, et intellegitur
/ veritas rei.

LXXVIII. Hinc beatus agustinus in evangelii iohannis expositione,
dum de corpore christi loqueretur et sanguine, sic ait: Manducavit
et Moyses manna, manducavit et aaron, manducavit et
finees, manducaverunt ibi multi qui deo placuerunt, et
mortui non sunt. Quare? Quia visibilem cibum spiritaliter
intellexerunt, spiritaliter esurierunt, spiritaliter gustaverunt, ut spiritaliter saciarentur. Nam et nos hodie accipimus
visibilem cibum, sed aliud est sacramentum, aliud virtus
sacramenti. Item in posterioribus: Hic est panis qui de caelo
descendit. Hunc panem significavit manna, hunc panem
significavit altare dei. Sacramenta illa fuerunt. In signis
diver- / sa sunt, in re quae significatur, paria sunt. Apostolum audi: *Nolo vos ignorare fratres quia patres nostri omnes sub nube
fuerunt, et omnes eandem escam spiritalem manducaverunt.* Spiritalem
utique eandem, nam corporalem alteram. Quia illi manna,
nos aliud. Spiritalem vero quam nos. Et adiungit: *Et omnes
eundem potum spiritalem biberunt.* Aliud illi, aliud nos, sed specie
visibili. Quod tamen hoc idem significaret virtute spirituali.
Quomodo enim eundem potum? *Bibebant* inquit *de spiritali sequenti
petra. Petra autem erat christus.* Inde panis, unde potus. Petra
christus in signum, verus christus in verbo et in carne.

---

14. Augustinus, *In Joh. ev. tract.* XXVI, vi, 11, *MPL* 35, 1611
21. Augustinus, *ib.* 12, *MPL* 35, 1612
25. I Cor. 10, 1,3
31. I Cor. 10, 4

---

4. incorruptibile *subdistinctione postea delata*
6. ut et *L et om. S Ca C B*
8. tra[h]icitur traiicitur *Ca* traiicitur *C*
24. Apostolum Paulum *C K M O D F B*
26. et *L* omnes mare transierunt et omnes in Moyse baptizati sunt in nube et in mari *add. C K M O F*
26. manducaverunt *L* et omnes eundem potum spiritalem biberunt *C K M O D F B*

LXXIX. Item: *Hic est panis de caelo descendens, ut si quis ex ipso manducaverit non moriatur.* / Sed quod pertinet ad virtutem sacramenti, non quod pertinet ad visibile sacramentum. Qui manducat intus, non foris. Qui manducat in corde, non qui premit dente.

LXXX. Item in posterioribus verba salvatoris introducens ita dicit: *Hoc vos scandalizat, quia dixi, carnem meam do vobis manducare, et sanguinem meum bibere? Si ergo videritis filium hominis ascendentem ubi erat prius.* Quid est hoc? Hinc solvit quod illos moverat, hinc aperuit unde fuerant scandalizati. Illi enim putabant eum erogaturum corpus suum, ille autem dixit se ascensurum in caelum, utique integrum: Cum videritis filium hominis ascendentem ubi erat prius, certe vel tunc videbitis quia non eo modo, / quo putatis erogat corpus. Certe vel tunc intellegetis quia gratia eius non consumitur morsibus. Et ait: *Spiritus est qui vivificat, caro non prodest.*

LXXXI. Et pluribus interpositis, rursus adicit: *Quisquis autem,* inquit apostolus, *spiritum christi non habet, hic non est eius. Spiritus ergo est qui vivificat, caro* autem *non prodest quicquam. Verba quae ego locutus sum vobis, spiritus et vita sunt.* Quid est spiritus et vita sunt? Spiritaliter intellegenda sunt. Intellexisti spiritaliter, spiritus et vita sunt. Intellexisti carnaliter, etiam sic illa spiritus et vita sunt, sed tibi non sunt.

LXXXII. Huius auctoritate doctoris verba domini tractantis de sacramento sui corporis et sanguinis, manifeste docemur, quod illa verba domini spiritaliter, et non / carnaliter intellegenda sint. Sicut ipse ait: *verba quae ego loquor vobis spiritus et vita sunt.* Verba utique de sua carne manducanda, et de suo sanguine bibendo. Inde enim loquebatur, inde discipuli fuerant scandalizati. Ergo ut non scandalizarentur, revocat eos divinus magister de carne ad spiritum, de corporea visione ad intellegentiam invisibilem.

LXXXIII. Videmus ergo, esca illa corporis domini, et potus ille

---

1. Augustinus, *ib.*; Joh. 6, 50
6. Augustinus, *In Joh ev. tract.* XXVII, vi, 3, *MPL* 35, 1616; Joh. 6, 61, 62
16. Joh. 6, 64
17. Augustinus, *ib.* 6, *MPL* 35, 1618; Rom. 8, 9
27. Joh. 6, 64

---

3. pertinet\ad/
14. corpus *L* suum add. *C*
17. *L Ca* dicit *A* adiicit *C B*
24. *super* tractantis [exponentis] *manu rec. add. sed deletum*
28. mandu[⟩canda]
28–29. inde discipuli *L* unde discipuli *S A C* et inde *Ca*

sanguinis eius, secundum quid vere corpus eius et vere sanguis eius existunt. Videlicet secundum quod spiritus et vita sunt.

LXXXIV. Item: Quae idem sunt una definitione comprehenduntur. De vero corpore christi dicitur quod sit verus deus, et verus homo. Deus qui ex patre deo / ante saecula natus, homo qui in fine saeculi ex maria virgine genitus. Haec autem dum de corpore christi quod in ecclesia per misterium geritur dici non possunt, secundum quendam modum corpus christi esse cognoscitur. Et modus iste in figura est et imagine, ut veritas res ipsa sentiatur.

LXXXV. In orationibus quae post misterium sanguinis corporisque christi dicuntur, et a populo respondetur amen, sic sacerdotis voce dicitur: **Pignus aeternae vitae capientes, humiliter imploramus, ut quod in imagine contingimus sacramenti, manifesta perticipatione sumamus.**

LXXXVI. Et pignus enim, et imago alterius rei sunt, id est non ad se sed ad aliud aspiciunt. Pignus enim illius rei est pro qua donatur. Imago illius, cuius simi- / litudinem ostendit. Significant enim ista, rem cuius sunt, non manifeste ostendunt. Quod cum ita est, apparet quod hoc corpus et sanguis, pignus et imago rei sunt futurae, ut quod nunc per similitudinem ostenditur, in futuro per manifestationem reveletur. Quod si nunc significant, in futuro autem patefacient. Aliud est quod nunc geritur, aliud quod in futuro manifestabitur.

LXXXVII. Qua de re et corpus christi et sanguis est quod ecclesia celebrat, sed tamquam pignus, tamquam imago. Veritas vero erit cum iam nec pignus, nec imago, sed ipsius rei veritas apparebit.

LXXXVIII. Item alibi: **perficiant in nobis domine quesumus tua sacramenta quod continent, ut quae nunc specie gerimus, rerum veritate capiamus.** / Dicit quod in specie gerantur ista, non in veritate, id est per similitudinem, non per ipsius rei manifestationem. Differunt autem a se species et veritas. Quapropter corpus et sanguis quod in ecclesia geritur, differt ab illo corpore et sanguine quod in christi corpore per resurrectionem iam glorificatum cognoscitur. Et hoc corpus pignus est, et species, illud vero ipsa veritas. Hoc enim geretur,

---

12. *Sacr. Gelas.* II, xxxvi *in oct. apost.* (prid. non. iul.) *postcomm.*, *MPL* 74, 1170 A; *cf.* J. Boileau, *MPL* 121, 119 *n.* a.
19. Error *i. m. manu rec. add.*
26. *Das Sacr. Greg.* ed. H. Lietzmann, Münster i.W. 1921, p. 95 n. 166, 8; Mabillon, *Acta ss. ord. s. Ben., saec. IV, pars* 2, p. XXXII; *cf.* J. de Montclos, *Lanfranc et Bérenger* (Spicilegium sacrum Lovaniense, fasc. 37), 1971, p. 313, 314

---

1. qu [o/i] d
6. [/xp̄i qd̄]
17. illius rei *Ca*
21. nun\c/
33. ips[ius/a] verita[tis/s] geretur *L* geritur *A Ca C F Q i.m. B H*

donec ad illud perveniatur. Ubi vero ad illud perventum fuerit, hoc removebitur.

LXXXIX. Apparet itaque quod multa inter se differentia separantur, quantum est inter pignus et eam rem pro quo pignus traditur, et quantum inter imaginem, et rem cuius est imago, et quantum inter speciem et veritatem. Videmus itaque multa differentia / separari misterium sanguinis et corporis christi, quod nunc a fidelibus sumitur in ecclesia, et illud quod natum est de maria virgine, quod passum, quod sepultum, quod resurrexit, quod caelos ascendit, quod ad dexteram patris sedet. Hoc namque quod agitur in via, spiritaliter est accipiendum, quia fides quod non videt credit, et spiritaliter pascit animam, et laetificat cor, et vitam prebet aeternam, et incorruptionem. Dum non attenditur, quod corpus pascit, quod dente premitur, quod per partes comminuitur, sed quod in fide spiritaliter accipitur. At vero corpus illud in quo passus est et resurrexit christus, proprium eius corpus existit, de virginis mariae corpore sumptum, palpabile, seu visibile, etiam post resurrectionem, sicut ipse discipulis ait: *Palpate et / videte quia spiritus carnem et ossa non habet, sicut me videtis habere.*

XC. Audiamus etiam quid beatus fulgentius in libello de fide dicat: Firmissime tene, et nullatenus dubites ipsum unigenitum deum verbum carnem factum, se pro nobis obtulisse sacrificium, et hostiam deo in odorem suavitatis. Cui cum patre et spiritu sancto a patriarchis, a prophetis et sacerdoibus tempore veteris testamenti animalia sacrificabantur. Et cui nunc id est tempore novi testamenti, cum patre et spiritu sancto, cum quibus illi est una divinitas, sacrificium panis et vini, in fide et caritate, sancta catholica ecclesia per universum orbem terrae offerre non cessat. In illis enim carnalibus victimis significatio fuit carnis christi quam pro peccatis nostris ipse sine peccato fuerat / oblaturus, et sanguis quem erat effusurus in remissionem peccatorum nostrorum. In isto autem sacrificio gratiarum actio, atque commemoratio est carnis christi, quam pro nobis obtulit, et sanguinis quem pro nobis idem deus effudit. De quo beatus

---

17. Luc. 24, 39
19. Fulgentius Rusp., *De fide ad Petrum* I, 19 *seu reg.* XVI, 60, *MPL* 65, 699 AB

---

3. inter *L Ca* intra *C*
5. inter speciem *L Ca* intra speciem *C F Q rest. Qc*
6. multa *L Ca* muta *C*
17. et *f. 50v iteratur* ait: *L* quid turbati estis et cogitationes ascendunt in corda vestra? Videte manus meas et pedes meas quia ego ipse sum *add. C*
21. carnem *L Ca* carne *C*
25. id est *L* idem *S Ca C*
30. nostris *L Ca* nostris et *C M O*

paulus apostolus dicit in actibus apostolorum: *Attendite vobis et universo gregi in quo vos spiritus sanctus posuit episcopos regere ecclesiam dei, quam acquisivit sanguine suo.* In illis ergo sacrificiis quid nobis esset donandum figurate significabatur. In hoc autem
5 sacrificio, quid nobis iam donatum sit evidenter ostenditur.

XCI. Dicens quod in illis sacrificiis quid nobis esset donandum significabatur, in isto vero sacrificio, quid sit donatum commemoretur, patenter innuit, quod sicut / illa figuram habuere futurorum, sic et hoc sacrificium figura sit preteritorum.

10 XCII. Quibus dictis quanta differentia sit inter corpus in quo passus est christus, et hoc corpus quod pro eius passionis commemoratione sive mortis fit, evidentissime declaravit. Illud namque proprium et verum nihil habens in se vel misticum, vel figuratum, hoc vero misticum, aliud exterius per figuram ostentans, aliud interius per intellectum fidei re-
15 presentans.

XCIII. Ponamus adhuc patris augustini testimonium, quod et dictorum fidem nostrorum astruat, et sermonis marginem ponat. In sermone quem fecit ad populum de sacramento altaris, sic infit: Hoc quod videtis in altari dei, iam transacta nocte vidistis, sed quid esset,
20 quid sibi vellet, quam magnae / rei sacramentum contineret, nondum audistis. Quod ergo videtis panis est, et calix, quod vobis etiam oculi vestri renuntiant. Quod autem fides vestra postulat instruenda, panis est corpus christi, calix est sanguis christi. Breviter quidem hoc dictum est, quod
25 fidei forte sufficiat, sed fides instructionem desiderat. Dicit enim propheta: *Nisi credideritis non intellegetis.* Potestis ergo dicere mihi: Precepisti ut credamus, expone ut intellegamus. Potest enim animo cuiuspiam cogitatio talis oboriri. Dominus noster iesus christus, novimus unde acceperit
30 carnem, de virgine scilicet maria, infans lactatus est, nutritus est, crevit, ad iuvenilem aetatem perductus est, a iudaeis persecutionem passus est, ligno suspensus est, / interfectus est, de ligno depositus est, sepultus est, tertio die resurrexit, quo die voluit in caelum accendit, illuc
35 levavit corpus suum, inde venturus est iudicare vivos et mortuos, ibi est modo sedens ad dexteram patris. Quomodo

---

1. Act. 20, 28
18. Augustinus, *Sermo 272, MPL* 38, 1246, 1247; *cf.* Fulg. Rusp., *Ep.* 25, *MPL* 65, 391 C – 392 A
26. Isai. 7, 9

---

1. apostolorum *L Ca* capite vigesimo *C*
12. fit *L* sit *Ca C*
24. hoc *om. C*
25. fidei *L Ca* fide *C*
31. iuven[a/i]lem

panis corpus eius? et calix, vel quod habet calix quomodo eius est sanguis? Ista fratres ideo dicuntur sacramenta, quia in eis aliud videtur et aliud intellegitur. Quod videtur speciem habet corporalem, quod intellegitur fructum habet spiritalem.

XCIV. Ista venerabilis auctor dicens, instruit nos quid de proprio corpore domini, quod de maria natum, et nunc ad dexteram patris sedet, et in quo venturus est iudicare vivos et mortuos, et quid de isto quod super altare ponitur, et populo parti- / cipatur sentire debeamus. Illud integrum est, neque ulla sectione dividitur, nec ullis figuris obvelatur, Hoc vero quod supra mensam domini continetur, et figura est quia sacramentum est, et exterius quod videtur speciem habet corpoream quae pascit corpus, interius vero quod intellegitur, fructum habet spiritalem qui vivificat animam.

XCV. Et de hoc mistico corpore volens aliquid apertius et manifestius loqui, sic dicit in consequentibus: Corpus ergo christi si vultis intellegere, apostolum audite dicentem: *Vos estis corpus christi et membra*. Si ergo vos estis corpus christi et membra misterium vestrum in mensa domini positum est. Misterium vestrum accipitis, ad id quod estis, amen respondetis, et respondendo subscribitis. Audis enim corpus / christi, et respondes amen. Esto membrum corporis christi, ut verum sit amen. Quare ergo in pane? Nihil hic de nostro afferamus, ipsum apostolum dicentem audiamus. Cum de isto sacramento loqueretur: *Unus panis, unum corpus multi in christo*. Et reliqua.

XCVI. Sanctus augustinus satis nos instruit, quod sicut in pane super altare positum corpus christi signatur, sic etiam et corpus accipientis populi, ut evidenter ostendat, quod corpus christi proprium illud existat in quo natus de virgine, in quo lactatus, in quo passus, in quo mortuus, in quo sepultus, in quo resurrexit, in quo caelos ascendit, in quo patris ad dexteram sedet, in quo venturus est ad iudicium. Hoc autem quod supra mensam dominicam positum est, misterium continet illius, / sicut etiam

---

16. Augustinus, *ib.*; Fulg. Rusp., *ib.*
17. I Cor. 12, 27
25. I Cor. 10, 17

---

1. panis *om. C*
17. audi\te/
18. vos *om. C*
19. vestrum *L Ca* domini *C i.m. B* accipitis. ad⟩accipitis ad
21. auditis *S* audistis *Ca* enim *L* ergo *C B*
25. loqueretur *L Ca* ait: *add. C B*
25. multi *L Ca* sumus *add. C* in christo *om. C*
29. \il | lu⁄d (f. 53v. 9–10); id⟩illud (?)

identidem, misterium continet corporis populi credentis, apostolo testante: *Unus panis, unum corpus, multi sumus in christo.*

XCVII. Animadvertat clarissime princeps sapientia vestra, quod positis sanctarum scripturarum testimoniis, et sanctorum patrum dictis, evidentissime monstratum est, quod panis qui corpus christi, et calix, qui sanguis christi appellatur, figura sit, quia misterium, et quod non parva differentia sit inter corpus, quod per misterium existit, et corpus, quod passum est, et sepultum, et resurrexit. Quoniam hoc proprium salvatoris corpus existit, nec in eo vel aliqua figura, vel aliqua significatio, sed ipsa rei manifestatio cognoscitur, et ipsius visionem credentes desiderant, quoniam ipsum est / caput nostrum. Et ipso viso, saciabitur desiderium nostrum. Quoniam ipse et pater unum sunt. Non secundum quod corpus habet salvator, sed secundum plenitudinem divinitatis quae habitat in homine christo.

XCVIII. At in isto quod per misterium geritur, figura est non solum proprii corporis christi, verum etiam credentis in christum populi. Utriusque namque corporis, id est et christi quod passum est, et resurrexit. Et populi in christo per baptismum renati, atque de mortuis vivificati, figuram gestat.

XCIX. Addamus etiam quod iste panis, et calix, qui corpus, et sanguis christi nominatur et existit, memoriam representat dominicae passionis, sive mortis. Quemadmodum ipse in evangelio dixit: *Hoc facite in meam / commemorationem.* Quod exponens apostolus paulus ait: *Quotienscumque manducabitis panem hunc et calicem bibetis mortem domini annuntiabitis donec veniat.*

C. Docemur a salvatore, necnon a sancto paulo apostolo quod iste panis et iste sanguis, qui super altare ponitur, in figuram, sive memoriam dominicae mortis ponatur, ut quod gestum est in preterito presenti revocet memoriae. Ut illius passionis memores effecti, per eam efficiamur divini muneris consortes, per quam sumus a morte liberati. Cognoscentes quod ubi pervenerimus ad visionem christi, talibus non opus habebimus instrumentis, quibus admoneamur, quid pro nobis inmensa benignitas sustinuerit. Quoniam ipsum facie ad faciem contem- / plantes, non per exteriorem temporalium rerum admonitionem commonebimur. Sed per

---

12. satiabitur *Lc S C*
23. Luc. 22, 19
24. I Cor. 11, 26

---

5. sc[is/o]\rum/
9. passu[s] ⟩ passū
22. et existit *om. C i.m. B rest. Qc*
25. mortem\dñi/
33. inmensa ⟩ immensa *manu posteriori*(?)

ipsius contemplationem veritatis aspiciemus, quemadmodum nostrae salutis auctori gratias agere debeamus.

CI. Nec ideo quoniam ista dicimus, putetur in misterio sacramenti, corpus domini vel sanguinem ipsius non a fidelibus sumi, quando fides, non quod oculis videt, sed quod credit accipit. Quoniam spiritalis est esca et spiritalis potus, spiritaliter animam pascens, et aeternae sacietatis vitam tribuens, sicut ipse salvator misterium hoc commendans loquitur: *Spiritus est qui vivificat*, nam *caro nihil prodest*.

CII. Imperio vestrae magnitudinis parere cupientes, presumpsi parvus rebus de non minimis / disputare. Non sequentes aestimationis nostrae presumptionem, sed maiorum intuentes, auctoritatem. Quae si probaveritis catholice dicta, vestrae meritis fidei deputate. Quae deposita regalis magnificentiae gloria, non erubuit ab humili querere responsum veritatis. Sin autem minus placuerint, id nostrae deputetur insipientiae. Quae quod optavit minus efficaciter valuit explicare.

---

3. dicimus [*lacuna propter pergamenum pellucidum sed nihil deest*], putetur
16. valuit *L* voluit *Ca C*
17. Bertrami de corpore et sanguine domini liber explicit *C*

LOCI S. SCRIPTURAE

Ps. 33 (34), 9	c. LVIII
Ps. 77 (78), 25	XXVI, LI
Prov. 23, 1	XXXVIII
Threni 4, 20	LXI
Isai. 7, 9	XCIII
Matth. 26, 26	XIII, LVI, LVII
Marc. 14, 24	XIII
Luc. 11, 3	VII
22, 19	XCIX
22, 19. 20	XXVII
24, 39	LXXXIX
Joh. 6, 41	VII
6, 50	LII, LXXIX
6, 52	XXIX
6, 54	XXIX, XXXIII
6, 56	LXX
6, 62. 63	XXX, LXXX
6, 64	XXXI, LXXX, LXXXII
6, 67	XXXIV
15, 5	VII
19, 34	LXX
Act. 20, 28	XC
Rom. 6, 9	LXXVI
6, 11. 13	XVII
8, 9	LXXXI
I Cor. 1, 1. 3	LXXVIII
1, 10	II
10, 1–4	XX
10, 3. 4	LXI
10, 4	XXIV, LXXVIII
10, 17	XCV
11, 24. 25	XXVII
11, 26	XCIX
12, 27	XCV
Hebr. 7, 26. 27	XXXIX
Hebr. 11, 1	XI
I Petri 2, 21	XXXVIII

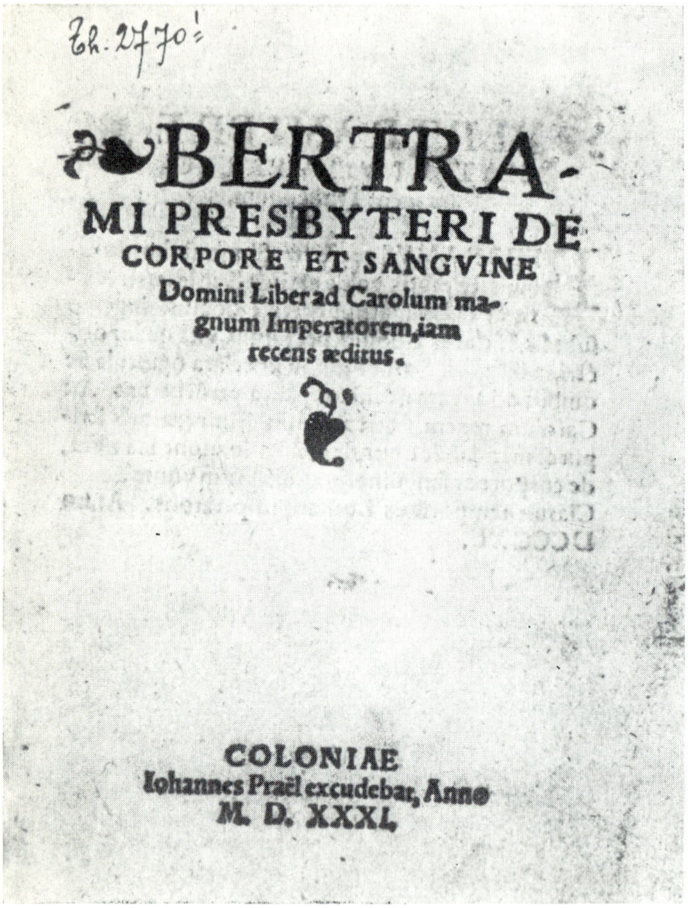

BERTRA-
MI PRESBYTERI DE
CORPORE ET SANGVINE
Domini Liber ad Carolum ma-
gnum Imperatorem, iam
recens æditus.

COLONIAE
Iohannes Praël excudebat, Anno
M. D. XXXI.

Fig. 19. Editio princeps. Bibl. univ. Gandavensis.
(voir p. 75).

CHAPITRE III

NOTICE BIBLIOGRAPHIQUE

Peu de temps avant la célèbre dispute de Luther et Zwingle assistés de leurs principaux partisans, du 1–3 octobre 1529 dans le château du Landgrave Philippe de Hesse à Marbourg, qui aboutit à une grave dissension à propos de la doctrine de la sainte Cène, le luthérien Job Gast avait édité, parmi quelques autres vieux traités, 'De corpore et sanguine Domini' de Paschase Radbert. L'éditeur avait l'intention de démontrer le désaccord existant entre la doctrine des pères et celle des 'sacramentaires' [1]. Ce fut cette editio princeps du fameux traité, fort défectueuse, peut-être intentionellement mutilée, qui, à bon droit, amena bientôt à l'éditeur la dure critique de Vlimmerius et d'autres savants catholiques. Aussi fut-elle suivie de plusieurs éditions plus correctes [2].

Deux années plus tard, en 1531, le traité 'De corpore et sanguine Domini', dû à la main de Ratramne, le coreligionnaire de Paschase Radbert, sortit de la presse de Jean Prael à Cologne; le nom de l'éditeur nous est inconnu. Ratramne était moine de l'abbaye de Corbie, dont Paschase Radbert fut abbé de 842 à 847. Bientôt et durant plus d'un siècle et demi cette editio princeps fut suspecte également aux yeux des catholiques. Ils la soupçonnaient d'avoir été mutilée, même falsifiée d'un bout à l'autre par le parti réformateur [3]. Le comble de cette critique fut l'hypercritique de Sixte de Sienne et de plusieurs autres, qui affirmaient, que Jean Oecolampade, véritable auteur de ce texte, l'avait fait paraître sous le nom de Ratramne. Le cardinal Du Perron, en mitigeant un peu cette hypothèse arbitraire, supposait qu'Oecolampade était bien l'initiateur de l'édition mais que le nom du lieu d'impression était une de ses inventions: on parlait de 'l'édition de Bâle'. Enfin Jean Mabillon, en discutant le problème de l'authenticité du petit livre et celui de l'orthodoxie de sa

---

[1] Pontien Polman O.F.M., *L'élément historique dans la controverse religieuse du XVIe s.* (Univ. Cath. Lovan., diss ad gradum mag. in Fac. theol., ser. II, t. 23), Gembloux 1932, p. 108 et n. 1.

[2] N. Mameranus, *Paschasii de corpore et sanguine Domini liber*, Coloniae 1550; Ioa. Vlimmerius, *D. Paschasii de corpore et sanguine Domini liber*, Lovanii 1561; Polman, o.c., p. 453 n. 5. Pour une édition du traité de Paschase Radbert de 1551, sous le nom de Raban Maur, v ci-dessous p. 76. Ioa. Vlimmerius, *De veritate corporis et sanguinis Domini nostri Iesu Christi in sacrosancto Eucharistiae Sacramento, cum refutatione diversarum circa hoc haereseon, Authores vetusti*, Lovanii 1561, considère Bérenger comme le premier 'nocentissimus' auteur en cette matière et ne parle pas de Ratramne; ce recueil n'est qu'une reprise déguisée de I. Costerius, *De veritate corporis et sanguinis Domini etc.*, Lovanii 1551; v. Addenda.

[3] Sur les commentaires contradictoires de Miraeus et de Fabricius, v. l'Introduction.

doctrine eucharistique, rendit en même temps tout honneur à l'éditeur de Cologne en déclarant, qu'il avait fait une œuvre honorable et de toute confiance. Nous reviendrons sur ces changements de jugement en parcourant dans ce chapitre l'histoire bibliographique du traité de Ratramne.

La vraie editio princeps date, comme nous l'avons dit, de Cologne en 1531. Toute la littérature ayant trait à Ratramne, les anciennes bibliographies, les œuvres de critique modernes, comme la thèse de Nägle [1], ainsi que les innombrables livres historiques de caractère plus général, ne connaissent que la réimpression ou l'édition continuée de 1532 [2]. Parmi les grandes bibliographies il n'y a que le Supplément de Brunet, qui cite l'édition de 1531 [3]. Carl Pestalozzi, dans sa grande biographie de Henri Bullinger, a bien observé que l'épitre dédicatoire, qui précède la traduction suisse, dont nous parlerons dans un instant, donne comme lieu de publication Cologne et comme date 1531. Mais il n'a pas vu lui-même un exemplaire de cette année-là et suggère, qu'imprimé en 1531, le livre ne parut qu'en 1532 [4], ce qui n'explique guère ce petit problème. Même le P. Polman, dans son grand ouvrage si consciencieusement travaillé, prend l'édition de 1532 pour la première [5]. Plusieurs grandes bibliothèques, comme la Bibliothèque Royale de Bruxelles H. 173, la Bibliothèque de l'Université de Gand, le British Museum, la Bibliothèque ducale de Wolfenbüttel, pourtant, ne possèdent que des exemplaires, qui portent le millésime 1531.

Les Bénédictins auteurs de 'l'Histoire littéraire de la France' déclarent qu'il n'y a point d'écrit du IXe siècle, qui ait été aussi souvent mis sous presse que ce traité de Ratramne [6]. Ils se trompent cependant quand ils parlent d'une préface de Léon Juda, l'ami de Zwingle, qui précéderait la première édition de 1532; cette préface ne se trouve nulle part et n'a jamais existé; peut-être que les pères bénédictins ont entendu parler de l'épître dédicatoire, due à la main de Bullinger en tête de la traduction suisse. Sans fournir aucune preuve ils disent encore que le célèbre humaniste anglais, John Fisher, évêque de Rochester, qui mourra victime de sa

---

[1] A. Nägle, *Ratramnus und die h. Eucharistie*, Munich 1903.

[2] H. Reusch, *Der Index der verbotenen Bücher*, t. 1, Bonn 1883, p. 16: Coloniae 1532; H. Hurter, *Nomenclator literarius Theologiae Catholicae*, t. 1, ed. IVa, Oeniponte [Innsbruck] 1926, col. 826: Coloniae 1532; H. Peltier, art. *Ratramne* dans le *Dict. de théol. cath.*, t. XII 2, 1780-87; M. Manitius, *Gesch. der lat. Lit. des Mittelalters*, t. III, 1 (*Handbuch der klass. Altertumswiss.* de Iwan Müller, IX, 2), 1, p. 416. Etc.

[3] J. Ch. Brunet, *Manuel du libraire*, Suppl. t. 1, Paris 1878, col. 118; in-8° de 40 ff.; t. I, 1860, col. 821: 1532.

[4] C. Pestalozzi, *Heinrich Bullinger* (Leben und ausgewählte Schriften der Väter und Begründer der reformirten Kirche, t. 5), Elberfeld 1858, p. 631.

[5] Polman, o.c., p. 108, suivi de R. Snoeks, *L'argument de tradition dans la controverse eucharistique entre catholiques et réformés français au XVIIe s.* (Univ. Cath. Lovan., diss. ad gradum mag. in Fac. theol., ser. II, t. 44), Gembloux-Louvain 1951, p. 239.

[6] *Histoire littéraire de France par des Moines bénédictins*, t. 5, Paris 1711, p. 339.

fidélité à l'Eglise peu de temps après qu'il fût créé cardinal et deux semaines seulement avant son ami Thomas More, le 22 juin 1535, fut le premier qui se servit de l'autorité du traité de Ratramne contre Oecolampade en 1526, opinion arbitraire adoptée e.a. par Zeck [1]. Or, il n'en est rien. Fisher dans le 'proème' du IVe livre de son volumineux traité sur l'Eucharistie, de 1527, se borne à énumérer un certain nombre d'auteurs des 7e-8e s., qui ont écrit sur l'Eucharistie et, parmi eux, à côté de Paschase Radbert, e.a. 'Bartramus Strabus', d'où il s'ensuit, d'abord que Fisher confond Ratramne avec Walafrid Strabo et encore qu'il ne soupçonne naïvement aucune différence entre la doctrine de Ratramne et celle de Paschase.

En vérité il ne connaissait point le traité de Ratramne, qui d'ailleurs n'avait pas encore été imprimé, il ne l'avait pas sous les yeux et le cite encore moins [2]. Il est pourtant vrai que, parmi les théologiens-polémistes du 16e s., c'est chez Fisher qu'on rencontre pour la première fois le nom de notre auteur, qui n'était pas tout à fait oublié de ce temps-là. Mais on ne saurait soutenir que cette mention soit de quelque valeur et surtout on ne peut en conclure, ce que les pères bénédictins semblent vouloir suggérer, que les Protestants furent incités par elle à examiner l'ouvrage de Ratramne et, croyant y retrouver leurs erreurs, le firent ensuite imprimer. Jacques Boileau était beaucoup mieux averti: 'sortem incredibiliter variam et mutabilem expertus est [opusculus Bertrami], quae forte nulli auctori catholico usquam contigerat'. Josef [Rupert] Geiselmann qui, tout en citant assez complètement la littérature, dans son grand livre sur la doctrine eucharistique pendant la période pré-scolastique, se borne à faire observer que notre livre a connu tant de vicissitudes qu'on pourrait écrire une histoire spéciale ou plutôt une tragédie [3]. Ce n'était pas à lui d'insister plus longtemps sur ces détails; on les trouvera ci-dessous.

On sait que l'attention générale a surtout été attirée sur le traité de Ratramne par la traduction en langue suisse-allemande que les réformateurs suisses en ont donnée [4], en en faisant une sorte de 'shibboleth' au sujet de la doctrine eucharistique. Jean Oecolampade étant mort le 23 novembre 1531, six semaines après Zwingle, Henri Bullinger, au nom des ministres zurichois, écrivit une lettre à Albert, le margrave de Brandebourg, dans laquelle il rejetait les accusations que Luther avait formulées contre la doctrine eucharistique des réformateurs suisses en une lettre adressée au margrave en février 1532 [5]. Dans son épître, à laquelle il ajoutait la traduction du traité, Bullinger se réclame de Ratramne comme

---

[1] Dans le *Kirchenlexicon* de Wetzer et Welte, t. 10, p. 802 ss.

[2] Ioa. Roffensis, *De veritate corporis et sanguinis Christi in eucharistia adv. I. Oecolampadium*, Coloniae 1527, p. 365.

[3] Jos. Geiselmann, o.c., p. 178; Jos. Bach, o.c., p. 191.

[4] Chez Polman, o.c. p. 108 et 109 n. 2 le titre a été cité de façon pas tout à fait correcte.

[5] Luther, *Werke*, t. 30, 3e p., Weimar 1910, p. 541–553; Luther, *Sämmtliche Schriften*, ed. J. G. Walch, t. 20, Halle 1747, col. 2088–2098.

autorité traditionelle en ce qui concerne la doctrine de la Ste Cène en disant:

> Dann dieser Bertram hatt gelaebt zu den zyten des Keysers Lotharii / imm jar als man gzelt hatt achthundert und viertzig jar / weliches sich yetz fast loufft uff die sibenhundert jar. Deszhalb wir nit moegend verdacht noch beschuldiget werden / als waere sin buch von uns erdacht. Zu Koeln ist es funden unnd gedruckt in 31 jar / durch Johannsen Prael / von unserem diener einem V.F.G. zu gefallen vertütscht.

Le soupçon d'une falsification totale, on le voit, est déjà bien antérieur aux invectives de Sixte de Sienne. Et le millésime de 1531, bien déterminé, est de caractère à expliquer comment il est possible, que la traduction ait pu avoir été déjà finie avant le 17 juin 1532, date de l'épître citée. L'information donnée dans cette lettre, tendant à prouver que le traité de Ratramne avait été trouvé à Cologne et ensuite imprimé, est le seul renseignement dont nous disposons à cet égard. On ne peut se servir de cette expression pour prouver avec certitude qu'il n'y a pas eu de relation entre la Suisse zwinglienne et l'imprimeur; on ne saurait encore moins défendre le contraire. Ni dans la correspondance d'Oecolampade, ni dans celle de Bullinger du reste on ne trouve la moindre trace d'une relation de l'un d'eux ou de quelqu'autre réformateur bâlois ou zurichois avec l'imprimeur de Cologne. Dans le recueil de Bullinger 'De origine erroris in negotio Eucharistiae', qui date de 1528, Ratramne n'a point été cité. D'autre part, dans la deuxième édition, de 1539, l'auteur déclare qu'à la lecture du traité il paraît évident qu'à l'époque de Bertram certains prenaient les paroles consécratoires dans un sens plus matériel que mystique et il ne peut s'empêcher de donner un résumé du traité en se servant des propres termes de Ratramne [1]. Il répètera encore ce résumé, en le raccourcissant dans son ouvrage 'De conciliis' (1562 [2]). Bullinger encadre encore l'essentiel de la doctrine de Ratramne dans son commentaire sur la première épître aux Corinthiens (1534); à propos du ch. 10 v. 1–5 il emprunte littéralement des passages au traité de Ratramne: ch. 21, 22, 23, puis: ch. 9, 10, 11, 88 [3]. Nous croyons que dans sa 'Somme de la religion chrétienne', de 1556, Bullinger est encore très proche de Ratramne quand il expose dans la 3e partie, ch. 9 et 10, sa doctrine sacramentelle [4].

---

[1] H. Bullingerus, *De origine erroris libri duo* (1. *Vera justa invocatio* = *De origine erroris in divorum simulacrorum cultu*, 1529; 2. *Sacra coena* = *De origine erroris in negotio Eucharistiae*, 1529), Tiguri 1539, f. 228vo–231; cf. Polman, o.c., p. 106 n. 1; Polman, p. 100 n. 3 ne fait pas bien distinguer les grandes différences entre la 2e éd. du *De origine* de 1539 (par erreur il a mis 1593) et les premières de 1528 et 1529; les citations semblent avoir été prises par Polman dans l'édition de *De conciliis* de Zürich 1561.

[2] H. Bullingerus, *De conciliis*, Tiguri 1560, f. 163; ed. 1561, f. 118–118vo.

[3] H. Bullingerus, *In priorem D. Pauli ad Cor. ep. commentarius*, Tiguri 1534, f. 112vo–113 (ad I Cor. 10, 1–5).

[4] H. Bullingerus, *Compendium Christ. Religionis*, Zurich 1559, l. 8, ch. 8 et 9, f. 120–127.

Il s'ensuit que Bullinger n'a pris connaissance du traité de Ratramne qu'après 1528; et que plus tard il est resté fidèle au docteur médiéval. Il n'en est pas de même avec Oecolampade, qui ni dans son dialogue sur la 'Doctrine de l'Eucharistie chez les pères', qui date de 1530, ni plus tard dans aucun de ses autres livres ne se rapporte à Ratramne [1]. Philippe Melanchthon non plus ne mentionne pas Ratramne dans sa collection de sentences des auteurs anciens, qui précéda le dialogue d'Oecolampade de quelques mois [2]. D'autre part, parmi les zwingliens, le réformateur de St. Gall, Joachim Vadian (Watt), dans son livre irénique sur l'eucharistie, parle du livre de l'érudit et pieux 'Bertram' avec le plus grand respect [3]; et Louis Lavater rappelle que la traduction de Léon Juda du traité fut envoyée au margrave de Brandebourg 'afin qu'il y apprenne que la doctrine de Zwingle n'était ni nouvelle ni fausse mais vraie et confirmée par le consentement des plus anciens auteurs de l'église' [4]. Plus tard nous aurons à parler du zwinglien Josias Simler [5].

Voici le titre de l'édition de 1531:

Bertra / mi Presbyteri De / Corpore et Sanguine / Domini Liber ad Carolum ma / gnum Imperatorem, iam recens aeditus. /
Coloniae / Ioannes Prael excudebat, Anno / M.D. XXXI.

Signature aj–ciiij; petit in-8°; notre éd. *C*.

L'imprimerie de Jean Prael florissait à Cologne en tout cas de 1530–1538. On trouve un assez grand nombre de ses éditions chez Panzer [6], parmi lesquelles figurent les 'Adagia' d'Erasme, le 'De incertitudine et vanitate scientiarum et artium atque Verbi Dei Declamatio' d'Agrippa de Nettesheym, plusieurs textes de théologiens et une édition du Nouveau Testament de S. Jérome avec des 'carmina ordine alphabetico mire memoriam iuvantia'. Toutes ces éditions ne permettent pas de supposer, que Prael s'intéressait spécialement aux idées du parti réformateur, qui d'ailleurs, en 1530, se montrait à peine publiquement à Cologne. A côté de ses éditions théolo-

---

[1] *Quid de eucharistia veteres tum Graeci tum Latini senserint, dialogus, in quo epistolae Philippi Melanchthonis et Joannis Oecolampadii insertae*, autore Joanne Oecolampadio, Basileae 1530; cf. E. Staehelin, *Das theologische Lebenswerk Joh. Oekolampads (Quellen und Forschungen zur Reformationsgeschichte*, t. 21), Leipsic 1939, p. 608. Ni dans la *Correspondance* d'Oecolampade.

[2] Ph. Melanchthonis *Sentenciae veterum aliquot scriptorum de coena Domini*, 1530, *Corp. Ref.*, t. 23, p. 731.

[3] Joa. Vadianus, *Aphorismorum de consideratione eucharistiae l. VI*, p. 215.

[4] Lud. Lavather, *Historia de origine et progressu controversiae sacramentariae de coena domini ab a. 1524 usque ad a. 1563*, Tiguri 1563, f. 23.

[5] V. ci-dessous, p. 116.

[6] G. W. Panzer, *Annales Typographici ab anno MDI ad annum MDXXXVI*, t. 6, Norimbergae 1798, p. 412 suiv.; il manque e.a. Angelomi Monachi Luxoviensis O. D. Ben., autoris vetusti.... enarrationes in Cantica canticorum..., Coloniae Ioannes Praël excudebat., Anno dni M.D.XXXI, petit-8°, relié dans l'exemplaire de la Bibl. de l'Univ. de Gand avec le De corpore et sanguine Domini de Ratramne et Centum et XIII sententiae Patrum en un volume. K. Falkenstein, *Geschichte der Buchdruckerkunst*, Leipzig 1840, ne donne rien de nouveau sur Prael.

giques, on trouve chez lui le lexique graeco-latin de Longolius, les annotations critiques sur Cicéron de B. Latomus et les comédies de Térence. Prael doit avoir appartenu au cercle des éditeurs humanistes, dont un assez grand nombre se trouvait à Cologne, et sur lesquels la collection du chanoine Von Büllingen dans la Bibliothèque de l'Université et de la Ville donne d'excellents renseignements. Panzer, ce qui est étonnant, ne connaît du traité de Ratramne que l'édition de 1532.

Les éditions de 1531 et de 1532 sont identiques et sans nom d'éditeur, à part celui de Jean Prael. Aussi Polman, commet-il une erreur en disant que Léon Juda, le collaborateur de Zwingle à Zürich, en était l'éditeur et le mentionne comme tel dans son appareil bibliographique. Ici s'impose la supposition d'une contamination, due au fait que Polman n'a pas pu se libérer de la tradition erronée, que nous avons rencontrée dans l''Histoire littéraire de la France', tradition, d'après laquelle l'édition du traité de Ratramne avait été soutenue par les réformateurs. Snoeks reprend cette tradition en précisant: par les luthériens [1]. Or, les luthériens ne se sont presque jamais occupés du traité: Léon Juda, en réalité, ne fut que le traducteur suisse, cité par la préface nommée ci-dessus, 'von unserem diener vertütscht' [2]. A la p. a j^{vo} l'éditeur a mentionné la vie de Ratramne par Jean Trithème, que l'on retrouvera dans toutes les éditions suivantes. Il est curieux de remarquer que, malgré ce témoignage, plusieurs auteurs catholiques continuèrent à contester l'authenticité du traité.

Toutes ces éditions secondaires du traité de Ratramne, dont nous aurons à parler maintenant, et qui précèdent celle de Jacques Boileau, ne sont que de pures reproductions du texte publié par Prael, l'editio princeps. Après Jean Prael, ce fut encore un imprimeur de Cologne, qui en 1551 mit le traité de Ratramne sous presse, le célèbre Jean Quentel [3]. Ce livre, qui pour la seconde partie paraît être de toute façon une simple reproduction de celle de Prael, prouve avec la plus grande évidence que, quoique le traité de Ratramne, qui ne prend ici que la seconde place, soit discuté, il n'est pas du tout considéré comme un écrit hérétique. Or, le traité, qui le précède, présenté comme l'editio princeps d'un traité eucharistique de Raban Maur, d'après l'exemplaire — manuscrit — qui

---

[1] R. Snoeks, *o.c.*, p. 239; Nägle, *o.c.*, p. 85.

[2] C. Pestalozzi, *o.c.*, p. 631; le même, *Leo Judä*, Elberfeld 1860, p. 64; Leo Weisz, *Leo Jud, Ulrich Zwingli's Kampfgenosse*, Zurich 1942 p. 96, qui prend Juda aussi pour l'auteur de la lettre, ce qui doit être une erreur, la lettre étant souscrite: 'V.F.G. willige diener des worts zu Zürich'; or, au nom des ministres de Zürich seul Bullinger était autorisé à parler et non Juda.

[3] *Rabanus // De Sacramen // to Eucharistiae. // Opus nunc primum recens editum, // Ex bibliotheca Cuthberti Tunstalli // episcopi Dunelmensis. // Accessit eiusdem argumenti opuscu- // lum Bertrāni presbyteri. // Coloniae // Apud Ioannem Quentel, // Anno M.D.LI. //* Le traité de 'Rabanus' comporte les p. 16–151; suivent: *Capitula quomodo sit Trinitas in Unitate*, p. 152–177; *Opusculum Bertrami*, p. 178–230; *De corpore et sanguine Domini Divi Augustini sententia, Homilia Eusebii Caesareensis episcopi de corpore et sanguine Domini*, p. 231–287. Notre éd. *K*.

se trouvait dans la bibliothèque de Cuthbert Tunstall, est une mystification. De Raban Maur il y a, dans ce domaine, la lettre à Egilon. C'est le traité de Paschase Radbert, qui a été imprimé bien pacifiquement ici, sous ce titre, en un volume avec celui de Ratramne. Il y a plusieurs mss. de Radbert qui présentent la même erreur.

Jean Quentel, petit-fils du célèbre imprimeur Henri Quentel [1], continuait les affaires de son grandpère, qui, originaire de Strasbourg, mourut à Cologne en 1501, et de son père, Pierre. Celui-ci, bon humaniste à ce qui semble et très peu factieux, avait eu sous presse en 1525 à la fois le fameux Nouveau Testament en traduction anglaise du luthérien William Tyndale et les éditions de Rupert de Deutz par Jean Cochlée. Un soir, que ce dernier avait invité chez lui plusieurs imprimeurs, Quentel, tout en blaguant, annonça que l'Angleterre allait bientôt se convertir au luthéranisme. Mal lui en prit, immédiatement Cochlée le dénonça. Le Nouveau Testament put échapper et être porté à Worms. On ne sait trop que conclure de cette affaire, racontée par Cochlée lui-même [2]. Les éditions des Quentel et particulièrement celles de Pierre, trahissent tout au plus un certain esprit d'indépendance mais nullement une ferme doctrine protestante. Maynard Smith n'en conclut peut-être que trop facilement que pour les imprimeurs souvent une seule question importait: les affaires [3].

Cuthbert Tunstall, qui de 1522 à 1529 fut évêque de Londres, puis, jusqu'à sa mort, sauf durant quelques temps, évêque de Durham, était bon catholique et, grâce à son 'invincible modération', sut se maintenir assez habilement pendant tous les changements de régime, sous Henri VIII comme sous Edouard VI, sous Marie Tudor comme sous Elisabeth. Il était bon ami d'Erasme, très savant en matière de théologie patristique et historique et jouissait d'une grande autorité et presque de vénération. C'est lui qui faisait acheter tous les Nouveaux Testaments de Tyndale, importés en Angleterre, afin de les détruire. Sous Marie Tudor il eut pourtant des difficultés qui amenèrent sa destitution: étant prisonnier dans sa propre habitation à Londres (du 14 oct. 1552–4 août 1553), il se mit à écrire un livre sur 'la vérité du corps et du sang de notre Seigneur', qui parut à Paris [4]. Il partageait la doctrine positivement catholique de la présence réelle et il rejettait donc celle d'une présence purement spirituelle ou symbolique; il déclarait que, quoique le dogme de la transsubstantiation n'avait été formulé qu'en 1215, l'Eglise pourtant avait toujours cru à la présence réelle; il admettait que Luther l'agréait à peu

---

[1] Falkenstein, *o.c.*, p. 155. Jean Quentel mourut en 1551.

[2] A. Herte, *Die Lutherkommentare des Joh. Cochlaeus (Reformationsgeschichtliche Studien und Texte*, fasc. 23), Münster en W. 1935, p. 318.

[3] H. Maynard Smith, *Henry VIII and the Reformation*, Londres 1948, p. 285.

[4] Cuthbertus Tunstallus, *De veritate corporis et sanguinis Domini nostri Jesu Christi in Eucharistia*, Paris 1554 (deux éditions); C. Sturge, *Cuthbert Tunstall*, Londres 1938, p. 331–335; H. Maynard Smith, *o.c.*, v. rég.; Polman, *o.c.*, p. 445 suiv.

près, tandis qu'il jugeait sévèrement l'opinion des zwingliens. Rien de plus explicable que l'intérêt de ce théologien anglais pour Radbert et Ratramne. Cependant, ce n'est qu'une pure hypothèse, et nous ne sommes pas du tout sûrs que l'évêque de Durham se trouve vraiment à l'arrière-plan de l'édition des deux traités en un volume de Jean Quentel. Or, rien de plus inexplicable que la confusion dans cette édition du traité Paschase Radbert et d'un traité imaginaire de Raban Maur [1].

Ayant attiré l'attention des théologiens de toutes tendances, surtout de ceux d'entre eux qui, grâce à leur formation humaniste, n'avaient pas l'esprit trop étroit, le traité de Ratramne put paraître pour la troisième et quatrième fois, à côté d'une quantité considérable d'autres textes plus ou moins curieux, dans deux recueils, le 'Mykropresbytikon' de 1550 et les 'Orthodoxographa' de 1555. Le premier a été imprimé par Henri Petri à Bâle [2] et comporte 32 textes, de longueur, d'importance et d'âge différents, dont deux visent la doctrine de l'Eucharistie, celui de Ratramne et le 'De sacramento Eucharistiae' de Lanfranc. Du point de vue textuel ils n'ont aucune importance parce qu'ils ne sont que des reproductions, l'un de l'editio princeps de Prael, l'autre de l'editio princeps par Sichardius [3] qui était aussi sortie des presses de Henri Petri. L'éditeur-imprimeur, dans sa dédicace à George Ciengerus, conseiller du roi de Suède, dit que les textes, qu'il a recueillis, étaient pour la plupart ou bien inconnus ou bien cachés sous la poussière. Les 'Orthodoxographa' [4] de Jean Basile Hérold de Hochstaedt, parus encore chez Henri Petri, comportent 77 textes, dont 29 se trouvent déjà dans le 'Mikropresbytikon', parmi lesquels

---

[1] Hurter, *Nomenclator*, t. 1, c. 818; 'sub nomine Rabani Mauri cur. Fabricio Coloniae 1551'. M. Cappuyns, *o.c.*, p. 91.

[2] *ΜΙΚΡΟΠΡΕΣΒΥΤΙΚΟΝ. Veterum quorundam brevium theologorum, sive episcoporum, sive presbyterorum aut sacri ordinis aliorum, qui aut tempore Apostolorum, aut non multo post vixerunt, elenchus*, Basileae [1550]; Th. Ittigius, *De Bibliothecis et catenis patrum, variisque veterum scriptorum ecclesiasticorum collectionibus.... tractatus*, Lipsiae 1707, p. 4–7; Polman, *o.c.*, p. 96. Notre éd. *M*.

[3] J. Sichardius, *Philastrii, ep. Brixiensis, haereseon catalogus, cui adjectus est eruditissimus libellus Lanfranci episcopi Canthuariensis de sacramento eucharistiae adv. Berengarium nunc recens editi*, Basileae 1528; l'imprimeur fut Henricus Petrus, v. P. Lehmann, *Joh. Sichardus und die von ihm benutzten Bibliotheken und Handschriften (Quellen und Untersuchungen zur latein. Philologie des Mittelalters*, begr. v. L. Traube, t. 4, fasc. 1), München 1911, p. 60, 202.

[4] *Orthodoxographa Theologiae Sacrosanctae ac synceriois fidei Doctores numero LXXVII Ecclesiae columina luminaque clarissima, Authores partim Graeci, partim Latini, ob vetustatem et eruditionem venerandi, quorum quidam nulli hactenus visi: verbis breves, divini vero Spiritus doctrina multorum scriptorum quantumvis prolixa volumina superantes ut vere possint appellari Theologica Bibliotheca, abunde satis sufficiens Theologo in omnem usum futura, sive Biblia utriusque instrumenti libros interpretari, sive haereses convellere, discordiae, religionis pesti, mederi, concordiam in Domino, ecclesiae salutem, alere, et veram religionem (cuius finis charitas est) docere velit*. Utinam haec legant, cognoscant et sequantur, quicunque in his periculosissimis temporibus ecclesiastico funguntur ministerio. Basileae MDLV. Notre éd. *O*.

les traités de Lanfranc et de Ratramne. Hérold était un érudit réformé [1] humaniste, pourtant il adresse son travail à Thierry, prince-évêque de Worms et successeur de Jean Dalburg, qui avait enrichi libéralement la bibliothèque Ladenbourgeoise. Quoique son recueil soit présenté comme un ouvrage de caractère purement scientifique, les erreurs en matière d'authenticité des textes n'y manquent pas, mais cela n'empêche pas Hérold de souhaiter que ce livre pourra être utile aux théologiens, au rétablissement de la paix ecclésiastique et pour confondre les hérétiques.

Rien de plus vain que cette espérance. Bientôt le traité de Ratramne allait être jugé officiellement hérétique. L'Index de Paul IV le signale dans la deuxième classe [2]. Le privilège accordé à l'imprimeur du livre de Vlimmerius, dont nous avons déjà parlé [3], et qui date du 26 novembre 1560, rappelle la défense d'imprimer n'importe quel autre auteur traitant de l'Eucharistie, à part Radbert, Fulbert, Lanfranc, Guitmund et Alger. L'édition de l'Index d'Anvers 1570, sous Pie IV, le nomme simplement dans la première classe [4]. L'"Index expurgatoire" belge de 1571 [5], qui connaît l'édition de 1532 et celles des recueils de 1550 et 1555, dues selon l'Index toutes trois à des éditeurs hérétiques, reproche au texte d'être obscur et de se servir souvent d'expressions traditionnelles dans un sens inusité. Le principe de cette censure très intéressante pourtant est: 'ut liber Bertrami tolerari emendatus queat'. L'argumentation n'en est pas moins curieuse. Les théologiens de Douai, ne désirant pas que leurs adversaires empruntent un argument, d'ailleurs solide, à l'antiquité vénérable du livre, ni qu'un intérêt factieux ne résulte d'une défense peu raisonnée, préfèrent donner quelques commentaires, comme il en faut souvent aux livres d'époque très reculée. Surtout ils essayent de démontrer d'une part que l'idée de 'figura' ne manque pas à la doctrine orthodoxe de l'Eucharistie et, d'autre part, que chez Ratramne l'idée de la transsubstantiation ne fait pas défaut quand il se sert de termes tels que 'convertere, mutare, commutare, permutare, transponere creaturam in Christum, in corpore Christi', etc. Ils recommandent de supprimer deux passages: du ch. 73 — d'après la numération moderne — : 'Considerandum quoque quod in pane illo'' jusqu'à la fin du ch. 77; 'sed aliud est quo exterius geritur''; et du ch. 84: 'item, quae idem sunt una definitione comprehenduntur'' jusqu'au milieu du ch. 89: 'hoc namque, quod agitur

---

[1] *Nouv. biogr. gén.*, t. 24, c. 439–440; Polman, o.c., p. 96, 97.

[2] F. H. Reusch, *Index*, t. 1, p. 16.

[3] V. ci-dessus, p. 71.

[4] *Index librorum prohibitorum cum regulis confectis per patres a Tridentina Synodo delectos auct. Ss. D.N.Pij IIII*, Antverpiae 1570, p. 18; de même l'*Index.... a Ss. D.N. Clemente Papa VIII*, Romae 1593, p. 5; l'édition définitive de cet *Index* est de 1596.

[5] *Index expurgatorius.... iuxta sacri Concilii Tridentini decretum, Philippi II regis catholici iussu et auctoritate, atque Albani Ducis consilio ac ministerio in Belgia concinnatus* a° 1571. Apud Joannem Mareschallum Lugdunensem, 1586, p. 11–18.

in via, spiritaliter est accipiendum'. Au ch. 47, les textes imprimés donnant: 'aliud sint (sc. mysteria) quod exterius innuant et aliud quod interius visibiliter operentur'', la Faculté à juste titre recommande de lire 'invisibiliter' au lieu de 'visibiliter'', qui ne donne aucun sens [1]. Deux autres interprétations sont proposées. Au ch. 54, où il y a été dit des éléments: 'nam secundum creaturarum substantiam quod fuerunt ante consecrationem, hoc et postea consistunt', la Faculté ajoute: 'explicandum est: secundum externas species sacramenti'; et au ch. 76, où Ratramne, après de longues argumentations sur la substance des éléments et le caractère spirituel du sacrement, résume: 'hoc autem, quod in ecclesia celebratur, temporale est, non aeternum', elle ajoute: 'explicandum est: secundum species sacramenti corruptibilis, qui non contingit, nisi praesenti in coelo'. On ne saurait mieux interpréter l'opinion de Ratramne. Or, ces dernières clausules de l'Index belge étaient au fond superflues. D'autre part, ce jugement modéré des théologiens de Douai, qui, pour dire vrai, ne changèrent presque rien à l'argument de Ratramne, allait rencontrer bien des critiques au 17e siècle en France et tout particulièrement de la part du P. Possevin S.J., et Du Perron, comme nous le verrons encore [2]. Depuis 1900 le livre de Ratramne n'est plus censuré par l'Index, qui se montre beaucoup plus généreux pour les auteurs antérieurs au 17e siècle [3]. Cela n'empêcha pas que, pendant plus d'un siècle après l'editio princeps, le texte du traité de Ratramne ne sortit plus d'une presse catholique.

En Allemagne luthérienne les 'Centuriateurs' de Magdebourg se sont occupés du traité de 'Betram', dont ils donnent de façon absolument objective un petit résumé et d'autre part, en traitant plus ex professo sa doctrine eucharistique, plusieurs citations (empruntées aux ch. 72, 16 et 28), à propos desquelles ils croient pourtant trouver des 'semina transsubstantiationis' [4]; la Faculté de Douai l'a noté non sans y éprouver une certaine satisfaction. Si les luthériens, qui étaient loin d'éprouver autant de besoin de justification de leur doctrine eucharistique que les réformés, ne citent jamais — à ce que nous savons — le livre de Ratramne, c'est plutôt par le soupçon de catholicisme que de zwinglianisme. Le traité de Ratramne n'a pas été adopté par Flacius dans son grand 'Catalogus testium veritatis' [5], tandis que Simon Goulart l'a ajouté dans sa réédition amplifiée de ce recueil [6]. Le P. Polman cite l'ouvrage

---

[1] Mabillon et Jacques Boileau y reviendront, v. ci-dessous, p. 100, 106 n. 1.
[2] V. ci-dessous, p. 92, 94.
[3] Jos Hilgers S.J., *Der Index der verbotenen Bücher in seiner neuen Fassung*, Fribourg en B. 1909, p. 104–106.
[4] *Nona centuria ecclesiasticae Historiae*, Basileae 1565, c. 212 et 355.
[5] *Catalogus testium veritatis qui ante nostram aetatem reclamarunt Papae*, Basileae 1556; réimpr. de 1562 et de 1672.
[6] *Catalogus testium veritatis*, t. 2, v. ci-dessous, p. 87.

d'André Jurgiewicz, avec son titre ironisant: 'Quinti Evangelii professores antiquissimi et celeberremi Nullus et Nemo', où l'auteur conteste le catalogue de Flacius dont il a remarqué l'omission de Ratramne et de Bérenger 'qui zwinglianice non lutheranice papae reclamaverunt'[1].

Il en va tout autrement chez les calvinistes et les anglais. Quatre éditions suivront encore au cours du 16e siècle dans divers pays, trois dues à des éditeurs calvinistes et une à un éditeur anglican.

En 1541 le traité de Ratramne parut à Genève chez Michael Sylvius[2], c'est-à-dire Michel du Bois. Originaire de Villers-en-Arthies près de Mantes, il vint de Paris à Genève, où il est qualifié de libraire et fondeur de lettres. Il y acheta une maison en 1537; le 30 janvier 1540, il demanda à être reçu bourgeois de la ville et à pouvoir imprimér, ce qui lui fut accordé probablement à ce moment. Il débuta cette année-là par l'édition de la célèbre lettre latine du cardinal Sadolet, dans laquelle la ville de Genève était invitée à rentrer dans le sein de l'église, et la réponse à cette lettre de Jean Calvin, en latin et en français. Aussi fut-il grand ami de Calvin et ce fut lui qui porta à Calvin, qui se trouvait alors, banni de Genève, à Strasbourg, la lettre de 13 octobre 1540, par laquelle le Conseil de Genève pria le réformateur de revenir. En 1541 il imprima e.a. une traduction française de la 'Déclaration de Schmalkalde' et le 'Petit traicté de la saincte Cène' de Calvin, ainsi que — au dire des savants éditeurs des Opera Calvini — l''Institution de la Religion Chrestienne', qui parut sans indication de lieu et de presse, hypothèse qui d'ailleurs a été réfutée par Pannier[3]. Ni Rilliet et Dufour, ni Doumergue, qui semblent l'avoir acceptée[4], ne disent un seul mot de l'édition du traité de Ratramne, qui porte le nom de l'éditeur et le millésime de 1541. En tout cas, Du Bois a dû se trouver pendant cette année critique parmi les partisans de Calvin. Ses éditions révèlent un peu de son esprit inquiet de propagandiste tant en matière théologique qu'en matière politique. La bourgeoisie lui fut retirée en 1557, parce qu'il s'était converti au catholicisme à Lyon et il fut emprisonné quelques jours. En 1560 Michel du Bois sollicita encore la permission d'imprimer un livre à Genève,

---

[1] Polman, o.c., p. 498.

[2] *Betra // mi Presbyteri // de corpore et san // guine Domini Liber, ad Caro- // lum Magnum Imperatorē, ante // DCC. Annos aeditus. // Addita est Epistola Augustini ad Dar- // danū, de presentia Dei & Christi. // Item, Tractatus eiusdem de Corpore et Sangui- // ne Domini.* Genevae // Excudebat Michael Sylvius, M.D. XLI. // petit in-8°. Notre éd. *Gen.*

[3] J. Pannier, *Jean Calvin, Epitre au Roi*, 1541, Paris 1927, p. XXI; Jean Calvin, *Institution de la Religion Chrestienne* (Les Textes français, Coll. des Univ. de France sous le patronage de l'Association Guillaume Budé), t. 1, Paris 1936, p. XIX.

[4] A. Rilliet et Th. Dufour, *Le Catéchisme français de Calvin*, Genève 1878, p. CLXXXIX–CXCIX; E. Doumergue, *Jean Calvin. Les hommes et les choses de son temps*, t. 2, Lausanne 1902, v. rég.

où il semble être décédé en 1561 [1]. Le texte de Ratramne, présenté par Du Bois, n'est qu'une reproduction de l'editio princeps; il est accompagné de deux écrits de St. Augustin, son épître 187, à Dardane, dans laquelle l'évêque de Hippone professe la présence divine dans le sacrement du baptême d'une façon plutôt spirituelle: 'ubique totum cogitare te extendis, averte mentem ab omnibus imaginibus corporum, quas humana cogitatio volvere consuevit' [2]; et en deuxième lieu un sermon du même père 'sur le corps et le sang du Seigneur' [sermo 131 de verbis Domini Ev. Johan. c. 6 v. 54]: 'Audivimus veracem Magistrũ, divinum redemptorē ...' jusqu'à la fin, où se trouvent les célèbres paroles: 'Causa finita est utinam aliquando finiatur error' [3]; ce sermon traite plutôt de la justice et de la grâce. L'éditeur, par l'addition de ces deux textes, a voulu montrer que l'esprit du traité de Ratramne est en accord avec St Augustin et par conséquence avec l'église primitive: argument considérable dans les luttes ecclésiastiques du 16e et du 17e siècle.

La deuxième édition du texte de Ratramne rentre plus ou moins dans le cadre de l'histoire du traité de Ratramne en Angleterre, dont nous aurons encore à parler, tandis que l'éditeur, John Poynet, avait des relations avec Pierre Martyr à Oxford et avec Bullinger [4]. Poynet ou Ponet, lui, était un savant et l'un des esprits réformateurs d'Angleterre. Après avoir été évêque de Rochester, il fut nommé évêque de Winchester comme successeur de Gardiner et installé le 23 mars 1551 d'après le nouvel ordinal de l'Eglise d'Angleterre; il votait le 6 avril dans la Chambre des Lords pour le nouveau Book of Common Prayer. Il avait été marié [5], divorcé et se remaria quelques mois plus tard, comme évêque de Winchester, devant Cranmer. En 1553 son 'Catéchisme' parut en tête des 42 Articles comme s'il avait été approuvé officiellement, ce qui fut fort contesté dans la 'Convocation' aussitôt-après l'avènement de la reine Marie [6]. Poynet, après avoir pris part durant quelques temps à la rebellion

---

[1] Haag, *La France prot.*, 2e éd., t. 5, c. 520–523. P. Chaix, *Recherches sur l'imprimerie à Genève de 1550 à 1564.* Travaux d'humanisme et renaissance XVI, Genève 1954, p. 176; v. Addenda.

[2] p. 70–119; Aug., *CSEL*, t. 57, p. 81 ss.

[3] p. 120–135; v. *Exaggeratio* n. 3.

[4] J. H. Hessels, *Ecclesiae Londino-Batavae Archivum*, t. 2, Canborbéry 1884, p. 16; *Original Letters relative to the English Reformation chiefly from the Archives of Zurich*, ed. Hastings Robinson, Cantorbéry 1846, t. 1, n. LV, LVI, LVII. Chr. H. Garrett, *The Marian Exiles. A Study in the Origins of Elizabethan Puritanism*, Cambridge Univ. Press 1938, p. 253–258. W. S. Hudson, *John Ponet (1516?–1556)*, The Univ. of Chicago Press 1942.

[5] Poynet avait écrit: *A Defence for Marriage of Priests by Scripture and aunciente Wryters*, Londres 1549; plus tard il polémisait à propos de ce sujet avec Martin, v. J. Strype, *Historical Memorials Ecclesiastical and Civil*, t. 3, Londres 1721, p. 321–328; on trouve plusieurs autres ouvrages de Poynet énumérés chez John Bale, *Scriptorum illustrium Majoris Brittaniae summarium*, t. 1, Basilaea 1557, p. 694 s.

[6] *A Short Catechisme or playne instruction, conteynynge the summa of Christian*

de Wyatt, quitta la patrie avec sa femme, pour Strasbourg, où Pierre Martyr était arrivé le 30 octobre 1553 et les reçut au printemps de 1554 [1]. Là l'ancien évêque anglican écrivit son traité sur le pouvoir politique [2] et un 'Diallacticon' sur la sainte Cène. Ces deux textes ne parurent qu'après sa mort, qui survint le 2 août 1556, le 'Diallacticon' grâce aux soins de Sir Anthony Cooke [3]. A la fin de ce 'Diallacticon', qui parut anonyme, fut ajouté le texte du traité de Ratramne [4]. Dans un 'au lecteur' l'auteur, se réclamant de la béatitude des pacifiques (Matth. 5 v. 9), se dit être convaincu que celui qui essaye de concilier les antagonismes, recevra lui-même des blessures; néanmoins il poussera son affaire et il s'encourage par l'exemple de l'apôtre, qui a dit: 'si hominibus placuissem, Christi servus non essem' (ép. aux Galat. 1 v. 10). Dans ces lignes Poynet se présente lui-même sous un jour bien différent du portrait que Melle Garrett trace: 'quarrelsome, avaricious, unscrupulous and a coward'; elle ne le considère que comme pamphlétiste politique. Jean Sturm, auteur de la préface d'après son propre témoignage [5], au contraire, estime Poynet comme un homme bon, érudit et modéré. Il recommande le 'Diallacticon', qui ne s'occupe pas seulement des controverses entre protestants et catholiques, mais qui réfute aussi les anabaptistes et les schwenckfeldiens, et il regrette profondément que la paix, que Martin Bucer et Luther avaient encore connue de leur vivant — mirabile dictu — soit de nouveau troublée après leur mort. Jean Sturm, lui-même, fit cadeau du Diallacticon à Albert Rizaeus Hardenberg, le théologien, ami de Mélanchthon, à Bremen, qui se trouva à Worms à l'occasion de la dispute théologique du 27 septembre 1557. Hardenberg écrit à Mélanchthon que ce livre de 'Bertram', imprimé en appendice du Diallacticon, lui semblait 'non malus esse modus ad resarciendam concordiam'. Pourtant il n'atten-

---

learnynge, set fourth by the King's Maiesties authoritie, for all Scholemasters to teach. To thys Catechisme are adioyned the Articles agreed upon by the bishoppes and other learned and godly men in the last Conuocation at London . . . . MDLII, London 1553; il y a une éd. lat. de cet ouvrage, Zurich 1553; v. J. Gairdner, *Lollardy and the Reformation in England*, t. 3, Londres 1911, p. 373. E. C. Messenger, *The Reformation, the Mass and the Priesthood*, t. 1, Londres-New York-Toronto 1936, p. 558, 559.

[1] C. Schmidt, *P. Martyr Vermigli*, Elberfeld 1858, p. 153.

[2] *A Short Treatise of Politique Power*, 1556, réimprimé en facsimile par Hudson, o.c.

[3] *Dialla- // cticon Viri bo- // ni et Literati, de veri- // tate, natura atque substantia corpo- // ris et sanguinis Christi in // Eucharistia. // Additus est // Bertrami Pre- // sbyteri De corpore et san- // guine Domini liber, ad Carolum Magnum // Imperatorem, ante D.CC. an- // nos aeditus.* [s. l., Strasbourg] Anno M.D.LVII; Hudson, o.c., p. 80. Notre éd. *D*.

[4] Chr. H. Garrett, o.c., p. 124–126.

[5] Joh. Sturmius, *Antipappi quarti*, p. III, p. 176: Quare quae prefatus sum ante annos viginti in Diallacticum P. Poneti Episcopi Wintoniensis, cf. P. Bayle, *Dictionnaire*, ed. Bohm, Rotterdam 1720, t. 3, p. 2334, art. Ponet; Hudson, o.c., p. 79.

dait pas grande chose de la part des luthériens rigoureux [1]. Mélanchthon, à ce que nous savons, ne répondit même pas à cette suggestion.

L'argumentation du 'Diallacticon', assez détaillée, se résume en trois points principaux: 1. la vérité du corps du Christ étant donnée dans la communion aux fidèles, on ne saurait éviter l'usage des termes natura et substantia, dont les anciens se sont aussi servis de plusieurs façons différentes; 2. il faut distinguer entre le corps propre et historique du Seigneur et le corps sacramental; 3. il faut encore se rendre compte de quelle façon l'on reçoit le corps mystique. De toute une grande série de citations des pères et du droit canonique (dist. 'de consecratione') il conclut, que le corps du Christ est journellement créé et sacrifié 'en mystère', ce qui ne peut pas être dit du corps propre. Poynet constate que la doctrine de 'Bertram', contraire à celle de la transsubstantiation, est prouvée par l'autorité des docteurs de l'Eglise les plus savants, et que du vivant de Ratramne elle n'a pas été critiquée comme hérétique. Il cite [2], comme texte représentatif de l'opinion de Ratramne, e. a. le ch. 54 du traité, l'un des passages, auxquels la Faculté de Douai avait donné son 'explicandum est'.

Tout l'intérêt de Poynet, on le voit, fut de caractère dogmatique. Hudson veut même que le 'Diallacticon', traité de caractère académique et pour cela écrit en latin, fut présenté par l'auteur comme conclusion définitive du côté protestant de la controverse entre Cranmer et Gardiner à propos de la vraie nature de la Cène du Seigneur [3]. Nous ne croyons pas, qu'un Anglais, se trouvant à Strasbourg, et désirant prendre part à la discussion théologique internationale, aurait pu écrire en une autre langue! Quoi qu'il en soit, c'est à cause du caractère dogmatique du 'Diallacticon' qu'il est impossible de classer cette édition du texte de Ratramne avec celle du 'Mikrospresbytikon' et des 'Orthodoxographa'. Nous expliquerons cet intérêt plus tard, et en retrouverons la racine en Angleterre. Si on dit que son 'Catéchisme' enseigne 'la doctrine de l'absence réelle' la plus pure [4], on pourrait dire du 'Diallacticon' qu'ici Poynet, sans qu'il méconnaisse d'ailleurs totalement le mystère, fait ressortir si exclusivement l'argumentation de Ratramne contre le 'sensus carnalis' du sacrement, qu'il semble approuver presque complètement l'opinion zwinglienne. Le texte, qu'il présente, n'est qu'une reproduction

---

[1] Alb. Hardenberg à Mélanchthon, de Worms, 1557 oct. 26: Sturmius noster misit nuper Argentina ad me eruditum librum de coena domini, qui dialecticon inscribitur. Additus est liber Bertrami presbyteri de eadem re. Si istic habetis exemplum, rogo uti iudicium vestrum mihi de illo dignemini adscribere. Mihi videretur non malus esse modus ad resarciendam concordiam. Sed illi homines non admittent quamcunque moderationem, *Corp. Ref.*, t. 9, p. 349-350, no. 6383; Nägle, *o.c.*, p. 85.

[2] *Diallacticon*, p. 60, 61.

[3] Hudson, *o.c.*, p. 79, 80, cf. 32, 33.

[4] Messenger, *o.c.*, p. 559.

assez consciencieuse de celle de l'editio princeps. Le 'Diallacticon' a été réimprimé en 1573, 1576 et 1688 [1] et inséré dans les Opuscula de Théodore de Bèze [2], sans que le texte de Ratramne y fût ajouté, ce qui fait supposer encore, que le successeur de Calvin ne l'acceptait pas comme faisant autorité. En 1688 parut une traduction complète en anglais du 'Diallacticon' à Londres [3].

La troisième édition du texte latin, 1579, avec préface et commentaire, fut l'œuvre de Guillaume de Feugueraye, ministre réformé de Rouen, prêté par son église pour quelques années à la jeune université de Leyde comme premier professeur ordinaire de théologie [4]. Notre connaissance de la vie de Feugueraye est loin d'être complète. Il a prêché à Dieppe (1562), à Vire, à Quévilly, faubourg de Rouen, il a été pasteur à Esneval et se disputa en 1565 avec Le Hongre, docteur en Sorbonne. Au moment du massacre de la St Barthélémy il était pasteur à Longueville; il prit la fuite pour l'Angleterre, où il retrouva la veuve et les enfants d'Augustin Marlorat, le ministre-martyr de Rouen, qu'il avait bien connu, qui avait été un peu son maître et dont plus tard il allait achever le 'Thesaurus Novi Testamenti'. Nous allons voir que la première traduction française du traité de Ratramne est généralement attribuée à Marlorat [5]. Réclamé par son église, Feugueraye quitta Leyde en 1579 pour Rouen, où, après avoir servi de temps à autre l'église de Dieppe et Madame Catherine, duchesse de Bar et sœur de Henri IV, il mourut en 1613. Son édition du traité de Ratramne [6] est précédée par la considération que l'imbécillité des hommes est souvent la cause de leurs différents sur les points les plus cruciaux de la vérité chrétienne. Les ministres sont appelés à tout faire afin que la formation de factions, dues à ces différents, n'affaiblisse pas l'Eglise. Par ministres De Feugueraye entend les princes aussi bien que les pasteurs, tous les deux dans leur propre domaine.

---

[1] Hudson, o.c., p. 80 n. 66.

[2] Th. Bezae Vezelii *Tractationum theologicarum* t. 2, Genevae 1573, f° 31–65, en appendice de l'*Explicata Cyrilli sententia de communicatione et vivificatione carnis Christi ex. lib. 10 cap. 13 in Joannem*, autore Christiano Hessandro.

[3] *Dict. of Nat. Biography*, t. 46, p. 79; ci-dessous, p. 110–111, n. 5.

[4] *Album scholasticum Academiae Lugduno-Batavae MDLXXV–MCMXL*, Leyde 1941, p. 41, avec bibliogr. C. Sepp, *Het godgeleerd onderwijs in Nederland gedurende de 16e en 17e eeuw*, t. 1, Leyde 1873, p. 34 suiv.; L. Knappert dans *Leidsch Jaarboekje*, 1909, p. 73–79; *Histoire de la Réformation à Dieppe 1557-1657 par Guillaume et Jean Daval, dits les politiciens religionnaires*, publ. par E. Lesens, 2 t., Rouen 1878–79, t. 1, p. 42, 146, 147, 152; t. 2, p. 177; [Th. de Bèze], *Histoire ecclésiastique*, t. 2, p. 197, 198; Haag, *La France prot.*, sub voce.

[5] V. ci-dessous, p. 88.

[6] *Bertrami Presbi. // De corpore // et sanguine // Domini // Liber. Ad Carolum *** Magnum Imperatorem* [en marge *** Trith. Reg. Loth. Imp. fratrem*] Guilielmi Fevgverai in Academia Leidensi Theologiam // profitensis opera emendatus et com- // mentariolo illustratus. // [s. l.] 1579. // 216 p. in-8°; aussi dans les *Opuscula* du même auteur; le lieu d'impression reste à deviner. Notre éd. *F*.

L'éditeur s'appuie pour l'interprétation du sacrement sur Jean ch. 6 v. 64: 'verba quae loquor vobis spiritus et vita sunt', le Sauveur reduisant ici ses apôtres de la chair à l'esprit, de la contemplation corporelle à l'intelligence de l'invisible; et il trouve chez Ratramne (ch. 82) une interprétation de ces paroles du Christ 'digne par sa vénérable antiquité', qui pourrait encore à l'heure actuelle montrer une voie à la concorde ecclésiastique. Il considère les partisans de la doctrine de la transsubstantiation comme vaincus par la théorie de Ratramne de la 'spiritualis verbi potestas' (ch. 22), mais il ne tolère pas davantage la consubstantiation, qu'il rejette avec l'aide de l'opinion de Ratramne (ch. 16): 'una eademque res secundum aliud species panis et vini consistit, secundum aliud autem corpus et sanguis Christi'; 'elementa uniuntur et coalescunt', ils n'augmentent pas comme par l'addition d'une essence nouvelle; de façon mystique et sacramentelle et par un usage nouveau et une efficacité nouvelle ils obtiennent une valeur nouvelle (cf. ch. 17). De Feugueraye croit retrouver intégralement la doctrine réformée de l'Eucharistie chez Ratramne; il semble qu'il imagine la réconciliation des églises possible grâce à elle et il espère que son édition pourra en quelque sorte contribuer à ce rapprochement. Elle se range mieux alors avec celle du 'Diallacticon' qu'avec celles du 'Mikropresbytikon' et des 'Orthodoxographa'. Le commentaire de Feugueraye est plus que modeste et ses remarques historiques dans la préface ont été critiquées à bon droit et par le P. Anselme et par Hopkins, qui dit, que De Feugueraye se trompe à l'égard de la cour de Charles le Chauve et de ses savants, 'aussi bien qu'en presque toute autre chose qu'il hasarde dans cette préface' [1].

Or, il faut reconnaître que, comme édition critique, le texte, annoncé comme 'emendatus', n'a aucune valeur. De Feugueraye semble avoir suivi les deux dernières éditions mentionnées tout à l'heure et l'editio princeps; quoique quelques-unes de ses corrections soient adoptées par l'édition de Quévilly, et même par Boileau, dont nous aurons encore à parler, De Feugueraye n'a même pas corrigé plusieurs fautes, qu'il trouva dans ses modèles, comme p.e. au ch. 10: 'Non enim secundum quod videtur vel carnis species in illo pane cognoscitur'; il lit, comme eux, 'nullo pane', ce qui était une faute de transcription et ne donne aucun sens; au ch. 12 la phrase: 'in isto autem sacramento si tantum in veritatis simplicitate consideretur et non aliud credatur quam quod aspicitur, nulla permutatio facta cognoscitur', ce qui a été mal comprise par De Feugueraye, de sorte qu'il annote en marge: 'veritas in simplicitate', tandis qu'il supprime la négation devant 'aliud', ce qui renverse totalement le sens de la phrase [2]. Au ch. 21 il ne corrige pas: 'Erat namque in eis invisibilis forma quae corporeis sensibus appareret' de l'editio princeps,

---

[1] V. l'éd. d'Amsterdam 1717, ci-dessous p. 120 n. 1.

[2] L'édition de Quévilly 1672, embrouillée un peu par celle de Feugueraye ajoute en marge 'non'.

ce qui est un non-sens; sans aucune connaissance du ms. l'on aurait pu corriger 'visibilis forma', comme le fait Boileau. Encore au ch. 47 il n'adopte pas la nette correction de l'Index belge, qui lit 'invisibiliter' au lieu de 'visibiliter' [1]. Si l'on suppose, qu'à cause de son départ de Leyde, De Feugueraye a été obligé de corriger son livre un peu hâtivement, cela n'explique pas qu'il ait transposé arbitrairement deux passages du texte de Ratramne: il a rejeté les ch. 7 et 8, qui donnent les définitions de 'figura' et 'veritas', après le ch. 9 et il a également supprimé quelques lignes des ch. 51, 52 et 68. Nous verrons que l'édition de Feugueraye a été connue en France et que ses défauts n'ont pas trouvé la censure qu'ils méritent, au contraire; et en Allemagne elle a été même imitée.

En quatrième lieu le texte de Ratramne, toujours d'après l'editio princeps, fut inséré en 1597 par le savant et laborieux ministre réformé de Genève, Simon Goulart, dans son ample 'Catalogus testium veritatis', édition nouvelle de l'immense ouvrage du célèbre controversiste Matthias Flacius Illyricus [2]. Nous avons déjà vu que, en bon luthérien, celui-ci n'avait pas reçu Ratramne parmi ses témoins. Goulart, dans son édition nouvelle, avait tant augmenté le recueil de Flacius, 'ut plane novus videri possit', comme le déclare le titre. Parmi les écrits, que Flacius n'avait pas, figure maintenant le 'doctissimus libellus Bertrami', 'qui contient plusieurs choses dignes d'être observées' [3]. Comme recension, il n'y a rien de nouveau; le principal effet de la réimpression dans ce cadre n'est autre, que de rendre abordable le texte original dans les discussions théologiques. L'éditeur — la division en chapitres n'existant toujours pas — a réparti le texte en un certain nombre de sections, par des titres formulant en marge les sujets.

Voici le traité de Ratramne, affectueusement adopté par des calvinistes. Le chapitre de la curieuse histoire de ce livre en France, va commencer.

La série de traductions en langue française avait déjà été inaugurée par celle qui parut anonymement à Lyon en 1558 [4]. Les traductions de 1550 et de 1560, que Fabricius a signalées et que plusieurs de ses successeurs lui ont empruntées, sont introuvables et, selon toute vraisemblance, n'ont jamais existé [5]. Celle de 1558 est généralement attribuée à Augustin

---

[1] La notice de Boileau, que les protestants ont adopté cette correction, n'est exacte que pour quelques éditions de son époque.

[2] V. ci-dessus, p. 80.

[3] *Catalogus Testium Veritatis qui ante nostram aetatem Pontifici Romano atque Papismi erroribus reclamarunt*: t. II . . . S.G.S. studio, ut et t. I . . . M.D.XCVII. Ex typographia Antonii Candidi, Lvgdvn.; réimpr. par J. Stoer et J. Chouet, Genève 1608, p. 140–158; L. Chester Jones, *Simon Goulart 1543-1628, étude biographique et bibliographique*, Genève–Paris 1917, p. 628; Haag, *La France prot.*, t. 5, sub voce. Notre éd. *T*.

[4] *Traité de Bertram, prestre, Du corps et du sang de Nostre Seigneur Jesus-Christ, traduit en français*, Lyon 1558 in-8° et, d'après l'*Hist. lit. de France*, t. 5, p. 340 encore in-12°, ce qui est probablement une erreur.

[5] Fabricius, *Bibl. med. et inf. Lat.*, t. 1, Florence 1858, p. 224, 225; *MPL*, t. 121, 11A.

Marlorat, dont nous avons déjà parlé, le célèbre ministre-martyr de Rouen [1]. Trois années plus tard parut une réimpression [2] avec un titre un peu amplifié, sur un exemplaire de laquelle Jacques Boileau avait ucrit qu'Augustin Marlorat en était le traducteur: 'ce livre est mauvais, mal traduit et pourtant assez rare' [3]. L'attribution à Marlorat semble s'appuyer exclusivement sur cette notice. Encore trois années plus tard, en 1564 cette traduction a été reprise, portant sur la page du titre comme devise: Ép. aux Hébreux ch. 13 v. 10 et, à la dernière page, Jean ch. 6 v. 64, empruntés au traités même de Ratramne (ch. 31 et 81) [4]. Cette édition a été reprise à Saumur 1594 in-8°; à Genève chez Gabriel Cartier M.D.C., 80 p. in-8°; sans lieu, imprimée par J. M., l'an mil six cens [5] et encore s. l. M.DC.XIX in-8°, (f. A–Kij) [6].

L''Advertissement au lecteur', qui précède ce texte français, recommande le traité de Ratramne comme utile pour éclaircir les questions, qui ont été soulevées par les chrétiens de France, les catholiques donc et les réformés, et qui ont causé des persécutions cruelles du côté de l'Eglise-mère. 'Ceux qui se disoyent piliers de l'Eglise, aimoyent mieux piller la laine et la graisse, que procurer le salut du troupeau' (cf. Ezech. ch. 34 v. 3). Habile aux jeux de mots, l'introducteur, qui se montre très opposé à toute doctrine s'approchant tant soit peu de la transsubstantiation, attaque 'ces persécuteurs qui mangent iournellement leur pain transsubstantiatié, et toutefois ne changent en rien si non de mal en pis'. Il croit que celui qui veut trouver Jésus dans la Cène, doit 'l'y apporter, ou pour le moins une bonne affection de l'y trouver' et finit par faire entendre encore une fois la plainte de la foi des persécutés: 'quant à

---

[1] Haag, *La France prot.*, t. 6 sub voce; [Th. de Bèze], *Histoire ecclésiastique*, de Toulouse 1882, r. 2, p. 169–171; Jean Crespin, *Histoire des Martyrs*, éd. D. Benoit, t. 3, Toulouse 1889, p. 321–323; *Bulletin de la Soc. du Prot. franç.*, t. 6, p. 109–118, suivi par la *Nouv. biogr. gén.*, t. 33, p. 858, où l'on a mis Leyde au lieu de Lyon 1558; le *Bulletin*, t. 40, p. 6 n. 7 ne cite que 'pour mémoire' comme une œuvre de Marlorat la traduction de 1558, dont l'auteur de cet article évidemment ne sait rien.

[2] *Traite de Bertram, prestre, à Charles le Chauve, roi de France, du corps et du sang de Nostre-Seigneur Jesus-Christ, traduit du latin en français*, s. 1, 1561, in-16° Graesse, *Trésor des livres rares*, t. 7 supplém., Dresde 1869, attribue les traductions de 1550 (?), 1560 (?) et de 1561 à Marlorat, tandis que *La France prot.* ne signale que: Lyon 1558 et 1561, Saumur 1594. Pierre Kopf, *Bibliotheca Exotica sive Catalogus officinalis librorum peregrinis linguis usualibus scriptorum*, Francfort 1610, p. 3 mentionne: *Bertram, Prestre, Traicte à Charles le Chaulne* (sic) *Roy de France, du corps et du sang de nostre Seigneur Jesus Christ*, traduit de Latin en François, à Lyon 1558, in-8° & in-16°. Th. Dufour (Notices bibliogr.) donne: 1562.

[3] Brunet, *Manuel*, Paris 1860 t. 1, p. 822.

[4] *Traité // de // Bertram // prestre, A // Charles le Chau- // ve, XXV. Roy de // France. // Du Corps et du Sang de nostre // Seigneur Jesus Christ. // Hebr. Chap. XIII. // Nous avons un Autel, duquel n'ont point puissance de manger ceux qui // servent au Tabernacle. // M.D.LXIIII. //* Petit in-8°; dernière p.: *Fin:* C'est l'Esprit qui vivifie, la chair ne profit rien: les paroles que ie vous di sont esprit et vie.

[5] Ex. au British Museum.

[6] Ex. à la Bibliothèque du Protestantisme, Paris.

nous, si nous avons quelque cognoissance de vérité, nous ne l'avons pas tant par les presches, que par la considération des iniures et outrages que nous avons veu et voyons encore auiourdhuy endurer paisiblement à ceux, avec lesquels nous nous sommes volontairement rangez. Briève conclusion, puis que l'affliction et la croix telle que nous l'avons iusques ici entendue, est la plus certaine marque de l'Église' [1].

On ne saurait affirmer avec quelque certitude que, dans cette édition, l'introducteur est le traducteur même, car il loue la traduction comme étant beaucoup plus claire que le texte latin 'fort scabreux et mal plaisant' avec son 'gergon scolastique'. S'il faut les distinguer ou si l'érudit Marlorat est le traducteur, ce qui est en tout cas possible, ils ont eu de toute façon tous deux la même courageuse conviction évangélique que Marlorat, après la prise de Rouen, le 30 octobre ou le 1er novembre 1562, a confirmée par un martyre héroïque. L'introduction, qui laisse deviner une doctrine de la Ste Cène plutôt zwinglienne que ratramniste, n'est pas exempte de critique. Les réimpressions prouvent pourtant la popularité de cette traduction, qui a paru aussi dans un 'Recueil de plusieurs traités de la sainte Cène', où l'on a réuni fraternellement Bertram avec Calvin, Zwingli et d'autres encore [2]. Ce n'est seulement qu'après plus d'un siècle qu'elle fut remplacée par une nouvelle traduction française.

'L'Histoire littéraire de la France' [3] et Nägle [4] mentionnent quatre éditions de cette nouvelle traduction, attribuées à Pierre Allix, ministre à Charenton, d'après Fabricius, dont la première parut en 1647; c'est apparemment la même qu'on réimprimera en 1653; le traducteur ensuite revit et retoucha son ouvrage et le fit réimprimer avec le texte latin, soit à Paris soit à Rouen en 1672 et 1673. Il y a ici une grave erreur. Pierre Allix, qui a été ministre à Charenton à partir de 1671, naquit à Alençon en 1641, fils du pasteur Pierre Allix d'Alençon [5]. Évidemment, la traduction de 1647 ne saurait être de sa main; personne, du reste, ne l'a jamais attribuée à son père, dont les frères Haag ne mentionnent que des 'Thèses' (1634-36) et un 'Catéchisme' (1658), tandis qu'une tradition assez forte attribue la traduction de Ratramne de 1672 (1673) au fils. Si les impressions de 1647 et de 1653 ont jamais existé — nous ne les avons pas trouvées, pas plus que les compilateurs de l' 'Histoire littéraire de la France' — il faut certainement les grouper encore avec les autres éditions de la traduction de Marlorat, de 1558, dont nous venons de parler et dont les spécimens, venus à notre connaissance, s'élèveraient alors au nombre de 11.

---

[1] Nous avons cité l'éd. (s. 1) MDCXIX.
[2] *Recueil de plusieurs traités de la sainte Cène de Notre Seigneur Jésus-Christ, composés par divers auteurs*, (s. l.) 1566, in-8°; réimpr. à Saumur chez Th. Porteau en 1594 (d'après Graesse; en 1598 d'après Brunet); (s. l.) en 1600 in-8° et en 1619 in-8°.
[3] t. V, p. 340.
[4] Nägle, *o.c.*, p. 88.
[5] *La France prot.*, 2me éd., t. 1, 146, 147.

Un deuxième groupe d'éditions d'une traduction française véritablement nouvelle s'ouvre alors par l'ouvrage, qui vit le jour à Quévilly, faubourg de Rouen, en 1672 et qui a été reprise quelques fois [1]. Le texte latin, n'offrant de nouveau aucun intérêt particulier, a été donné en marge. En plus du témoignage de Trithème sur 'Bertram', l'on trouve maintenant celui de Sigebert de Gembloux qui fait face au titre de la traduction. C'est à Pierre Allix fils, ministre de Charenton, comme nous venons de le dire, qu'on a attribué le plus souvent cette traduction, en suivant Des Maizeaux et Chaufepié, qui, dans leurs éditions du 'Nouveau dictionnaire historique et critique' de Pierre Bayle [2], ont fait une note sur les œuvres d'Allix. Partant de la 'Réponse à la Dissertation qui est à la fin du livre de Mr Arnauld, touchant le Livre du Corps et du Sang du Seigneur, publié sous le nom de Bertram, et touchant l'autorité de Jean Scot ou Erigène', dont Allix est l'auteur, ils font remarquer, que dans l'avertissement de cette 'Réponse' l'auteur promet de donner bientôt cette traduction; 'il acquitte sa promesse l'année suivante, Rouen 1672'. La preuve cependant est loin d'être convainquante, parce que l'auteur de cet avertissement, en réalité, ne dit que: 'd'ailleurs on espère de donner bientôt, etc.'. L'on ne peut donc avec cet argument établir l'identité de cet auteur et du traducteur. Or, M. Barbier [3] fait observer qu'à propos des problèmes soulevés par l'histoire du livre de Ratramne, l'avertissement dit: 'M. Allix a si bien fait cette recherche depuis peu dans sa réponse aux dissertations qui sont à la fin du livre de M. Arnauld, qu'on n'a qu'à renvoyer ceux qui veulent savoir ces sortes de choses dans toutes leurs circonstances' et qu'il est peu vraisemblable, qu'un auteur loue de la sorte sa propre œuvre. Barbier aurait pu y ajouter que, peu après, l'avertissement dit encore, que l'auteur de la 'Réponse' a 'fort bien expliqué' la confusion des deux noms, 'Bertram' et Ratramne. Ainsi, tandis qu'il est incontestable que la 'Réponse' soit une œuvre de Pierre Allix, on ne peut en dire autant de la traduction. Barbier attribue cette traduction à Marc-Antoine de la Bastide, en se basant sur la nécrologie [4] de ce diplomate distingué, controversiste réformé, qui avait e.a. combattu Bossuet, répondu au livre, si opposé aux protestants, intitulé: 'La réunion du Christianisme' et qui travaillait pendant de longues années à une révision de la vieille version des Psaumes rîmés. La Bastide

---

[1] *Ratramne // autrement // Bertram Prêtre, // Du Corps Et Du Sang // Du Seigneur. // En Latin et en Français.* // Se vend à Quévilly, // Par Jean Lucas demeurant à Rouën, rue saint Lo, // près de la Porte du Palais. // M.DC.LXXII. 42 et 71 p., in-4°. Notre éd. Q. Quévilly était le faubourg protestant.

[2] resp. de 1740 et de 1750.

[3] M. Barbier, *Dictionnaire des ouvrages anonymes et pseudonymes*, t. 3, Paris 1824, n. 15303, p. 121.

[4] (J. Basnage), *Histoire des ouvrages des savans*, t. 20, 1704, p. 549; *La France prot.*, 2e éd., t. 1, 149. Les *Nouvelles de la République des Lettres* (P. Bayle), juin 1686, p. 683 maintiennent la paternité littéraire d'Allix; Snoeks, sans mentionner le problème, ne connait que la même tradition, *o.c.*, p. XIV et 239 n. 3.

laissa e.a. un 'Traité de l'Eucharistie' en manuscrit, qui examine les 4 premiers siècles de l'Eglise. La nécrologie, peut-être de la main de Henri Basnage lui-même, et qui est digne de confiance, dit assez brièvement: 'c'est lui qui a traduit Ratramne'. Comme nous ne pouvons attribuer la traduction à Allix pour les raisons que nous venons d'exposer et comme il n'y a pas de preuve contraire à l'assertion de Basnage, nous sommes inclinés à adopter celle-ci et à ne pas laisser avec 'La France protestante' cette question d'auteur sans réponse. La Bastide a été membre du consistoire de Charenton, l'église où l'on s'occupa beaucoup de Ratramne.

Nous constatons que la traduction, avec l'édition du texte, du traité de Ratramne de 1672 rentre dans le cadre des grandes controverses eucharistiques, qui ont rempli la France au milieu du 17e siècle. Ces controverses sont des aspects de la lutte acharnée qui opposa les catholiques et les réformés de France pendant le 16e et le 17e siècle. Nous allons voir dans un aperçu rapide, qui d'ailleurs ne sera pas absolument complet, et ne saurait être rigoureusement limité aux seuls auteurs français (les disputes théologiques n'étant jamais en ces temps-là des affaires limitées à certains cercles), combien souvent, au cours de ces controverses, on s'est occupé de 'Bertram' et à quel point les jugements sur son traité eucharistique présentent des contradictions vraiment curieuses. On trouvera dans l'avertissement, qui précède la traduction de 1672, ainsi que dans la préface de l'édition de Jacques Boileau (1712) et dans la 'Bibliothèque' de Fabricius, reproduite par Migne, chez Ussher et chez Hopkins des informations relativement bonnes en ce qui concerne cette partie de notre histoire bibliographique.

Nous avons déjà parlé du jugement des Centuriateurs de Magdebourg. Baronius, dans ses 'Annales', ne cite Ratramne qu'en parlant de Hincmar de Reims, qui avait composé un volume sur la prédestination pour l'attaquer [1].

En 1566 Sixte de Sienne, dans sa 'Bibliothèque sainte', suggère qu'Oecolampade, véritable auteur du traité, aurait usurpé le nom de 'Bertram' afin de se couvrir de son autorité [2]. D'après la lettre de Henri Bullinger de 1532 une hypothèse comme celle-ci avait été déjà hasardée dès la publication de l'editio princeps. Voilà ce qui est fort arbitraire et montre que Sixte de Sienne jugeait Ratramne trop bon catholique pour avoir écrit un traité si 'protestant'. Nous avons vu déjà combien en différait le jugement de la Faculté de théologie de Douai (1571).

Claude d'Espence range le traité de Ratramne, comme le 19e en date des adversaires du culte eucharistique, en le considérant tantôt comme catholique, tantôt comme hérétique et comme précurseur des hérétiques modernes. Parce que, à son avis, Ratramne ne reconnaît la substance du pain et du vin que comme 'figura, similitudo, species et imago, nomen et appellatio' du corps et du sang du Seigneur, qui dans

---

[1] C. Baronius, *Annales ecclesiastici*, t. 10, Cologne 1624, ad ann. 848 n. 11, p. 63.
[2] Sixtus Senensis, *Bibliotheca sancta*, Venise 1566, préf. l. VI, annot. 196.

le sacrement n'existent que 'mystice tantum et spiritualiter, non vere et realiter' et ne sont pas le vrai corps, qui a été crucifié pour nous, ni le vrai sang, d'Espence l'appelle 'callidus ac impudens haereticus' et réfute le jugement de Trithème sur notre auteur [1]. Or, cette critique n'est pas du tout originale et se trouve déjà chez Gardiner. Le jugement d'Espence fut partagé par son éditeur, Genebrard, archévêque d'Aix qui, d'ailleurs, en revint plus tard en comptant Ratramne parmi les défenseurs de la transsubstantiation [2]. Claude des Sainctes, évêque d'Évreux, était de ceux qui, à cause du caractère hétérodoxe du traité, ne croyaient pas pouvoir l'attribuer à Ratramne [3]. De même William Allan, latinisé Alanus, 'le cardinal d'Angleterre', qui vivait en exil en Belgique, le jugea hérétique[4].

En 1580 parut pour la première fois le 'Livre sur les écrivains ecclésiastiques' de Sigebert de Gembloux: Ratramnus avait écrit le 'traité du corps et du sang du Seigneur' aussi bien que le livre sur la prédestination, dédiés à Charles le Chauve [5]. Ce témoignage n'allait pénétrer que très lentement et fut altéré par Molanus, qui, dans une annotation à ce livre, fait observer, que le traité de 'Bertram' fut édité par des hérétiques, qui y avaient inséré tout ce qu'on y trouve d'obscur ou de mal sonnant [6]. Grégoire de Valence S. J., qui souvent est considéré comme un précurseur de Molina, rejeta le livre de 'Bertram'. [7]. Jacq. Gretzerus, afin de pouvoir maintenir le reproche d'absurdité, adressé au traité, ne tolère pas que les protestants adoptent l'émendation des théologiens de Douai au ch. 47 de Ratramne (invisibiliter au lieu de visibiliter) [8]. Dans son 'Apparatus sacer' le P. Ant. Possevin S.J., suivant lui aussi le jugement de la Faculté de Douai, constate que le livre de Ratramne restait toujours formellement interdit par l'Index de Clément VIII, sauf pour les savants qui voudraient le réfuter; le controversiste anti-calviniste Nic. Romaeus fait la même

---

[1] Claud. Espencaeus, *De Eucharistia et ejus adoratione l. V, necnon tractatus de utraque missa, publica et privata*, ed. Gilb. Genebrardus O.S.B., Paris 1573, 1. II, ch. 41, f. 91v°–155v°; *Opera omnia*, Paris 1619, p. 1153, 1154; cf. Polman, *o.c.*, p. 450.

[2] Boileau, *MPL*, t. 121, 107B.

[3] Cl. Sanctesius, *De rebus eucharistae controversis repetitiones*, Paris 1575.

[4] Guil. Alanus, *De sacramentis in genere, de sacramento Eucharistiae et sacrificio missae l. III*, Anvers 1576; cf. Polman, *o.c.*, p. 357.

[5] Sigebertus Gemblacensis, *De scriptoribus eccl.*, Cologne 1580; ed. J. A. Fabricius, *Bibl. eccl.*, Hambourg 1718, reprise dans *M P L*, t. 160, 569A; cf. ci-dessus p. 7.

[6] *Bibl. eccl. sive nomenclatores VII veteres*, Aub. Miraeus ill., Anvers 1639, *MPL*, t. 160, 569A.

[7] Greg. de Valentia, *De reali praesentia Christi in Euch. et de transsubstantiatione*, Ingolstadii 1587, v. aussi Polman, *o.c.*, p. 421 n. 2.

[8] Jac. Gretzerus, *De jure et modo prohibendi, expurgandi et abolendi libros haer. et noxios adv. Fr. Junium et Joan. Pappum aliosque praedicantes Lutheranos* l. II, Ingolstadii 1603, ch. 10, p. 327, *Opera omnia*, 18 t., Ratisbonne 1734–41, t. 13; c'est une réfutation de l'éd. de l'*Index expurg.*, publiée avec les commentaires de Junius et Pappus, (Strasbourg) 1599.

[9] Ant. Possevinus Mantuanus S. J., *Apparatus sacer*, 3. t., Venise 1603–06; t. 1, Cologne 1608, p. 219.

constatation [1]. Le cardinal Robert Bellarmin S. J. constate, que Paschase Radbert fut le premier, qui écrivit sérieusement et avec ampleur sur la 'verité du corps et du sang du Seigneur dans l'Eucharistie' en s'opposant à 'Bertram' et qu'il fut également l'un des premiers à se poser le problème eucharistique [2].

Le 4 mai 1600 à Fontainebleau, en présence de Henri IV, qui l'avait lui-même un peu organisée, eut lieu la célèbre conférence eucharistique, qui opposa Philippe du Plessis-Mornay et Du Perron. Mornay se réclame de Ratramne et prétend retrouver sa thèse, qu'on peut considérer comme la pure doctrine calviniste de la Ste Cène, chez nombre d'auteurs ecclésiastiques antérieurs au 9ème siècle, et même chez des écrivains plus récents, ayant pris part à la première grande controverse sur l'interprétation de la présence divine, comme Ratramne. Mais Mornay n'insiste pas trop, parce qu'il ne veut pas alléguer des 'pièces disputables'. Il l'appelle 'un livre toutefois, que qui lira sans passion, trouvera ne devoir rien aux premiers siècles' et il critique l'Index expurgatoire, qui a voulu apporter des changements au texte 'jusques à mettre des négatives pour des affirmatives' [3]. Un peu plus tard, dans 'l'Institution, usage et doctrine du Sainct Sacrement de l'Eucharistie', après avoir montré que même pendant la période de Grégoire le Grand et jusqu'au IVe concile du Latran, l'Eglise n'a pas connu la doctrine de la transsubstantiation, il se voit obligé de citer amplement Ratramne [4], et il fait observer, que cet auteur, en citant bon nombre de textes bibliques et patristiques, semble avoir prévu déjà tous les sophismes des tenants de la transsubstantiation. Il renvoie à l'édition de Cologne 1551, sans les émendations de l'Index expurgatoire. Notons encore, que Mornay suppose que Jean Scot avait écrit aussi un traité sur l'Eucharistie et que ce fut ce livre — non pas celui de Ratramne — que le Concile de Verceil condamna [5]. Du Perron, de son côté, dans son 'Traité du Sainct Sacrement', réfute l'opinion de Mornay avec tous ses principes et toutes ses conséquences. Il doute de l'identité de 'Bertram' et de Ratramne, de l'authenticité du livre et de l'autorité de l'auteur; d'après lui les circonstances de la vie de 'Bertram' sont trop inconnues et ce serait Oecolompade qui aurait le premier fait

---

[1] Nic. Romaeus, *Joannis Calvini noviodunensis nova effigies*, Anvers 1622, spect. 3 col. 21, spect. 8 col. 72.

[2] Rob. Bellarminus, *De scriptoribus eccl. l. I*, ed. recogn. et auctior, Rome 1613, sub anno 820; dans les *Disputationes de controversiis*, 2me éd., t. 2, Ingolstad 1591, *De sacr. Euch.*, Bertram ne figure pas.

[3] Phs. de Mornay Sieur du Plessis-Marly, *Reponse au Livre publié par le Sieur Evesque d'Evreux, Sur la Conférence tenue à Fontaine-Bleau le quastrieme de May 1600*, 2me éd., Saumur 1602, p. 80, 97.

[4] ch. 23, 18–19, 40, 39.

[5] Phs. de Mornay, Seigneur du Plessis-Marly, *De l'Institution, usage et doctrine du Saint Sacrement de l'Eucharistie en l'Eglise ancienne*, 2me éd., Saumur 1604, p. 1070–71; Philippus Mornaeus, *De Sacra Euch. in IV libros distinctum opus*, Francfort 1606, p. 740, 741.

imprimer l'écrit sous le nom supposé, comme nous l'avons dit déjà. Du Perron cite même la thèse de Sixte de Sienne et de Claude d'Espence et rappelle la thèse, suivant laquelle le réformateur de Bâle aurait falsifié le livre. D'autre part, Du Perron suppose que 'Bertram' ne combat pas tant la doctrine catholique que celle des 'Stercoranistes', partisans hérétiques de la 'veritas', tandis que 'Bertram' défend la 'figure'. Or, la doctrine bertramique du mystère et du terme 'spiritaliter' doit nécessairement aboutir à la négation de la présence réelle, en tout cas à une existence et conversion spirituelle, c'est-à-dire, selon lui, simplement significative, mentale et putative. Tandis que Mornay avait dit, que 'Bertram pour avoir composée cest escrit, ne fut point repris d'erreur, ou taxé d'hérésie', le cardinal, lui, constata que la doctrine de Paschase était la vraie doctrine de l'Eglise; il supposa que le livre de 'Bertram' de son vivant n'était peut-être jamais sorti de sa cellule: presque personne ne l'avait connu et l'Eglise ne l'avait pas interdit parce qu'il ne semblait combattre que les 'Stercoranistes'. A juste titre, Du Perron considère, au contraire de Mornay, les émendations de l'Index expurgatoire comme étant de peu de conséquence. 'Mais afin que les marchands qui en avoient desia acheté les impressions faittes auparavant, ne portassent point la perte de leurs frais, ains les peussent débiter, et les Lecteurs les lire et achetter sans scrupule et contravention aux Decrets du Concile de Trente et cela non afin que l'on les imprimait de nouveau, mais afin qu'en ceux qui estoient desia imprimez, on effaçast avec la plume, ou l'on couvrit avec du papier colé les sentences qui pouvoient troubler l'esprit des Lecteurs' [1].

Voilà comment le grand cardinal, dont l'autorité en matière théologique était presque illimitée en France au commencement du 17e siècle, a cru pouvoir se tirer d'affaire.

En interrompant un peu l'ordre chronologique de cet aperçu, il nous faut maintenant parler du grand ouvrage d'Edme Aubertin, l'érudit ministre réformé, qui habita Paris de 1627 jusqu'à sa mort, le 5 avril 1652 [2]. L'un de ses coreligionnaires, Jean Daillé, qui, après la publication de ce vaste in-folio, se décida à ne plus éditer son propre travail sur le même sujet, n'a pas exagéré en l'appelant 'un grand et incomparable ouvrage, resté au dessus de toutes les attaques des catholiques, dont pas un seul n'avait osé le combattre en face et de bonne guerre'. Il s'agit du livre intitulé: 'L'Eucharistie de l'ancienne Eglise' [3], où l'auteur, s'appuyant

---

[1] Card. Du Perron, *Traité du S. Sacrement de l'Eucharistie, divisé en trois Livres. Contenant la réfutation du livre du sieur du Plessis Mornay contre la Messe, et d'autres Aduersaires de l'Eglise etc.*, Paris 1622, p. 85, 671–679.

[2] *La France Protestante*, 2me éd., t. 1, 433–439.

[3] E. Aubertin, *L'Evcharistie de l'Ancienne Eglise ov Traitté avqvel il est monstre quelle a esté durant les six premiers siècles depuis l'institution de l' Eucharistie, la creance de l'Eglise touchant ce Sacremant: le tout déduit par l'examen des ecrits des plus celebres Autheurs qui ont flory pendant ce temps, avec response à tout ce que les*

sur un très grand nombre de pères et surtout sur Augustin, combat notamment les théories des cardinaux Bellarmin et Du Perron. Ce traité peut être considéré comme le développement d'un travail antérieur [1]. Snoeks, comme Polman, estime que l'influence de Pierre Martyr se fait sentir dans les écrits de Mornay et d'Aubertin [2]. L'on pourrait s'étonner de voir tous ces hommes traiter, dans des circonstances analogues, éternellement le même sujet. Il ne faut pourtant pas s'imaginer que ces érudits n'ont fait que se copier l'un l'autre. Au contraire, le style, la méthode de travail et l'argumentation diffèrent beaucoup d'un auteur à l'autre, quoique tous se soient surtout attachés à exposer l'argument historique, soutenant la doctrine calviniste de la sainte Cène. Quoiqu'Aubertin n'ait donc pas inauguré la méthode historique dans la controverse protestante, ses prédéccesseurs s'en étant déjà servis avec une intelligence aiguë, il l'a appliquée avec une érudition exceptionelle, comme l'avoue Snoeks [3], et il mérite au moins d'être considéré comme le principal initiateur de la grande polémique eucharistique de la seconde moitié du 17e siècle en France.

Pierre Martyr, qui avait travaillé en Angleterre depuis 1547 jusqu'à l'avènement de Marie Tudor [4], avait publié une importante 'Défense de la doctrine ancienne et apostolique de l'Eucharistie' [5] pour s'opposer au livre que Stephen Gardiner, évêque de Winchester, plus tard chancelier d'Angleterre, avait composé en prison [6]. A la fin de la première partie de cette 'Défense', où Pierre Martyr suit pas à pas les attaques de Gardiner contre les théologiens anglicans et contre Martyr lui-même, il s'occupe de 'Bertram'. Notamment pour s'opposer à la transsubstantiation, il le cite, déclarant qu'après la consécration les éléments de l'Eucharistie

---

Cardinaux Bellarmin, du Perron, et autres Aduersaires de l'Eglise ont allégué sur cette matiere, A Geneve, chez Pierre Aubert, M.DC.XXXIII; le livre est dédié 'aux fideles composants l'Eglise de Paris, recveillie à Charenton'.

[1] E. Aubertin, *Conformité de la créance de l'Eglise et de S. Augustin sur le sacrement de l'Eucharistie, opposee a la refutation des cardinaux Du Perron, Bellarmin et autres, divisee en trois livres*, (s. l.) 1626, in-8°.

[2] Snoeks, *o.c.*, p. 16; Polman, *o.c.*, p. 119.

[3] Snoeks, *o.c.*, p. 136.

[4] v. plus haut, p. 82, 83.

[5] *Defensio Doctrinae ueteris et Apostolicae de sacrosancto Eucharistiae Sacramento, D. Petri Martyris Vermilij, Florentini, diuinarum literarum in schola Tigurina professoris, in quatuor distincta partes, aduersus Stephani Gardineri, quondam Vuintoniensis Episcopi librum, quem ille primum quidem sub huiusmodi titulo edidit, Confutatio cauillationum, quibus sacrosanctum Eucharistiae Sacramentum ab impijs Capernaitis impeti solet, authore M. Anton. Constantius, &c. deinde vero commentitio hoc nomine expuncto, proprioque suo ipsius nomine apposito ac expresso, euulgauit.* (Zürich) 1559; le livre est dédié à la reine Elizabeth.

[6] (S. Gardiner), *Confutatio cavillationum quibus sacrosanctum Eucharistiae sacramentum ab impiis capharnaïtis impeti solet*, Paris 1551, Louvain 1554; cf. Polman, *o.c.*, p. 118.

restent semblables à ce qu'ils étaient auparavant [1]. Nous montrerons plus tard, que depuis 1549 environ le livre de Ratramne a été assez répandu en Angleterre. Gardiner avait répondu: 'Bertramus, sive quis alius fuerit author eius operis, quod sub illius nomine fertur, callidus fuit, et impudens haereticus'. Martyr, de son côté, défend l'historicité de 'Bertram' en s'appuyant sur le témoignage de Trithème et sa catholicité en s'opposant à 'Inconstantius', comme il se plait à nommer Gardiner. Il ne s'explique pas exactement au sujet de l'identité de 'Bertram' et de Ratramne et il finit par constater que, si on condamne la thèse citée comme une hérésie intolérable, il faudrait aussi condamner Ambroise, Théodoret, Gélase qui la soutiennent de même. A la fin d'un passage, où il cite plusieurs pères, dont Bède, afin de soutenir contre 'Inconstantius' que, quoi qu'on pense de la réalité sacramentelle, il y a toujours quelque 'figura' dans le sacrement, Martyr mentionne trois sentences de Ratramne. Aubertin, avec beaucoup plus de détails, cite 'Bertram' dans l'ouvrage, que nous venons de citer et où l'on voit de la manière la plus évidente quel est le but de toute cette polémique: les calvinistes soutiennent la présence divine dans le sacrement de façon pneumatique et réelle, mais en niant formellement la transsubstantiation des éléments, en s'appuyant sur S. Augustin et plusieurs autres pères; les catholiques, au contraire, défendent la doctrine ecclésiastique de la transsubstantion, sans laquelle il n'y a pas de présence réelle possible. C'est surtout en interprétant certains passages patristiques qu'Aubertin se sert du traité de Ratramne, dont à ses yeux l'autorité ne souffre aucun doute. Il cite souvent le texte latin en marge et le traduit au cours de son exposé [3]. Parfois il nous donne l'impression d'avoir ajouté Ratramne après la rédaction définitive de son texte. C'est ainsi que Ratramne a fait son entrée dans la bataille, reconnu par les uns comme une autorité incontestable, regardé avec d'interminables soupçons par les autres.

Quelques temps auparavant un grand savant d'opinion indépendante, l'anglican irlandais James Ussher, alors professeur de théologie au Trinity College à Dublin, avait défendu la thèse de l'identité de 'Bertram' et de Ratramne; afin de ne pas embrouiller la discussion, il persiste pourtant à l'appeler 'Bertram'. Indigné par l'hypothèse arbitraire de Sixte de

---

[1] Ratramne ch. 45; Martyr, *Defensio*, p. 393, 394.

[2] Martyr, *Defensio*, p. 96: quia panis ille vinumque figurate Christi corpus et sanguis existit. In pane illo non solum corpus Christi, verum etiam in eum credentis populi figuratur. Corpus Christi, quod in Eucharistia per mysterium geritur, secundum quendam modum corpus Christi esse cognoscitur et modus iste in figura est et in imagine, Ratramne, ch. 10, 74 et 84.

[3] Aubertin, *L'Evcharistie*, p. 262, Ratramne ch. 54 et 57; Aubertin p. 265, Ratramne ch. 53, 54, 56; Aubertin p. 276 et 289, Ratramne ch. 57 et 49; Aubertin p. 351, Ratramne ch. 86 et 89; Aubertin p. 360 et 361, Ratramne ch. 93; Aubertin p. 647, le passage de s. Fulgence, qu'on trouve chez Ratramne ch. 90, est cité directement du texte de s. Fulgence; Aubertin p. 654 et 655, Ratramne ch. 85, 86, 88.

Sienne, il suppose [1] que Jean Scot, dans un traité spécial, avait soutenu la même doctrine eucharistique que Raban Maur et Ratramne. Il dit qu'Isaac Casaubon, le grand érudit français, qui s'était retiré en Angleterre, l'avait informé qu'il avait eu dans les mains un manuscrit du traité de Ratramne, qui se trouvait dans la bibliothèque du sénateur Jacques Gillot à Paris — traité signalé plus tard par Mabillon comme une compilation sans aucune valeur — de sorte qu'aucun doute de l'authenticité ne pouvait plus rester [2]. Ussher fut le premier examinateur à prendre au sérieux les témoignages de Sigebert de Gembloux et de Trithème; il critiqua sévèrement la méthode de censure des théologiens de Douai et il y revint dans son 'Histoire de Gotteschalck'. Les controversistes français tiendront bientôt compte de ces exposés d'Ussher, dont nous parlerons encore. Le premier d'entre eux fut le P. Louis Cellot (p. 5) qui, dans son 'Histoire de Gotteschalc le prédestinatien', publia une liste, devenue fameuse, sous le titre de 'l'Anonyme de Cellot', que Mabillon considérerait comme l'œuvre de l'abbé de Lobbes, Hériger. Chez cet 'Anonyme', qui date du 11e siècle, l'authenticité du livre de Ratramne est formellement attestée. Cellot lui-même dit que le premier éditeur bâlois du traité de Ratramne, Oecolampade, l'avait appelé 'Bertram', mais qu'en vérité l'on a à faire à Ratramne. Celui-ci cependant avait grandement péché en écrivant contre Paschase, son maître, et il était 'impie dubitans de veritate corporis et sanguinis in Sacramento', dont Cellot mentionne plusieurs preuves, prises dans le texte de Ratramne. En parcourant les auteurs, qui se sont occupés de Ratramne, Cellot pense encore que Ratramne écrit en ces termes 'ut occulte et subdole religionis caput petat, catholicis verbis pravos sensus contegat, patrum pie dicta in sensus illusorios et aequivocos torqueat; modo affirmet, modo neget; Catholicum se simulet, desinat in haeresim: hic Catholicae filius, illic alienus'; il le juge enfin aussi rusé et malin en théologie que Tibère dans les affaires de l'empire: 'magnus simulandi dissimulandique artifex'. Même à propos d'Ussher, Cellot dit, que celui-ci aussi dissimule sa véritable opinion. Le fait que les Centuriateurs de Magdebourg approuvent le livre de Ratramne, lui semble de mauvais aloi; or, nous avons vu, que cette approbation n'était point sans limites. C'est donc à tort, dit en résumé Cellot, que l'on attribue tant d'honneur à Ratramne: l'Eglise n'a jamais adopté ses modernismes

---

[1] James Ussher (Usserius), *De ecclesiarum Christianarum successione continua et statu nunquam interrupto Hypomnema*, 1618, *The whole Works*, t. 2, Dublin 1864, p. 52–56; *Historia Gotteschalci*, ch. 11, p. 268.

[2] Nous passons sous silence Gilbert Mauguin, qui se dispute avec Ussher surtout à propos de la prédestination, *Veterum auctorum qui IX saeculo de praedestinatione et gratia scripserunt, opera et fragmenta plurima nunc primum in lucem edita* (parmi lesquels le *De praedestinatione Dei* de Ratramne), 2 t., Paris 1650; à leur tour ses observations à propos du traité eucharistique de Ratramne ont été réfutées e.a. par Allix. L'opinion de Mauguin est partagée par Herman, chanoine de Beauvais, dans une lettre écrite à Sainte-Beuve sous le pseudonyme de Hieronymus ab Angelo forti, 1652.

et c'est à bon droit que les réformés Mornay et Blondel [1] le comptent parmi les leurs.

Un élément complètement inattendu surgit en 1657 dans cette controverse, grâce à la fantaisie hasardeuse de Pierre de Marca, évêque de Toulouse, plus tard archevêque de Paris et grand gallican. A propos du livre de Mauguin sur la prédestination [2], Marca écrit une lettre au savant Dom Luc d'Achéry, dans laquelle il attribue le traité de Ratramne, publié par les protestants sous le nom de 'Bertram' et attribué à tort à Ratramne par Sigebert et Trithème, à Jean Scot Erigène. Dans sa thèse, qui a pour but surtout de laver le vrai Ratramne de tout soupçon d'hétérodoxie, après avoir interprété quelques passages du traité de Ratramne, il cite Hincmar [3], 'De praedestinatione', ch. 31, les lettres de Richard à Bérenger, d'Ascellin au même et de Paschase à Frudegard. D'Achéry publia cette lettre en tête du deuxième tome de son 'Spicilège' [4]. L'anonyme de Cellot n'a pas amené Marca à reviser son opinion arbitraire. Le P. Labbé S.J. fut un des premiers à la rejeter sérieusement [5].

Dom Jean Mabillon est à l'origine du changement de position radical, des théologiens catholiques. Le scandaleux embrouillamini de la polémique n'avait fait que manifester plus clairement l'embarras des savants catholiques vis à vis du traité de Ratramne, qui leur était très importun dans la grande et complexe controverse eucharistique. Dans une lettre au Dom P. Thibault, Mabillon écrit: 'Car notre dessein ne doit pas être d'augmenter les difficultés touchant l'Eucharistie ... il n'y en a déjà que trop... Le sentiment, qui soutient la reproduction dans l'Eucharistie, n'est pas aisé à trouver chez les anciens' [6]. On pourrait prendre ces paroles pour résumer la critique magistrale et objective de ce grand savant catholique. Il qualifia lui-même le problème de Ratramne de 'question célèbre'.

Mabillon raconte dans la préface au 'IVe siècle bénédictin', qui parut en 1680, qu'il avait trouvé dans le monastère de Lobbes e.a. un codex d'environ 800 années d'âge, qui contenait deux traités de Ratramne

---

[1] David Blondel, *Esclaircissements de la Controverse de l'Eucharistie, tirez de la Parole de Dieu et des écrits des Ss. Peres*, Quévilly-Rouen 1641, p. 427: 'le livre de Bertram dedié à Charles le Chauve, et composé par son commandement est si clair et si contraire à Rome, que plusieurs des aduersaires se sont imaginez qu'il auoit esté supposé par Oecolampade'; Blondel pense abusivement que Ratramne a été abbé d'Orbais.

[2] Gilb. Mauguin, *Veterum auctorum qui IX s. de praedestinatione et gratia scripserunt Opera*, 2 vol., Lutet. Par. 1650.

[3] Hincmar, *De praedestinatione Dei et de libero arbitrio (diss. II)* avait paru dans les *Opera*, ed. J. Sirmond, 2. t., Paris 1645.

[4] Dom Luc. Dacherius, *Veterum aliquot scriptorum qui in Galliae Bibliothecis, maxime Benedictinorum, latuerunt, Spicilegium*, t. 2, Paris 1657, p. uiij.

[5] Ph. Labbeus S.J., *Patrum theologorum scriptorumque ecclesiae bibliotheca*, 2 t., Paris 1659, t. 1, p. 53, t. 2, p. 706.

[6] Lettre du 11 mai 1689, à la Bibl. Nation. ms. fr. 19.659 f. 103, *Revue Mabillon*, t. 5, p. 75, citée dans le *Diction. de théologie cath.*, t. 9, 2, 1435.

et un indiculus librorum de 1049 de ce monastère, qui cite les deux ouvrages; nous en avons parlés dans l'Introduction. Le codex date donc d'avant 1049; l'écriture révèle le 9e siècle; on a certainement à faire au manuscrit dont Hériger à la fin du 10e siècle s'est servi, et il n'y a plus de doute possible: le traité de Ratramne a été publié au 9e siècle. Comment alors expliquer qu'Adrevald, le moine de St Florian près de Linz, Hincmar de Reims et les adversaires de Bérenger au 11e siècle ne combattent pas Ratramne mais Jean Scot [1]? La réponse de Mabillon, qui s'appuie sur Sigebert et sur Guitmund d'Averse, qui dans son livre contre Bérenger énumère quatre espèces de 'mutatio', dont trois par des termes se trouvant chez Ratramne, est simple: on n'a pas connu le livre de Ratramne, qui ne se trouva que dans très peu de bibliothèques; ceux qui l'ont connu ne le considéraient pas comme favorable à leurs idées; Hériger seul n'y trouva pas d'erreur à l'égard de la présence réelle. Le problème est alors de savoir contre quel(s) adversaire(s) Ratramne a écrit. Mabillon ne pense pas qu'il s'attaque à Paschase, mais plutôt à Haymo d'Halberstadt et à d'autres théologiens, qui enseignaient un peu comme Jean de Damas *(de fide* IV 14). D'autre part, Mabillon veut qu'on interprète les termes de Ratramne: 'corpus et sanguis Christi in Eucharistia tamquam pignus et imago', d'après Jean de Damas qui les dit *(de fide* IV 8) 'figuras', non pas parce qu'ils ne sont pas le vrai corps et sang mais parce qu'en vérité par eux nous avons déjà part à la divinité du Christ, comme nous l'aurons une fois 'intellectuali modo'. Mabillon suggère, qu' ici peut-être Ratramne a besoin d'être corrigé, p.e. d'après Jacques de Vitré *(Hist. occid.* ch. 38, ed. 1597, p. 412) qui dit: 'formas panis et vini utrumque Christi corpus, verum sc. et mysticum designare': il n'est pas permis d'interpréter un auteur d'après un seul de ses passages, mais, ainsi poursuit Mabillon, d'après la tendance générale de son œuvre, qui, d'ailleurs, dans le cas de Ratramne est fort catholique: il y a enseigné la 'vere et realis praesentia et transsubstantiatio'. Quoique cette dernière interprétation de Mabillon doit être certainement considérée comme un anachronisme, l'explication qu'il donne de l'idée du mystère chez Ratramne l'emporte de beaucoup sur tout ce qui avait été dit auparavant dans cette polémique à propos de ce traité eucharistique, que ce soit du côté catholique ou du côté protestant. Nous nous défendons de reproduire ici tout l'argument du grand critique bénédictin. Mettons en lumière quelques points seulement. Mabillon s'étonne, que les calvinistes se réclament de Ratramne — il critique la traduction de Quévilly, 1672 — tandis que les Centuriateurs de Magdebourg ont trouvé chez 'Bertram', nous l'avons vu déjà, 'semina

---

[1] Une ancienne tradition sur la relation Ratramne-Jean Scot a été conservée chez J. Bale, *Scriptorum illustrium Majoris Brittanniae summarium*, t. 7, Basileae 1557, p. 124: [Ioannes Erigena] In libro de corpore et sanguine Domini fidem suam ex scripturis demonstrat, id sentiens et docens, quod in Biblijs et Augustino didicerat et quod noverat in Gallijs Bertramum presbyterum tradidisse. Qui liber in Vercellens. Synodo damnabatur, quod non conveniret eorum quaestui.

transsubstantiationis', ce que certains catholiques reconnaissent, tandis que d'autres le nient. En aucun cas, d'après lui les calvinistes ont le droit de se réclamer de Ratramnus comme d'un 'palmarius auctor', tout au plus 'medius' et 'dubius'; nous nous souvenons du premier jugement de Du Plessis-Mornay. En somme, Ratramne se trouve dans la ligne catholique à condition, dit Mabillon, qu'on ne l'interprète pas 'ex levi sono verborum', car: 'ex intentione dicentis aestimanda sunt quae dicuntur' (Facundus de Hermiane, X 5 et IX 15): c'est ce qu'ont fidèlement fait les théologiens de Douai. Puisque Ratramne n'a été cité par l'Index de Clément VIII que dans la deuxième classe, il s'en suit qu'il n'est suspect qu'à cause de ses 'duriores et obscuriores sententiae'. Mabillon le fait contemporain de Jean Scot et suppose, que Charles le Chauve a posé la même question aux deux théologiens et qu'ils ont répondu tous les deux, Jean Scot, lui, avant 859 [1]. Dans son 'Iter Germanicum', qui parut en 1685, Mabillon se sert encore du manuscrit de Salmanweiler pour soutenir tout ce qu'il avait dit dans ses 'Annales' sur l'authenticité du traité [2].

Rappelons-nous enfin que Mabillon couronne en quelque sorte le travail des premiers éditeurs 'hérétiques', comme il les appelle par erreur, en déclarant que la collation du ms. de Lobbes ne lui a révélé que quelques petites différences dans l'editio princeps, comme nous l'avons fait observer dans notre introduction. D'un coup Mabillon avait dissipé toute une mer de brouillard, qui pendant plus d'un siècle fut amoncelée par des théologiens, qui s'étaient ridiculement trompés et avaient formé des théories complètement insoutenables, grâce à une méfiance trop mal motivée.

Tout cela n'avait pas pu empêcher les éditeurs de la 'Maxima Bibliotheca Veterum Patrum' d'exclure le traité eucharistique de Ratramne de leur recueil. A la fin du texte du 'De praedestinatione' ils disent: 'Porro librum de corpore et sanguine Domini, qui ipsius nomine primo ab haereticis vulgatus est, hic omisimus, quasi opus suppositum aut saltem admistis plerisque suppositis depravatum et adulteratum' [3]. Ils se réclament de Théoph. Raynaud S.J. et de Miraeus. Chez Raynaud ils avaient trouvé encore une fois le résumé presque complet de tous les soupçons arbitraires portés contre le livre de Ratramne. Raynaud croyait que le traité de 'Bertram' avait été édité par Oecolampade, qui y aurait mis 'ses mains falsificatrices', et 'qui per idem tempus Christianum Druthmarum et alios Catholicos scriptores perfide contaminavit. Nec item est inverisimile, eundem Oecolampadium totum libellum confixisse et supposuisse Bertramo. Suffragantur huic verisimilitudini, quod Bertramus per totos annos septingentos a nemine notatus est haereseos' [4]. Voilà des

---

[1] J. Mabillon, *Acta Ss. ord. s. Ben.*, s. IV, pars 2, praef. p. XXX n. 81–XLIV n. 130, Rotomagi 1732, praef. in IV s. § VI, n. 81, p. 312–n. 128, p. 326.

[2] J. Mabillon, *Iter Germanicum*, ed. J. A. Fabricius, Hambourg 1717, p. 89.

[3] *Max. Bibl. Vet. Patrum*, t. 15, Lyon 1677, p. 467.

[4] Th. Raynaud S.J., *Erotemata de malis ac bonis libris*, Lyon 1653, p. 132.

dires qui vraiment font honte à l'esprit critique de leur auteur et de ceux qui s'y appuyaient.

Revenons environ huit années en arrière. En combattant les Calvinistes, les Jansénistes n'ont pas manqué de se servir de Ratramne, venant ainsi compliquer encore la grande controverse. Une intéressante caricature, un 'almanach' de l'an 1653, intitulé: 'La déroute et confusion des Jansénistes', présente ces derniers sous la figure d'une vieille femme désespérée, se jetant dans les bras de Calvin. Au bas de la gravure on lit:

>Ha que deviendrons-nous, malheureux jansennistes,
>Il faut à nos erreurs renoncer à la fin
>ou nous joindre au party des docteurs calvinistes.
>Car le nostre, aussi bien, tien beaucoup de Calvin [1].

S'il y avait du vrai quant à la doctrine de la grâce dans cette moquerie, rien de moins vrai quant à la doctrine eucharistique des Jansénistes; sur ce terrain ils se trouvaient en pleine opposition avec les réformés. Nicole, dans la 'petite Perpétuité' (1664) avait touché en passant au traité de Ratramne, le prenant à témoin pour soutenir la doctrine janséniste de l'Eucharistie, fortement anti-réformée [2]. Aussitôt Jean Claude, ministre de Charenton depuis 1666, publia sa 'Réponse' au livre de Nicole [3], où il essaya de prouver au contraire que Ratramne enseigne 'par tout la mesme vérité que nous enseignons; il réfute par tout la présence corporelle, tout est formel, je ne say ce que j'en dois choisir de plus convaincant'; et, en exagérant, il déclare même que Ratramne introduit 'l'absence réelle'. Claude conclut que, si cette doctrine avait été une véritable innovation au 9e siècle, 'Bertram' aurait dû trouver tout le monde dressé contre lui — ce qui n'a pas été le cas. Toute la question de l'authenticité et l'histoire des critiques du traité, qui se contredisent, sont établies succinctement, mais de façon exacte, dans plusieurs passages du grand ouvrage de Claude.

Ce travail à son tour a été combattu par l'interminable 'grande Perpétuité', qui parut sous le nom d'Antoine Arnauld, mais dont Nicole semble être le véritable auteur [4]. A la fin de cet ouvrage deux 'Dissertations'

---

[1] E. Doumergue, *Iconographie calvinienne*, Lausanne 1909, p. 175.

[2] P. Nicole, *La Perpétuité de la Foi catholique touchant l'Eucharistie* (publ. sous le pseud. de Barthélémy), Paris 1664, réimpr. dans les *Oeuvres* d'Arnauld, t. 12.

[3] (J. Claude), *Réponse aux deux Traitez intitulez la Perpétuité de la Foy de l'Eglise Catholique touchant l'Eucharistie*, Charenton 1665; nous nous sommes servis de la 7me éd. rev. et augm., 2 t., Charenton 1668, qui manque à l'énumération dans *La France prot.*, 2me éd., t. 4, 461.

[4] (Ant. Arnauld), *La Perpétuité de la Foi de l'Eglise Catholique touchant l'Eucharistie, défendue contre le livre du Sieur Claude, Ministre de Charenton*, 3 t., Paris 1669–76; réimpr. plusieurs fois; nous nous sommes servis de l'éd. en 5 t. et 6 vols, Paris 1781–82; sur la question de l'auteur v. *Nouv. biogr. génér.*, t. 37, p. 1023–24; *Dict. de théol. cath.*, t. 11, 1, 639, 640 et t. 1, 2, 1981; R. Snoeks, o.c., p. 12, 13; l'auteur lui-même dit qu'il a collectionné les matières non sous la direction d'Arnauld mais sous la direction de feu M. de Meaux et de feu M. l'Archevêque de Reims, t. 4, 1782, p. 13.

furent ajoutées, dont la première, sur Jean Scot, semble être de l'auteur lui-même, tandis que la deuxième, due au P. Anselme de Paris, chanoine régulier de Ste Geneviève, étudie 'le véritable sentiment du livre de Bertram sur l'Eucharistie'[1]. Nous ne pourrons plus reproduire encore une fois toutes les questions de critique historique et littéraire qui embrouillèrent de nouveau le problème de la doctrine eucharistique de Ratramne; quelques observations doivent suffire. Maintenant Nicole (Arnauld) change d'opinion et refuse d'attribuer tout le traité à Ratramne; il mentionne l'hypothèse de Marca, selon laquelle ce traité est identique à celui de Jean Scot, qui en 1050, à l'occasion du concile de Verceil, fut condamné à être jeté au feu. Il essaye ensuite de prouver qu'il n'y a jamais eu d'auteur du nom de 'Bertram', ce qui avait déjà été rejeté par Claude[2]. Il juge surtout M. Claude fort téméraire de 'dire avec la hardiesse qu'il montre, que cet auteur est clairement favorable aux calvinistes'[3]. Le P. Anselme, dans la deuxième 'Dissertation', prenant un ton tantôt ironique, tantôt vraiment hostile contre le ministre réformé, et en constatant, que 'Bertram' en général 'étoit dans la créance commune de l'Église Catholique', finit pourtant par le caractériser comme 'un auteur embarrassé'. 'S'il est catholique, c'est un catholique qui s'est mal expliqué. S'il est calviniste, c'est un homme qui déguise ses sentiments par des expressions fausses, trompeuses, et qui ne signifient rien moins que ce qu'il dit. Mais de savoir à quel parti il le faut ranger, c'est un procès qui sera encore apparamment long-temps à décider, avant que tout le monde en convienne. Pour moi, qui aime mieux les doutes de retenue que des décisions téméraires ... je m'oppose à la fierté avec laquelle M. Claude parle d'une question de critique, qui est certainement obscure'[4]. Jean Claude n'hésita point à répondre à la 'grande Perpétuité' par un gros ouvrage[5], où il ne le céda en rien à ses adversaires. C'est à la fin de ces deux volumes que Pierre Allix ajouta — en pagination séparée — sa 'Réponse à la deuxième Dissertation', dont nous avons déjà parlée et qui fut consacrée au problème 'Bertram'[6]. Il faut bien

---

[1] A la fin de la 'suite au t. 1' de l'éd. de 1781–82; v. Ellies du Pin, *Nouv. bibl. des auteurs eccl.*, t. 18, Paris 1731, p. 208.

[2] *ib.*, p. 1020.

[3] *ib.*, p. 762.

[4] *ib.*, p. 1072.

[5] J. Claude, *Réponse au livre de M. Arnauld, intitulé La perpétuité de la Foy de l'Eglise catholique touchant l'Eucharistie défendue*, Quévilly 1670; ib., 2 t., 1671s Contre la devise de Nicole-Arnauld: 'Quod apud multos unum invenitur, non est erratum sed traditum' (Tertullien, *De praescr. haer.* 28), Claude prend celle-ci: 'Veritas fatigari potest, vinci non potest'.

[6] *Réponse à la Dissertation qui est à la fin du livre de M. Arnaud, Touchant le Livre du Corps et du Sang du Seigneur, Publié sous le nom de Bertram, & touchant l'autorité de Jean Scot ou Erigene. Avec quelques augmentations importantes faites à la Réponse au Livre de M. Arnaud, par l'Auteur mesme*, pag. sép. de 92 p.; éd. sép. à Quevilly 1671, 66 p. in-4°. Edition anglaise: *The Catholick Doctrine of the Eucharist*

reconnaître qu'avec un esprit fort critique et plein d'indépendance il tranche toutes les questions soulevées par ce problème. Il défend l'identité de 'Bertram' et de Ratramne, suivant en cela Ussher. Comme Claude, il suppose qu'en vérité il y a eu un autre traité sur l'Eucharistie, dû à Jean Scot, et surtout, en ironisant l'hypothèse de Marca, il fait voir les différences de style et de pensée, permettant de discerner Ratramne de Jean Scot, ce qui montre qu'il est totalement impossible de confondre le traité de 'Bertram' avec un ouvrage du Scot.

On s'étonnera pourtant du peu de logique et du peu de netteté avec lesquelles les différents savants ont traité cette question. Les controversistes des deux parties ont connu l'histoire de la condamnation de Bérenger à Verceil. Durand raconte que, pendant ce concile, fut produit le texte d'un livre, attribué à Jean Scot, déclarant: 'sacramenta altaris similitudinem, figuram pignusque corporis et sanguinis domini esse' [1]. C'est surtout à propos de ce texte, dont on retrouve l'essentiel dans le 'De sacra coena' [2], que Bérenger fut condamné. Or, ces termes, similitudo, figura, pignus ont été empruntés par lui au traité de Ratramne, ch. 85–87. Il n'aurait donc pas été impossible de trancher la question Ratramne-Scot [3], même avant Mabillon, si l'on avait pris la peine de comparer d'un peu plus près les textes, qui seuls peuvent être décisifs, et vaincre les préjugés. Notons en outre, que Nicole cite un professeur de Leyde — un réformé — qui suppose que le livre de Ratramne n'a pas été publié au 9e siècle, et que pour cela Claude n'a pas le droit d'amplifier trop le fait que l'Eglise de ce temps-là ne l'ait pas censuré [4]. Ce professeur de Leyde était De Feugueraye, qui hasarde cette hypothèse dans la préface de son édition, dont nous aurons encore à parler. Remarquons dès maintenant que Claude considéra cette supposition comme une pure chimère [5].

---

in all Ages. In Answer to what M. Arnaud, Doctor of the Sorbon, alledges touching the Belief of the Greek, Moscovite, Armenian, Jacobite, Nestorian, Coptic, Maronite, and other Eastern Churches. Whereunto is added an Account of the Book of the Body and Blood of our Lord, Published under the name of Bertram. In six books, Londres 1684.

[1] Durand, *De corpore et sanguine Domini*, MPL t. 149, 1422B.

[2] Berengarii Turonensis, *De sacra coena adv. Lanfrancum*, ed. W. H. Beekenkamp, La Haye, 1941 ch. 9, p. 12; W. H. Beekenkamp, *De Avondmaalsleer van Berengarius van Tours*, La Haye 1941, p. 7 et 40.

[3] Nicole, o.c., p. 174, 175.

[4] G. Feugueraei, *Bertrami Presbi. De corpore et sanguine Domini*, 1579, p. 11.

[5] J. Claude, *Re'ponse aux deux Traitez*, p. 369, 391. La *Re'ponse* de Claude au livre d'Arnauld porte l'approbation ecclésiastique signée par ses collègues Jean Daillé et Allix et le livre était dédié aux ministres et anciens du consistoire de Charenton; l'attestation ecclésiastique de la *Réponse* d'Allix est donnée par Jean Daillé, fils, parce que le père mourut le 15 avril 1670, et Jean Mesnard; la traduction du traité de Ratramne ne porte pas d'approbation, ce qui pourrait être une indication prouvant qu'elle n'est pas de la main du ministre; or, La Bastide était ancien. *La France prot.*, 2me éd., t. 5, 35 et 36, dit, que Jean Daillé père avait composé un *Traité de l'Eucharistie*, mais que, à cause de l'apparition des traités de Le Fraucheur et

Le P. Anselme croyait pouvoir encore infirmer les arguments d'Allix et de Jean Claude et revint à la théorie de l'identité de Bertram et Jean Scot. Il faut beaucoup d'artifices pour ne pas apercevoir l'extrême différence de ces deux auteurs. Toute la peine, qu'il perdit cette deuxième fois [1], ne suscita ancune réaction de la part des théologiens réformés.

Joseph Arbussy, catholique converti en 1666, avait reconnu Ratramne comme auteur du traité [2], ainsi que le P. Jacques Nouet S.J. dans son livre sur la Présence, en réponse à Claude, qui parut la même année [3]. Il fallut pourtant l'intervention de Mabillon, que nous avons caractérisée déjà, pour ouvrir une nouvelle phase dans l'histoire du petit livre du moine de Corbie.

Aux pasteurs de Charenton, qui semblent avoir travaillé ensemble, revient l'honneur d'avoir en partie mis au point la question historique, une dizaine d'années avant que Mabillon ne publia les données décisives, établissant l'authenticité du traité de Ratramne. Quoique n'étant qu'un détail, la question de l'authenticité avait obtenu de l'importance dans les discussions et son interprétation était extrêmement délicate en ce qui concerne la légitimité ou l'illégitimité de la doctrine réformée de la Ste Cène, inexorablement contestée par les catholiques. Aussi est-il très intéressant que, d'une part, Nicole ait considéré le traité de Ratramne comme purement catholique, et que, d'autre part, l'auteur de la deuxième 'Dissertation', comme nous l'avons vu, réserve son jugement définitif, et que, enfin, du côté réformé, le traducteur de 1672, dans la préface de la deuxième édition, constate avec grande satisfaction, qu'un nouvel adversaire catholique 'ne dit mot ni contre la fidélité de la version, ni contre la conformité du latin avec les manuscrits'. La discussion devenait donc de plus en plus objective.

Elle a surtout été développée par Jacques Boileau qui, en 1686, s'en mêla. L'histoire devient fort piquante, lorsqu'on se rend compte que cette date est postérieure d'un an à la révocation de l'édit de Nantes, qui comportait tant de mesures prises contre la position des Eglises et

---

d'Aubertin sur le même sujet, il se décida à le garder en portefeuille et que, parmi ses mss. laissés, se trouvent des *Remarques* fort amples sur le *Livre de la perpétuité*, avec une critique contre M. de Moréa (l. Marca), qui attribuait à Jean Scot Erigène le *De corpore et sanguine Domini* de Ratramne.

[1] (Nicole), *Réfutation de la Re'ponse d'un ministre de Charenton à la Dissertation qui est à la fin du livre de M. Arnaud sur le sujet des emplois, du martyre et des écrits de Jean Scot ou Erigène*, réimpr. dans *La Perpétuité de la foy de l'Eglise catholique touchant l'Eucharistie*, Œuvres d'Arnauld, éd. 1781–82, t. 6, p. 531–590; Snoeks, o.c., p. 270.

[2] *Déclaration de Joseph Arbussi, contenant les moyens de réunir les Protestants dans l'Eglise catholique*, Paris 1670–71.

[3] Jacq. Nouet S.J., *La présence de Jésus Christ dans le Très Saint Sacrement, pour servir de réponse au ministre qui a écrit contre La Perpétuité de la foy de l'Eglise catholique, touchant l'Eucharistie*, Paris 1666; éd. 1782, t. 6, p. 531–592.

de la doctrine réformées en France. Boileau [1], le frère du poète satyrique Nicolas Boileau-Despréaux, docteur en Sorbonne, ancien grand vicaire de Sens, plus tard (1694) chanoine de la Sainte Chapelle et doyen de la Faculté de théologie de Paris, grand critique, après s'être opposé aux Jansénistes à propos de la question eucharistique, publia le texte de Ratramne avec une nouvelle traduction [2], et précédé d'une Préface. Voltaire a appelé Boileau un esprit bizarre, qui a fait des livres bizarres, jugement qu'on retrouve encore aujourd'hui dans les lexiques; bien plus spirituellement il disait, qu'il préférait écrire en latin, 'de peur que les évêques ne me lisent, car ils me persécuteraient'. Quoi qu'il en soit, cet esprit indépendant, et pourvu des données que Mabillon lui-même avait mises à sa disposition, c'est-à-dire une copie ou tout au moins des notes du manuscrit de Lobbes, se mit à l'ouvrage. Le livre de Boileau comporte alors la première édition du texte de Ratramne, et ne dépend plus complètement de l'editio princeps. C'est dans ce travail qu'on trouve pour la première fois la division en 102 chapitres, qui depuis est restée en usage. L'aspiration de Boileau était double. Il voulait surtout arracher le livre de Ratramne aux calvinistes; ensuite il souhaitait saisir l'occasion, qui lui sembla être extrêmement favorable, de donner une rédaction irréprochable du texte; sa traduction française était destinée à soutenir ce double projet, tandis que la préface et les remarques, accumulées à la fin de son livre, devaient aider à dissiper toute contradiction. Il réfute surtout Du Perron, qui s'était fourvoyé et auquel personne n'osait s'opposer, notamment en France, où les traductions protestantes présentaient Ratramne comme un adversaire de la doctrine de l'Eglise. Boileau cite encore le professeur Jacques de Sainte-Beuve, grand casuiste, qui, à la Sorbonne, non sans trouver de l'approbation, avait défendu l'authenticité du traité, déjà en 1655 [3]. Enfin il se moque particulièrement de l'évêque Pierre de Marca, dont la théorie hasardeuse n'a trouvé qu'un défenseur en la personne du P. Anselme

---

[1] *Dictionn. de théol. cath.*, t. 2, 1, 941–42 (C. Toussaint); Snoeks, *o.c.*, p. 290, 297–300; son érudition est louée par Ellies du Pin, *Nouv. bibl. des auteurs eccl.*, t. 19, p. 75; *Dictionn. d'hist. et de géogr. eccl.*, t. 9, 529–531 (J. Carreyre).

[2] *Traité // du Corps et du Sang du Seigneur: // Composé en Latin, il y a plus de huit cens // ans, par Ratramne, ou Bertram, // Prêtre, Réligieux de l'Abbaye de Corbie: Traduit en François. // Avec des Remarques, // Où l'on fait voir, que ce Livre ne contient pas d'autres // sentimens, que ceux de l'Eglise Catholique, Apostolique // et Romaine, touchant le Sacrement de l'Eucharistie. // A Paris, // Chez la Veuve d'Edme Martin et Jean Boudot, ruë S. Jacques, au Soleil d'or. M.DC.LXXXVI. Avec Privilège du Roy*, 198 p., in-8°; Boileau prend pour devise à son édition: Utile est plures libros a pluribus fieri diverso stylo, non diversa fide; etiam de quaestionibus eisdem: ut ad plurimos res ipsa preveniat, ad alios sic, ad alios autem sic, Aug., *De Trin*, I 3.

[3] Sainte-Beuve, n'ayant pas pu souscrire à la censure portée par la Sorbonne contre deux propositions d'Arnauld en 1656, devait présenter sa démission en 1657, *Nouv. biogr. génér.*, t. 43, 137, 138.

(Boileau dit: P. Paris), sans qui de Marca serait resté 'comme l'oiseau solitaire sur le toit' (Ps. 101 [102] v. 8).

Boileau n'a pas consciencieusement reproduit les légendes qu'il fallait corriger dans l'editio princeps [1] — et par conséquent dans toutes les éditions successives antérieures à 1686 — bien que Mabillon ait travaillé d'une manière irréprochable; nous renvoyons aux notes de notre édition et à l'introduction (p. 13, 17–19 et sous le sigle *B*). Boileau était persuadé que la façon la plus effective d'arracher Ratramne aux calvinistes, était de démontrer son orthodoxie. Il déclare ainsi que les opinions de Ratramne et de Paschase Radbert sont au fond identiques et que Ratramne est ferme partisan de la présence divine dans l'Eucharistie (ch. 15). Un critique disait à propos de son argumentation: 'Si les Bellarmin, les Du Perron, les De Marca trouvent des hérésies où il n'y en a pas, qui s'assurera de découvrir le sentiment des anciens?' [2]

La réfutation de cette thèse vint à son tour. L'archevêque de Paris, François de Harlay, après une délibération faite en Sorbonne [3], ordonna de supprimer aussitôt les exemplaires du livre de Boileau et d'en arrêter la vente, parce que les calvinistes en triomphaient par trop [4]. Quelques années plus tard ce fut le P. Jésuite Jean Hardouin, l'un des hommes les plus érudits, disent Backer-Sommervogel, mais des plus singuliers qui se soient fait un nom dans les lettres [5], qui formula l'opposition avec force arguments dans son livre consacré à la réfutation de l'interprétation protestante de l' 'Épître de S. Jean Chrysostome à Césaire', trouvée, en traduction latine, par Pierre Martyr et publiée récemment avec des fragments originaux en grec à Rotterdam [6]. Hardouin, pour disculper Ratramne, défend à nouveau la vieille thèse selon laquelle il faut attribuer le livre 'Du corps et du sang du Seigneur' à Jean Scot, parce que, comme style, il diffère trop des autres écrits de Ratramne et s'accorde parfaitement avec ceux de Jean Scot: 'Est autem adeo similis, ut non sit ovum ovo similius'. Il sera toujours impossible d'expliquer comment un savant, par ailleurs assez sérieux, ait pu dire de telles extravagances. Hardouin croit en outre, que l'abbé Hériger fut partisan de Ratramne, et que ce dernier combattit les catholiques sous le masque des Stercoranistes. Il est remarquable de constater avec quelle lenteur la critique purement scientifique réussit à vaincre ces préjugés endurcis,

---

[1] Le texte de Boileau est mauvais et la reproduction chez Migne est encore pire.

[2] *Novelles de la République des Lettres*, juin 1786, p. 685; l'*Histoire lit. de la France* loue beaucoup le travail de Boileau, t. 5, p. 340.

[3] *Mandement de Mgr l'Archevêque de Paris sur la condamnation des Livres dans le Catalogue suivant*, Paris 1685, p. 2.

[4] *Histoire lit. de la France*, t. 5, p. 342.

[5] Backer–Sommervogel, *Bibl. de la Compagnie de Jésus*, t. 2, 1872, p. 33.

[6] Pour toute cette question v. Snoeks, *o.c.*, p. 299; l'épître n'est pas authentique, Bardenhewer, *Geschichte der altkirchl. Lit.*, t. 3, 2me éd., Fribourg-en-Br. 1923, p. 350. Chr. Baur, *S. Jean Chrysostome*, Louvain-Paris 1907, p. 272–276.

en particulier lorsqu'on s'aperçoit qu'une revue, indépendante d'ailleurs, reconnait à Hardouin beaucoup d'adresse et de savoir et le traite de maître [1]. Pour soutenir sa réfutation de l'interprétation de Boileau, Hardouin s'est perdu dans des suppositions historiques, qui en vérité avaient été déjà totalement anéanties par son ami, le grand bénédictin de St Maur. Nous allons voir plus loin qu'en Angleterre l'interprétation de Boileau fut aussi combattue, cette fois-ci du côté anglican, déjà en 1688, et avec des arguments plus solides.

Jacques Boileau trouva bientôt de quoi répondre à Hardouin. Après quelque hésitation, il publia de nouveau son livre, traduit en latin cette fois-ci. Dans la préface il dit que son livre n'a trouvé que des adversaires mais que, au milieu du silence des théologiens, 'repente et nemine cogitante' le P. Hardouin publia son attaque, dans laquelle, malgré lui, il avançait encore une fois la cause protestante à l'égard de Ratramne. C'est pourquoi Boileau en 1712 se jette de nouveau au milieu du combat. On trouve cette édition, où le texte latin de Ratramne est identique à celui de l'édition de 1686, reproduite chez Migne, Patrologie, série latine, t. 121 [2].

Peu de semaines avant la révocation de l'édit de Nantes, un mandement de l'archevêque de Paris, promulgué à la suite de l'édit du roi, enrégistré par le Parlement le 23 août 1685, censurait parmi les livres 'que nous estimerons favoriser les nouvelles hérésies': 'Ratram ou Bertram, Prestre, de l'Eucharistie avec un avertissement'. C'est la traduction de 1672 qui fut ainsi frappée d'une condammation rigoureuse.

La révocation de l'édit de Nantes mit fin aux travaux des érudits réformés en France. Aussi leur voix ne se fait plus entendre sur le problème-Ratramne. Or, ils avaient bien mérité du traité du moine de Corbie. Une ou deux réimpressions de l'édition de 1672 parurent encore [3], ce qui prouve qu'on y trouvait toujours un appui dans les luttes ecclésiasti-

---

[1] *Histoire des ouvrages des savans*, oct. 1969, p. 98.

[2] *De // Corpore // Et // Sanguine Domini // Liber, // Ratramno, ceû Bertramo, Presbytero // Monacho Abbatiae Corbeiensis assertus, et ab // omni novitatis aut haeresis Calvinianae inven // tione aut suspicione vindicatus. // AD Amicam, honestam, et literariam confutationem // dissertationis R. P. Joannis Harduyni, // Societatis nominis Jesu // De Sacramento Altaris: // In qua relicto proposito de tuendâ Epistolâ St Joannis Chrysostomi ad Caesarium Monachum; authorem dicti libri de Corpore et Sanguine Domini, à paginâ 165. ad 193. inventae ac defensae primulùm haeresis Calvinianae crimine accusavit anno MDCLXXXIX.* Authore Jacobo Boileau Theologo Parisiensi. Parisiis Apud Joannem Musier, ad descensum Pontis novi, in angulo vici Nivernensis, sub signo Oleae. MDCCXII. Cum privilegio Regis, LXVI et 276 p., in-8°. Notre éd. *B*.

[3] *Ratramne ou Bertram // pretre, // Traité du Corps et du Sang du Seigneur, // latin et François // Avec une dissertation preliminaire // A Paris // MDCLXXXVII, 41 et 71 p. in-4°; Bibl. Nation. de Belgique, Cat. van Hulthem n. 1168 porte le millésime MDCLXXXVI; le catalogue de la Bibliothèque du Protestantisme à Paris observe: trad. par Labastide, ce qui est une erreur.

ques. Pour le reste, le champ de bataille fut transféré en Angleterre et aux Pays Bas, où les réfugiés continuèrent à s'en occuper.

La première publication du livre de Ratramne imprimée en Angleterre fut la traduction anonyme, qui parut à Londres en 1548 [1]. Le livre ne présente comme commentaire que la vie de 'Barthram' per Trithème, suivie d'un avis au lecteur: 'A man shall not perceyve the mynde of the auctor eccepte he rede the boke through and conferre the fyrst part wyth the latter', dont on peut conclure que le traducteur savait fort bien qu'il introduisait un écrivain qui pourrait faire quelque peu scandale. Parce que cette traduction parut peu de temps après l'avènement d'Edouard VI, elle semble avoir été destinée à affirmer la doctrine eucharistique des réformateurs anglais en leur procurant un témoignage respectable par son âge; et à concilier, si possible, les deux parties qui étaient aux prises dans les controverses eucharistiques survenues sous Henri VIII [2], lorsque les idées réformatrices s'introduisirent en Angleterre. Une réimpression parut en 1549 [3]. L'exemplaire de cette réimpression de la Bodleian Library est enrichi, avec une nouvelle pagination, d'un recueil de citations, naïvement ou plutôt pauvrement rimées, empruntées surtout à St. Augustin, Origène, Isidore, St. Ambroise, St. Jérôme, Bède, Prosper, Eusèbe de Césarée et St. Cyprien, et destinées à prouver que 'le corps naturel' du Christ n'est pas dans le sacrement, mais qu'il y est de façon 'figurative' [4]. L'exemplaire du British Museum ne contient pas ce 'shorte

---

[1] *The boke // Barthram Priest intreatinge // of the bodye and bloude of // Christ, wryten to greate // Charles the Empe- // roure / and set // forth. Vii.C. yeares a // goo. and Imprinted.* An. dñi // M.D.XLViii. // *Cum Previlegio, ad Imprimendum // Solum.* s. sign. [20 f.] A la fin: Imprynted at London in saynt Andrewes paryshe in the waredropt, by Thomas // Raynalde, and Anthony // Kyngstone; in-8° (Brit. Mus.). A. W. Pollard and G. R. Redgrave, *A short-title Catalogue of Books printed in England, Scotland, &Ireland and of English Books Printed Abroad 1475–1640*, London 1926, no. 20749; Graesse, *Trésor*, t. 1, p. 351. Autre spécimen: *The boke of Bar = // thram priest intreatynge // of the bodye and blode // of chryst, written to // great Charles the // Emperoure, and // set forth vii. C // yeres a goo. // and Imprinted.* A dñi M.D.XLViii. T.R. 19 f. A–Ci. A la fin: Imprynted at London in saynt Andrewes // paryshe in the waredropt, by Thomas // Raynalde, and Anthony Kyngstone (Bodl. Libr.)

[2] Cf. Polman, *o.c.*, p. 114 suiv.

[3] *The boke of // Barthtrā Priest // intreatinge // of the bodye and bloude of // Christe, wrytten to greate Charles // the Emperoure, and set forth // Vii. C. yeares agoo, and // Imprinted* an. dñi M.D.XLIX. A la fin: Cum Previlegio, ad Imprimen- // dum Solum // Imprinted // at London in Saynct An- // drewes parytsche In the Ware- // drop. By Thomas // Raynalde. Sign. A — Ciiij. Pollard and Redgrave, *o.c.*, no. 20750; Graesse, *Trésor*, t. 1, p. 351 mentionne en outre: London 1549 chez Anth. Kytson.

[4] *Here is a // shorte Resytal of certayne // holy Doctours whych pro // ueth that the naturall // body of Christ is not // conteyned in the // Sacramēt of // the Lordes // supper // but fyguratyvely // Collected in my = // ter* by Ihon Mardeley. Colophon: Imprinted at London in Sainct Andrewes Paryshe in the Waredrop, By Thomas Raynalde Cum priuelegio, 1555, in-12°, cf. W. Herbert, *Joseph Ames' Typographical Antiquities*, t. 1, Londres 1785, p. 585 et S. R. Maitland, *A List of some of the Early Printed Books in the Archiepiscopal Library at Lambeth*, Londres 1843, p. 443 n. 543*.

Resytal'. Le texte de la traduction elle-même ne diffère légèrement de celle de 1548 qu'en orthographe et toutes deux laissent supposer le texte latin de l'editio princeps qui, jusqu'à 1686, restait le seul connu, également en Angleterre.

Une tradition veut que cette traduction ait été faite par l'évêque de Londres, Ridley, ou du moins sur son ordre; c'est une théorie qui n'a rien de très invraisembable. Celle de Pollard and Redgrave, qui l'attribuent à Sir Humphrey Lynde, tombe par le simple fait que le porteur de ce nom nacquit seulement en 1579.

Nicolas Ridley (ca. 1500–21 avril 1555), évêque de Rochester (1547), semble avoir été l'un des premiers théologiens d'Angleterre, qui se soit sérieusement servi de la doctrine eucharistique de Ratramne. Comme membre de la commission des visitateurs pour l'établissement de la réformation à l'Université de Cambridge en 1549, il présida à trois disputes sur l'Eucharistie, dont il formula les conclusions. Dans cette 'Détermination', qui réfute la doctrine de la transsubstantiation, il cite pour la première fois, et d'une façon générale, l'opinion de 'Bertram' pour attester qu'après la consécration les substances du pain et du vin restent [1]. Après la dépossession de Bonner, Ridley devint évêque de Londres (1550) mais dès l'avènement de Marie Tudor il fut destitué lui-même, emprisonné dans la Tower et envoyé, avec Cranmer et Latimer, à Oxford en mars 1554, afin de rendre compte de son opinion sur la présence divine dans l'Eucharistie devant les commissaires des universités d'Oxford et de Cambridge. Ridley doit avoir été un homme d'un caractère pur et vigoureux. Le doyen de Wells, dr Turner, qui l'avait beaucoup connu, dit qu'il était très paisible, sans hypocrisie et d'une véritable austérité monacale, sportif, et qu'il aimait le tir à l'arc et le tennis [2]. Pendant sa captivité dans la Tower il eut une discussion amicale avec le sécrétaire Bourne et John Feckenham, le dernier abbé de Westminster, alors chapelain du dr Bell, évêque de Worcester. Au cours de cette discussion, pour démontrer que Bérenger, Wyclif, Hus, Carlstadt et Oecolampade, cités par Feckenham comme des hérétiques, n'étaient pas de simples innovateurs, il leur parla encore de 'Bertram' à propos de la doctrine que nous connaissons. Il y eut quelques discussions sur l'autorité de 'Bertram', Ridley se réclamant de Trithème, tandis que Bourne supposait que 'Bertram' n'était qu'un écrivain moderne [3]. C'est surtout les documents des disputes d'Oxford, le 17 avril 1554 et les jours suivants, qui ont un intérêt tout particulier.

---

[1] John Foxe, *The Ecclesiasticall History, contayning the actes and monumentes* etc. *Newly recognised and enlarged by the Author*, t. 1, Londres 1576, p. 1326, 27; *The Works of Nicholas Ridley*, *D.D.*, ed. for The Parker Soc. by H. Christmas, Cambridge 1843, p. 175; Foxe place ces disputes en 1552. Pollard and Redgrave, *o.c.*, nos 21048–50, cf. 53.

[2] *The Works* of N. Ridley, p. 489; J. Strype, *Ecclesiastical Memorials*, t. 3, Londres 1721, p. 229.

[3] *The Works* of N. Ridley, p. 159.

La question était toujours celle de la transsubstantiation et de la présence réelle du corps naturel du Christ, né de la Vierge Marie, après la consécration. Ridley, qui soutenait la théorie du mystère et de la présence sacramentelle, parmi beaucoup d'autres autorités, s'appuya plusieurs fois sur 'Bertram'. Dans sa 'brève déclaration', s'opposant au livre de 'Constantius' [Gardiner], dont nous avons déjà parlé, s'élevant contre la transsubstantiation et 'sa cousine allemande', la consubstantiation, il ne le nomme pas explicitement, mais parmi plusieurs autres arguments, il cite deux textes de St Augustin, qu'on retrouve à peu près littéralement chez Ratramne, ch. 33 et 35 [1]. Dans sa justification, en sept. et oct. 1555, devant le dr Smith et ses collègues, parmi lesquels Feckenham, alors doyen de St Paul, et Gilbert Bourne, alors évêque de Bath et Wells, il parle au moins quatre fois de Ratramne; deux de ses déclarations sont très importantes: 'Avec Bertram je confesse que le corps du Christ est dans le sacrement [spirituellement], comme il l'écrit, parce que l'esprit du Christ y est dedans, c'est-à-dire la parole de Dieu, qui non seulement nourrit l'âme, mais la purifie aussi (c. 63). Grâce à ces arguments, on réalise clairement combien nous sommes éloignés de cette opinion, dont on nous accuse à tort, en disant que nous enseignons que les fidèles à la table du Seigneur ne reçoivent rien d'autre qu'une figure du corps du Christ' [2]. Puis il déclare que de tous les pères, Ratramne est celui qui distingue le mieux le sens naturel du sens sacramentel, et il ajoute que Ratramne fut un homme savant, d'un jugement profond et sincère, qui a été tenu comme catholique il y a sept cent ans; 'je m'étonne si, quand quelqu'un lit et pèse son traité, en considérant l'époque de l'auteur, son érudition, la piété de sa vie, ses citations des anciens pères et ses multiples et solides arguments, il puisse le contredire en bonne conscience à propos du sacrement. Ce Bertram fut le premier qui me tira les oreilles, me détourna de la commune erreur de l'Eglise romaine, et en cette matière me fit sonder plus diligemment et plus exactement et les Ecritures et les écrits des anciens pères ecclésiastiques. Je proteste ceci devant Dieu qui sait que je ne mens pas en ces choses' [3]. Et enfin, après sa dégradation, à laquelle présida le dr Brooks, évêque de Gloucester, Ridley lui recommanda de lire consciencieusement un petit livre de 'Bertram' sur le sacrement; 'je vous promets que vous y trouverez beaucoup d'enseignement, si vous le lisez avec un jugement objectif' [4]. Il n'est pas du tout exagéré de dire, que Nicolas Ridley, bien plus que Bérenger, a été le premier martyr de la doctrine eucharistique de Ratramne, ce qui dans la suite n'a pas été oublié dans l'histoire de l'Eglise d'Angleterre [5].

---

[1] *The Works* of N. Ridley, p. 21 et 40; Pollard and Redgrave, *o.c.*, n. 21046-47.
[2] John Foxe, *Actes and monumentes*, t. 2, p. 1373-84; *The Works* of N. Ridley, p. 210, 202, cf. 211.
[3] *The Works* of N. Ridley, p. 205, 206; le texte latin p. 447.
[4] *The Works* of N. Ridley, p. 290.
[5] Cf. la réimpr. *A Brief Declaration of the Lords Supper, written by Dr Nicholas*

Il ne reste donc aucun doute à propos de l'influence importante que le livre de Ratramne a eu dans la formation et le développement de la doctrine eucharistique de Ridley, doctrine qui a été l'un des arguments principaux de la sentence de mort portée contre lui. Ridley du reste a très bien interprété Ratramne. Nous ne saurions partager le jugement, qui veut que John Fisher au fond ait mieux compris Paschasius que Ridley [1]; c'est plutôt Ridley lui-même, pourrions-nous dire, qui a été très mal compris. L'exhortation: 'qu'on laisse de mentir et qu'on parle vrai à chacun, non seulement à son voisin mais aussi de son voisin, parce que nous sommes tous frères' (Eph. ch. IV v. 25) ne lui a rien valu: il a été condamné comme un sacramentaire ordinaire. L'on se trouve incliné à supposer que Pierre Martyr, qui respectait tout le traité de Ratramne, comme nous l'avons déjà vu, l'a signalé à Ridley; dans ce cas Ridley ne le connaissait pas encore en 1545 ou 1546, comme le suppose l'éditeur de ses œuvres. Pierre Martyr peut très bien être celui qui a importé 'Bertram' en Angleterre. En tout cas, John Foxe cite un dialogue entre 'Custom and Veritie', où le problème de la présence et de la transsubstantiation est traité et qui, vers la fin de l'argumentation, cite comme autorité, avec Druthmar et Bérenger, 'Bertram', dont sont rapportées quelques phrases en latin et en traduction anglaise; cette traduction est indépendante de celle de 1548/49 et par conséquence pourrait être attribuée à Ridley lui-même. Foxe pense que ce dialogue est surtout une compilation des ouvrages de Pierre Martyr [2]; Pollard and Redgrave cependant l'attribuent à T. Lovell [3]. Foxe cite encore 'Bertram' dans sa réfutation (1559?) des 'Six Articles' de 1539 et le range entre Haymo de Halberstadt et Raban Maur [4]. Or, Foxe avait été consacré par Ridley et fut un peu son élève; à son tour il doit avoir pris connaissance de la doctrine de Ratramne chez son maître.

Thomas Cranmer lui aussi s'est occupé de Ratramne; rien de plus explicable: les liens théologiques étroits, existant entre Pierre Martyr et l'archevêque de Cantorbéry, sont assez connus. Quand Cranmer publia ses idées sur le sacrement dans son 'Defence of the true and catholic doctrine of the sacrament of the body and blood of our Saviour Christ' en 1550, Stephen Gardiner y répondit en 1551 avec son 'Confutation'; Cranmer à son tour riposta en amplifiant sa 'Défense' en 'Réponse'. C'est dans ce grand livre qu'il défend l'identité ainsi que l'autorité de

---

Ridley, Bishop of London, During his imprisonment. With some other Determinations and Disputations concerning the same Argument, by the same Author. To which is Annexed An Extract of several Passages to the same Purpose, out of a Book, Intituled: Diallecticon, written by Dr John Poynet, Bishop of Winchester in the Reigns of Edward 6 and Queen Mary (écrit de la main: By Mr Wharton), London MDCLXXXVIII, 68 p.

[1] E. C. Messenger, *The Reformation, the Mass and the Priesthood*, t. 1, p. 96 n. 1.
[2] John Foxe, *Actes and monumentes*, t. 2, p. 1334.
[3] Pollard and Redgrave, o.c., n. 16860, éd. J. Alde (1581).
[4] John Foxe, *Actes and monumentes*, t. 2, p. 1112.

'Bertram', qu'il estime être parfaitement orthodoxe; autrement, le roi Charles ne lui aurait pas posé des questions, dit-il, et tout au moins il aurait été réfuté par d'autres savants de son temps. Cranmer, qui rapproche encore Ratramne de S. Augustin, cite littéralément la fin du ch. 22, et les ch. 23 et 25 de Ratramne, à propos desquels il appelle Gardiner le premier grand adversaire de la doctrine ici exposée [1].

Vient ensuite la célèbre Apologie de l'Eglise anglicane de John Jewel, évêque de Salisbury, parue en 1563, et suivie d'une interminable 'Défense' d'une érudition vraiment admirable, destinée à réfuter les accusations du P. Jésuite Thomas Harding [2]. Ce prêtre, n'ayant pas voulu accepter la suprématie de la reine dans l'Eglise, avait été obligé de quitter le pays et s'était retiré à Louvain. Jewel était un ami de Pierre Martyr et avait assisté e.a. aux disputes de Cranmer et Ridley à Oxford en 1554 comme notaire [3]. Dans sa 'Défense' il cite plusieurs fois 'Bertramus', qui, dit-il, deux siècles avant Bérenger, et à la même époque que Jean Scot, avait publié une doctrine du mystère sacramentel, s'opposant à la transsubstantiation. Jewel, comme plus tard Ussher, admet également que Scot ait écrit un traité eucharistique. Il cite quelques textes de Ratramne en latin en y ajoutant la traduction anglaise et quelques mots d'interprétation; il le rapproche surtout de S. Augustin [4]. En particulier il confronte un passage de Ratramne (ch. 84) avec une glose de la Dist. 2, De consecratione, du C. J. C., où se trouvent les termes 'improprie, repraesentat, significat' [5].

Jewel, à ce que nous savons, n'a jamais été mentionné à propos du détail de la polémique confessionnelle, dont nous nous occupons ici; le seul Hopkins la cite une fois à propos de Ratramne [6]. Si nous pensons à la réfutation de Gardiner par Pierre Martyr en 1559 et à l'édition du texte de Ratramne dans le 'Diallacticon' de Poynet, un ami, lui aussi, de Pierre Martyr, nous aurons en tous les cas une impression de la place

---

[1] Th. Cranmer, *An Answer unto a crafty and sophistical Cavillation devised by Stephen Gardiner* etc., éd. orig. en latin 1551; l'éd. en anglais de 1580 a été réimprimée dans les *Works*, Parker Soc., t. 2, p. (13), 14, 173, 78, 77, 196.

[2] John Jewel, *Apologia Ecclesiae Anglicanae*, Londres 1563; *Works*, Parker Soc., t. 3, Cambridge 1848, p. 1–47, suivie de la traduction anglaise et la *Defence of the Apologie of the Church of England* d'après l'éd. de 1611, v. *Works*, t. 4; ici, p. 503, il cite, cette fois en anglais seulement, les dernières lignes du ch. 25 de Ratramne, à partir de *convertit ipse*. Ant. Wood, *Athenae Oxonienses*, 2me éd., t. 1, Londres 1721, p. 169–171; Polman, *o.c.*, p. 115.

[3] Cf. Chr. H. Garrett, *The Marian Exiles*, p. 198, 199.

[4] John Jewel, *A Replie to M. Harding's Answer*, Londres 1565; *Works*, t. 1–2, 1845, p. 458; p. 503: 'secundum quendam modum corpus Christi est. Modus hic in figura est, et imagine', cf. Ratramne ch. 84; p. 546: 'Christus ut nunc panem convertit in corpus suum, ita tum manna de coelo datum suum corpus invisibiliter operatus est', cf. Ratramne ch. 25, 26; p. 577 la même phrase plus littéralement et traduite en anglais.

[5] *De consecr., Dist.* 2 can. 48, Friedberg, t. 2, col. 1331, 1332.

[6] V. ci-dessous p. 122.

importante que Ratramne occupa comme autorité traditionnelle dans la controverse anglaise à propos de la doctrine catholique.

Anth. Wood croit pouvoir attribuer la traduction de 1548 au théologien d'Oxford William Hugh(e), aumônier de Madame Denny et mort en 1549 [1]. On lui connaît deux écrits originaux de caractère pastoral. Il aurait pu avoir traduit 'Bertram' à la demande de Ridley, mais nous ne pouvons pas le contrôler.

Une autre traduction du traité de Ratramne date de 1582 [2]. Elle a été corrigée par Thomas Wilcox († 1618), théologien d'Oxford et ministre de conviction plutôt puritaine, habitant à Londres, Honey Lane [3]. Cette édition a été dédiée à Sir William Pelham, 'knight, lieutenant of her Maiesties ordinance', qui avait suggéré cette nouvelle traduction, avec notation des textes scripturaires et patristiques, parce qu'à son avis, la première traduction avait été faite d'une manière assez désinvolte. Wilcox dit que l'aveuglement coupable du monde appelle parfois 'ancien' ce qui en vérité n'est que récent, comme la transsubstantiation, et récent ce qui est 'ancien'. Il allègue Ridley, Trithème et l'editio princeps de Cologne, qui, en 1532, dit-il, fut une ville très catholique. Il croit que le livre de Ratramne sera très utile pour la nation et l'Eglise anglaises; l'on y trouve d'excellents arguments puisés parmi les témoignages des docteurs ecclésiastiques et particulièrement dans les Ecritures et la parole de Dieu, clef principale de la doctrine, seule base de notre foi et fondement le plus sûr de la conscience. Plusieurs traductions et travaux originaux de Wilcox sont connus [4]. Il avait pris part au mouvement anti-épiscopal de 1572, quand l''Admonition to Parliament' et le 'View of Abuses' contre le 'Book of Common Prayer' de 1549 furent présentés à la reine, et il a été emprisonné. Il fut le premier puritain à prêter attention au traité de Ratramne.

---

[1] Anth. Wood, *Ath. Oxon.*, t. 1, p. 75, 76; cf. Pollard and Redgrave, *o.c.*, nos 13190–12.

[2] *Bertram the Priest, // his preface, concerning the bodie // and blood of the Lord, written to // Charles the great being Em- // perour.* A la fin: Imprinted at London at // the three Cranes in the Vintree, by // Thomas Dawson for Thomas // Woodecocke, 1582. Pollard and Redgrave, *o.c.*, n. 20751.

[3] *A Booke of Ber- // tram the Priest, con- // cerning the body & blood // of Christe, written in Latine to // Charles the great being Empe- // rour, aboue seuen hundred // yeeres agoe. // And translated in the English tongue, Anno Domini,* 1549. *Since which time it hath been re- // viewed, and in many places cor- // rected, and nowe newly publi- // shed, for the profite of the Reader,* 1581. Imprinted // in London // for Thomas // Woodcocke, 1582. A la fin: Imprinted at London at // the three Cranes in the Vintree, by // Thomas Dawson for Thomas Woodecocke, 1582; signs. A–F4 + 2 p. Wood, *Athen. Oxon.*, t. 1, p. 302; Graesse, *Trésor*, p. 351 semble signaler cette éd., en ajoutant à tort: first translated in English 1546 *(sic)* and nowe newly revived *(sic)*, corr. and publ. by Th. Wilcox 1581 *(sic)*.

[4] Anth. Wood, *Athen. Oxon*, t. 1, p. 301, 302; *Diction. of Nat. Biogr.*, t. 61, p. 219, 220.

La traduction de Wilcox a été reprise par Sir Humphrey Lynde en 1623 [1]. Le titre de cette édition rappelle celui de la précédente; mais 700 a été corrigé en 800 ans, ce qui ne doit pas nous étonner. Elle se présente comme la troisième impression de celle de 1549, en négligeant l'édition de 1548, ou bien en associant celles de 1548 et 1549, avec leurs variations. Ainsi modestement Lynde présente son travail comme une correction des éditions de 1549 et 1582 [2]. La dédicace s'adresse à 'Sir Walter Pye, Knight, the Kings Maties atturney of the Court of Wards and Liveries', et est soussignée par 'Humfrey Lynde'. L'auteur n'a pas su éviter la faute inhérente à tout effort qui tâche de corriger l'œuvre d'autrui, à savoir: un certain verbiage, dû à l'ambition d'interpréter le texte original sans laisser aucune ambiguïté.

Sir Humphrey Lynde (1579–1636), quoique laïque, était fort versé en théologie. Puritain lui-aussi, il compta parmi ses amis les chefs de ce parti. Dans la préface au lecteur il se plaint de la grande controverse sur le sacrement qui sépare les deux confessions, et recommande comme champion pour réfuter 'this new-borne Bratt transsubstantiation' Ratramne qui, après un silence de huit cent ans, sort du tombeau; il ajoute: 'All the credit that I have, or am like to have in the Church of God, I will ingage it upon the worth of this little Tract'. Retraçant les jugements si contradictoires, portés sur ce traité, et le problème de l'authenticité, il cite un grand nombre d'auteurs que nous avons déjà rencontrés: Ridley, Trithème, Bellarmin, Oecolampade, Possevin, Sixte de Sienne, George de Valence, Claude d'Espence et les Indices; il y ajoute les opinions, souvent contradictoires, de Parsons [3], Garet [4], Langdale [5], Sanders [6], Reynolds [7], Heskyns [8], Petigian (?)

---

[1] *A // Booke of // Bertram the // Priest, Concerning the // Body and Blood of Christ, // written in Latin to Charles // the Great, being Emperour, aboue eight hundred // yeeres agoe. // Translated and imprinted // in the English Tongue //* Anno Dnj. 1549. *// And now the third time published // for the profit of the Reader. //* 1623. *//* London *//* Printed by John Dawson *//* 1623.

[2] Pollard and Redgrave, *o.c.*, n. 20752; ce catalogue semble simplifier un peu trop en signalant chacune des éditions de 1549, 1582 et 1623 simplement comme 'another edition' de celle de 1548; plus exactement Wood, *Athen. Oxon.*, t. 1, p. 302.

[3] Robert Parsons, *A treatise of three conversions of England*, 3 t., St. Omer 1603–04; Pollard and Redgrave, *o.c.*, n. 19416.

[4] Joa. Garetius, *Omnium aetatum et nationum in veritatis corporis Christi in Eucharistia per XVI s. consensus*, Anvers 1561; Hurter, *Nomenclator*, t. 3, p. 38, 39.

[5] Albanus Langdale, *Catholica confutatio impiae cuiusdam determinationis. D. Nic. Ridlei....post disputationem de Eucharistia in Academia Cantabrigiensi habitam in ll. 3 divisa*, Paris 1556; Hurter, *Nomenclator*, t. 3, p. 172.

[6] Nic. Sanders, *De visibili monarchia Ecclesiae l. VIII*, Louvain 1571; Hurter, *Nomenclator*, t. 3, p. 168.

[7] William Reynolds (Rainalds), *A Treatise conteyning the true Catholike (and Apostolike) Faith of the holy Sacrifice ordeyned by Christ* etc., Anvers 1593; Pollard and Redgrave, *o.c.*, n. 20633; Hurter, *Nomenclator*, t. 3, p. 171, 172.

[8] Thomas Heskyns O.P., *The Parliament of Chryste of his bodie and bloode*

et Maldonat[1], tout en se moquant un peu des divisions apportées dans le royaume par Ratramne. Il cite encore comme autorités, qui ont défendu la même opinion que Ratramne, Durand, Alcuin, Bède, S. Cyprien, Isidore de Péluse, S. Chrysostome, S. Jérôme et, en résumant son enthousiasme pour le traité de Ratramne, il y applique le célèbre jugement de Vincent de Lérins sur Tertullien : 'quot paene verba, tot sententiae'[2].

Un exemplaire du livre de Sir Humphrey fut présenté par Goad et Featley, chapelains de l'archevêque George Abbot, à l'évêque de Meath, James Ussher, afin qu'il puisse compléter la préface, si quelque chose y avait été oubliée. Ces personnages qualifièrent Sir Humphrey de brillant défenseur de la religion[3]. Daniel Featley, ami de Sir Humphrey et puritain, lui aussi, est surtout connu comme premier adversaire des pères jésuites John Fisher et John Sweet dans la célèbre dispute sur la transsubstantiation, qui eut lieu au domicile de Sir Humphrey à Londres le 27 juin 1623[4]. Comme controversiste calviniste, il était d'ailleurs grand défenseur du droit de l'Eglise d'Angleterre. Parfois on rencontre sous le nom de Sir Humphrey 'An account of Bertram the Priest, with Observations concerning the Censures upon his Tract De Corpore et Sanguine Christi' *(sic)*; ce n'est autre chose que la préface au lecteur de l'édition de 1623, avec la lettre dédicatoire, qui semble avoir été réimprimée séparément par Matthew Bryan (Brian)[5].

Ce livre n'est point resté inaperçu; le père jésuite John Floyd, qui s'était déjà mesuré en polémique avec Sir Humphrey, contesta son interprétation de Ratramne par un petit livre, qu'il appela un 'Plaidoyer pour la présence réelle' et qui parut outre-mer sous des initiales pseudonymes[6], parce que l'auteur n'obtint pas la permission de le publier en Angleterre. Floyd croit qu'il est fort possible, que le traité ait été corrompu par Oecolampade. Quoiqu'il pense à bon droit, à l'encontre de Sir Humphrey, que Paschase Radbert a écrit contre Ratramne et que le livre doit donc dater du 9e siècle, il suppose toujours d'autre

---

impugned by M. Iuell [Jewel], Bruxelles 1565, Anvers 1566; Pollard and Redgrave, *o.c.*, n. 13250; Hurter, *Nomenclator*, t. 3, p. 48.

[1] Joa. Maldonatus S.J., *Commentarii in 4 evangelia*, Mussoponti 1596, 1597; Hurter, *Nomenclator*, t. 3, p. 243; J. Prat, *Maldonat et l'Université de Paris au XVIe s.*, Paris 1856.

[2] Vincent de Lérins, *Commonitorium pro catholicae fidei antiquitate et universitate*, XVIII 24.

[3] Goad and Featly, chapelains de l'archevêque de Cantorbéry à M. l'évêque de Meath, Lambeth 1623 juin 14; James Ussher, *The whole Works*, t. 15, p. 191, 192.

[4] *The Romish Fisher catched and held in his owne Net, or, a True Relation of the Protestant Conference and Popish Difference*, 1624; Pollard and Redgrave, *o.c.*, n. 10738, 10740.

[5] Wood, *Athen. Oxon.*, t. 1, p. 603.

[6] *A Plea for the Reall-Presence. Wherein the preface of Syr Humfrey Linde, concerning the booke of Bertram, is examined and censured. Written by I.O. unto a Gentleman his friend*. With permission. s. l. [St Omer] Anno 1624, 64 p. in-8°. Pollard and Redgrave, *o.c.*, n. 11113; *Diction. of Nat. Biogr.*, t. 19, p. 345, n. 11.

part que Ratramne n'en peut être le véritable auteur: Bérenger ne le cite pas. Floyd rappelle, en outre, que les Centuriateurs de Magdebourg, comme nous l'avons déjà vu, trouvèrent dans le traité la doctrine de la transsubstantiation et que le protestant Iosias Simler y reconnaît, avec d'autres, des additions à la première édition (de 1532). Lui-même estime que Ratramne est un auteur obscur, qui n'est point 'un protestant de la nouvelle religion avant Luther et Calvin'. Il critique les erreurs grossières et intolérables que Sir Humphrey fit dans sa traduction. En se résumant il déclare que c'est une sottise que de vouloir édifier une religion opposée à la religion catholique-romaine en se basant sur ce petit livre si 'papaliste' en verité. Sir Humphrey, dit-il, a lui-même été gêné par cette tendance en traduisant 'Bertram'. Floyd s'est servi du texte de Ratramne dans le 'Catalogus testium veritatis' [1].

Quant à Josias Simler, ancien élève de Bullinger et de Pierre Martyr, il doit être considéré comme l'un des théologiens zwingliens les plus purs. Il a été aussi lié par une affinité de conviction complète aux anglicans réfugiés à Strasbourg et à Zurich, où il a passé presque toute sa vie. Aussi a-t-il écrit une vie de Pierre Martyr, dont il fut le collègue à Zurich dès 1562 et auquel il succéda comme unique professeur de Nouveau Testament. Nous n'avons pu vérifier dans les écrits de Simler ce que dit Floyd. Au contraire, nous trouvons deux passages dans son travail sur 'la présence de Jésus Christ dans sa nature humaine sur la terre', où il cite Ratramne, avec lequel il est pleinement d'accord; il ne fait aucune observation critique à propos de l'intégrité du texte du traité eucharistique [2]. La théorie de Simler sur la mode de la présence divine dans le sacrement, tout en s'opposant à celle des luthériens et surtout à celle de Brentius, nous semble être bien imprégnée de la doctrine sacramentelle de Ratramne [3].

L'édition de Sir Humphrey Lynde fut reprise deux fois en 1686. L'une [4] de ces réimpressions est identique à l'édition de 1623, quelques corrections des 'errata' mises à part. L'autre [5] est une remise à neuf par S.D., qui,

---

[1] V. ci-dessus p. 87.

[2] Iosias Simler, *De vera Jesu Christi Domini et Salvatoris nostri secundum humanam naturam in his terris praesentia, orthodoxa et brevis expositio*, Tiguri 1579, p. 17vo et 28. Sur Simler et les autres Zwingliens, v. ci-dessus p. 75.

[3] *ib.* p. 82vo.

[4] *The Book of // Bertram the Priest, // concerning the // Body and Blood // of // Christ // in the // Sacrament; // written in Latin by the Com // mand of the // Emperour // Charles the Great, // above // nine Hundred Years ago, and First // Translated into English, in* 1549. *Imprimatur, Z. Isham R. P. D. Henric. // Episc. Lond. à Sacris. //* London // Printed by B. Griffin, and are to be sold by // Sam. Keble at the Turks Head in Fleetstreet. 1686, in-12°.

[5] *The // Book // of // Bertram the Priest // concerning the // Body and Blood // of // Christ // in the // Sacrament. // Written in Latin by the Command of the // Emperour Charles the Bald, between // Eight and Nine hundred Years ago. // First translated into English in* 1549. *And // now refined and corrected from the Errors // of the old*

dans sa lettre dédicatoire, déclare modestement avoir corrigé quelques fautes de l'ancienne traduction et l'avoir un peu adaptée au langage anglais moderne. Il réimprime sans y rien changer 'la défense de Ratramne que Lynde avait adressée aux ennemis catholiques-romains du moine de Corbie'.

Nous avons déjà parlé de Jacques Ussher, le grand savant irlandais, d'abord professeur à Dublin, puis évêque de Meath, enfin archevêque d'Armagh (1625), qui, dans son premier ouvrage scientifique, 'La justification historique de l'Eglise anglicane' (1613), avait défendu l'authenticité du traité de Ratramne. Cet ouvrage était en quelque sorte la continuation de l' 'Apologie de l'Eglise anglicane' de John Jewel, dont nous avons parlée [1]. Ussher, en tranchant le problème de l'historicité de 'Bertram' à propos de la critique des controversistes catholiques, pénètre à fond dans l'histoire littéraire de la théologie anglaise. C'est lui qui le premier a découvert l'affinité du traité de Ratramne et de l'homilie pascale d'Aelfric, 'le grammairien', abbé du monastère de Eynsham près d'Oxford, qu'il avait fondé. Aelfric (ca 950–ca 1020) fut l'une des grandes figures de l'Eglise en Angleterre au 10e siècle, et, après le roi Alfred le Grand (871–901), l'inaugurateur de la littérature anglo-saxonne. Peu avant l'année 1000 il composa un recueil de 45 homélies catholiques en langue saxonne, destinées à être lues du haut de la chaire les jours de fêtes [2]. L'une de ces homélies, de caractère assez traditionnel, est l'homilie pascale, dont nous allons parler. Ce n'est pas Ussher, qui a découvert ce texte. En 1567 parut chez John Daye à Londres un petit in-8°: 'Aelfric, Abbot, A Testimonie of antiquitie' [3], signé par l'archevêque de Cantorbéry, Matthew Parker, et soussigné par celui de York et 13 évêques pour attester la conformité de l'imprimé aux manuscrits [4]. La principale partie de ce petit recueil est l'homilie pascale, à laquelle deux lettres sont ajoutées. Le tout, d'après l'éditeur, fut destiné à lutter 'contre la transsubstantiation' et à prouver que 'la foi anglicane' date déjà de longtemps: d'avant Bérenger et même d'avant Aelfric, qui ne fut que le collectionneur et le traducteur de ces homélies. Le recueil a

---

Translation. // To which is added // Two short Discourses against Purgatory // and Invocation of Saints. London, Printed for William Taylor, and are to be // sold by the Booksellers of London and Westminster. // MDCLXXXVI. Cf. Wood, *Athen. Oxon.*, t. 1, p. 76.

[1] V. ci-dessus p. 112.

[2] B. Thorpe, *Sermones Catholici or Homilies of Aelfric*, Londres 1846.

[3] Aelfric Abbot, *A Testimonie of Antiquitie shewing the Ancient Faith of the Church of England touching the Sacrament of the Body and Blood of the Lord, here publickly preached, and also received, in the Saxons Time, above 700 Years ago*, Imprinted at London by John Day, dwelling over Aldersgate beneath S. Martyrs [1567], deux éd; Pollard and Redgrave, *o.c.*, n. 159; réimpr. Londres 1736, Londres 1877; John Strype, *The Life and Acts of Matthew Parker*, London 1721, p. 237–240.

[4] L'exemplaire avec les souscriptions originales se trouve au Brit. Mus., Add. Mss. 18, 160.

été réimprimé à Oxford en 1675 [1] et les éditeurs oxoniens d'une traduction du traité de Ratramne en 1838 y reviennent et réimpriment l'homélie pascale. Ussher, à son tour, rapprocha donc l'homélie du livre de Ratramne. Les huguenots, qui citèrent Ussher [2], dirent — cette fois sans le mentionner personnellement — que l'homélie était tirée presque mot à mot du livre de Ratramne [3]. Ce n'est pas exactement ce que Ussher avait mis au jour. En 1623 le P. Jésuite Malone, travaillant dans la mission jésuïte d'Irlande, avait provoqué l'évêque, qui, en 1625, répondit au défi avec toute son immense érudition [4]. Dans cette 'Réponse', où il critique e.a. l'Index expurgatorius de 1571 et le travail de Possevin, il cite plusieurs passages de Ratramne [5] pour rendre sa doctrine eucharistique plus claire. Il considère 'Bertram' comme un bon catholique et insiste sur le fait qu'il n'a jamais été censuré ni de son vivant, ni après sa mort, au contraire, dit-il : Aelfric dans son 'homélie pascale' enseigne la même doctrine et se sert même de la lettre du traité! Ussher ne dit pas, qu'Aelfric copie Ratramne. Nous allons voir que Hopkins trouvera encore plus de citations de Ratramne chez Aelfric que ne le fit Ussher. Comme pour Matthew Parker, le principal pour Ussher fut, en montrant l'évidence de la 'perpétuité' de la foi en l'Eucharistie avant et après l'an 1000 et depuis la réformation, de démontrer l'identité de la doctrine du mystère sacramental chez les pères, les préscolastiques, le grand prédicateur anglo-saxon et les théologiens plus modernes. En conclusion, il se plaît à répéter l'exclamation de François Turrianus; 'caeterum Bertramum citare, quid aliud est quam dicere, haeresim Calvini non esse novam [6] ?' Ussher déclare citer l'édition du texte de Ratramne de Cologne, 1551; inutile de dire que chez aucun de nos auteurs anglais nous ne trouvons quoi que ce soit d'important au point de vue du texte. Ussher revint encore une fois à l'authenticité et à l'autorité du traité de Ratramne en 1631, dans son

---

[1] Chez Leonard Lichfield.

[2] P. Allix, *Re'ponse*, p. 20; *Ratramne*, éd. Quévilly 1672, p. 4 de l'Avertissement.

[3] J. Claude, *Re'ponse aux deux Traitez*, p. 28; il n'est pas seul à confondre l'abbé Aelfric avec Aelfric l'archevêque de Cantorbéry, 871-901.

[4] W. Malone S.J., *The Jesuit's Challenge*, 1623, J. Ussher, *An Answer to a Challenge of a Jesuit in Ireland*, 1625, *Works*, t. 3. W. Malone S.J., *A Reply to Mr James Ussher his answere* [Douai 1627]; Ussher n'y répondit plus personnellement. Hurter, *Nomenclator*, t. 3, c. 1009 fait remarquer que Malone a mieux servi l'Eglise par son dévouement que par ses livres.

[5] Voici les textes: Quod in ecclesia etc., le commencement de Ratramne ch. 5; panis ille — existit, Ratramne ch. 10; dominicum corpus — sacramentum, Ratramne ch. 40; videmus itaque — sedet, Ratramne ch. 8 9; animadvertat — resurrexit Ratramne ch. 97; Ussher, *Works*, t. 3, p. 24-26, 83-87.

[6] F. Turrianus, *Defensionis verae, orthodoxae veterisque in Ecclesia sententiae de Sacramento corporis sanguinis D. n. J. Chr. veraque ejus in Coena sua presentia, contra novum et commentitum Transsubstantiationis dogma aliosque errores ex illo natos, libri tres .... Autore Andrea Volano. Respondetur hic quoque obiter F. Turriano qui duobus libris Scargam sibi suscepit contra Volanum defendendum* dans: *Doctrinae Jesuitarum praecipua capita*, t. 4, Ruppellae 1589.

'Histoire de la controverse prédestinatienne de Gotteschalck', qu'il dédia à son docte ami Gérard Jean Vossius d'Amsterdam, dont le livre sur 'l'Histoire du Pélagianisme' l'avait amené à ne pas publier ses propres études sur ce sujet. Ussher cite encore Sigebert de Gembloux et Trithème; notons en outre que, comme plusieurs autres, Ussher confond cette fois Ratramne de Corbie avec Ratramne d'Orbais [1].

Une année avant qu'Ussher ne démontra l'identité des idées d'Aelfric et de Ratramne, un recueil fort curieux parut à Aberdeen en 1624: 'Three rare Monuments of Antiquitie', comportant l'homélie d'Aelfric, le traité de Ratramne et deux textes de Raban Maur 'l'écossais' [2]. L'éditeur, William Guild, était ministre de King Edward en Aberdeenshire. Quoique fervent protestant, bon calvinistre et très anti-romaniste, il était partisan de l'épiscopalisme, qui régnait en ce temps-là, surtout sous l'évêque Patrick Forbes, dans le nord-est de l'Ecosse [3]; quand en 1638 les 'Covenanters' l'emportèrent, Guild prit le parti des vainqueurs et devint 'Principal' de King's College (1641). Il fit enlever la grille en bois du chœur de la cathédrale S. Machar, mais, ne pouvant satisfaire les extrémistes, il fut dépossédé par le gouvernement de Cromwell en 1649 [4]. Son livre a été dédié à George Ogilvie, seigneur de Carnousie en Banffshire dans le nord de l'Ecosse [5] — quelques lieues plus loin que King Edward — membre du Parlement, gentilhomme campagnard érudit et fort intéressé à la théologie. L'on ne peut douter que Guild, quoique opportuniste, n'ait été poussé par une bonne intention en ce qui concerne la tradition

---

[1] J. Ussher, *Gotteschalci et Praedestinatianae controversiae ab eo motae historia*, Dublin 1631; *Works*, t. 4, p. 170, 171.

[2] *Three // Rare Monuments of Antiquitie, // or // Bertram, Priest, a Frenchman, // of the Bodie and Blood of Christ, (written 800 yeares agoe) // with the late Romish purging thereof: // Aelfricus, Arch-bishop of Canterburie, // an Englishman, // His Sermon of the Sacrament, (preached 627 years agoe:) // And // Maurus, Abbot, a Scots-man, // His discourse of the same (820 years agoe:) // All stronglie convincing // that grosse Errour of Transsubstantiation. // Translated and compacted // by M. William Guild, Minister at King-Edward. //* Printed at Aberdene, by Edward Raban // for David Melvill. 1624. P. 25: *Bertram // His Treatise // of the Bodie and Blood // of Christ: // To Charles, King of France, // Nephew to Charles, the // Great Emperour. // The Preface* etc.—H. G. Aldis, *A List of Books printed in Scotland before* 1700 *including those printed furth of the Realm for Scottish Booksellers*, Edinburgh, Bibliographical Society 1904, p. 18 n. 616, sous la date de 1624; Raban, un Anglais, était le premier imprimeur à Aberdeen et de l'université, Aldis mentionne 26 numéros, qu'il imprima pour Melvill; J. F. K. Johnstone and Al. W. Robertson, *Bibliographia Aberdonensis*, Aberdeen, Third Spalding Club, 1929, p. 217.

[3] G. D. Henderson, *Religious Life in seventeenth-century Scotland*, Cambridge 1937, p. 42.

[4] G. D. Henderson, o.c., p. 192, 110; J. Shirrefs, *An Inquiry into the Life, Writings and Character of the reverend Doctor W. Guild*, 2me éd., Aberdeen 1799; *Notes and Queries*, 10th series, t. 12, p. 34 (G. M. Fraser); J. Spalding. *Memorialls of the Trubles in Scotland and England* 1624–1645, 2 t., Spalding Club 1850–51; *Diction. of Nat. Biogr.*, t. 23, p. 323, 324.

[5] A. and H. Taylor, *The Ogilvies of Boyne*, Aberdeen 1933.

ecclésiastique nationale, et ait voulu fortifier la doctrine sacramentelle et calviniste de son Eglise en alléguant à la fois et le passé médiéval et les luttes actuelles des huguenots. Quant au traité de Ratramne, Guild donne simplement la traduction anglaise de l'édition française — de Marlorat — et non pas celle du texte latin. Dans l'épître dédicatoire il dit: 'En considérant les précieuses peines que les plumes des théologiens de la nation notre-voisine ont pris de temps en temps pour le bien commun de nous tous, en traduisant divers auteurs de valeur, afin de fortifier et confirmer les vrais fidèles parmi eux; et trouvant aussi comment cette glorieuse Eglise de France réformée et purifiée n'a pas souffert qu'ils restèrent cachés des yeux de leur peuple et les avait donc traduits en leur langue vulgaire; la vue de ceux-ci dans cette précieuse et noble bibliothèque de George Ogilvie de Carnousie — amateur des lettres et des lettrés — m'encouragea beaucoup à mettre la plume sur le papier'. Il rappelle l'exemple de l'évêque Hooper — qu'il confond avec Ridley — et donne une interprétation du traité de Ratramne, dans laquelle il accentue surtout la manducation spirituelle. Quoique cette dédicace soit verbeuse, la traduction elle-même est beaucoup plus sobre, grâce évidemment à la traduction française dont Guild s'est servie. Elle ne laisse jamais voir la conviction sacramentelle du traducteur, qu'il se borne à indiquer dans un petit nombre de 'rubrics' interprétatives, en marge du texte. La traduction est suivie par 'The Purging of Bertram' dans l'Index de Quiroga de 1594 et l'Index expurgatorius de 1571 [1].

Après le sermon d'Aelfric [2], dont nous aurons encore à parler, Guild ajoute deux textes de Raban Maur [3], qu'il semble avoir traduit de l'original.

Nous avons vu que l'intérêt pour le traité eucharistique de Ratramne en Angleterre cadre presque totalement avec l'argumentation historique dans les controverses ecclésiastiques. La violence de la lutte atteindrait son comble lors de la parution des travaux de William Hopkins, de 1686 [4],

---

[1] Guild, p. 109–116.

[2] *An ancient Sermon, // of Ælfricus, // Arch-bishop of Can- // terburie, an Englishman, // of The Sacrament: // Convincing the late Errour now- // a-days of Transsubstantiation. // Preached in the time of Etherdrad, // King. And in the Yeare of our // Lord 966. Uttered in the // Saxon Tongue: And // thereafter in an old English trans- // lated*, Guild, p. 117–141. Archevêque est une ancienne erreur.

[3] *A Notable Short // Discourse, // written by a Scots-man, // (As Bale witnesseth) of the Sacrament: // of the other two thinges, left unto us in Legacies, that is, of the Body and Blood of the Lord*, Guild, p. 143 suiv; cf. John Bale, *Scriptorum illustrium Majoris Brittanniae summarium*, t. 2, Basileae 1559, p. 206, dit, que Raban Maur est un Scot, disciple d'Alcuin à York et que plusieurs autres l'appellent un Anglais, 'credentes, ut apparet, unam esse gentem Anglorum et Scotorum, quod tamen in Brytanniae quam Angliae vocabulo rectius convenisset'. Il dit encore que Raban, avec quelques autres théologiens, fut envoyé par Achaius, roi des Scots, à Charlemagne afin d'obtenir une coalition des Scots et des Gaules contre les Anglais. – Raban Maur nacquit à Mayence et fut l'élève d'Alcuin à Tours.

[4] *The book of // Bertram, // or // Ratramnus, // Priest and Monk of Corbey, // concerning the // Boddy and Blood // of the // Lord, // In Latine: // with a New*

puis de 1688 [1]. Hopkins (1647–1700) était le fils d'un recteur en Worcestershire, qui fut dépossédé pour non-conformisme en 1682. Bon calviniste, lui aussi, il était en même temps bon anglican. Après avoir rempli plusieurs autres fonctions, doté d'une prébende, il s'établit à Worcester en 1686. Il présenta, lui-aussi, le livre de Ratramne comme un témoin catholique, non-romain, de la foi de l'Eglise d'Angleterre. Dans sa préface Hopkins raconte ses impressions lors de sa première lecture du texte latin; il le relut et se promit de faire réimprimer ce texte avec la traduction de Sir Humphrey. L'étudiant de tout près, en le comparant avec le plus d'éditions possibles — il veut certainement dire: traductions — du petit livre qu'il put se procurer, il constate plusieurs erreurs, des fautes, dues non pas tant à un manque de véracité que d'habileté. Au mois de septembre 1681 il avait fini sa nouvelle traduction et travaillait à une introduction historique, quand le savant, qui l'aidait, lui apporta une édition latine et française — celle de Quévilly, 1672 ou 1673, — qui rendit toutes ses peines superflues. A propos cependant de la réimpression de l'œuvre de Sir Humphrey, les amis de Hopkins l'amenèrent à compléter son travail et à le faire imprimer. Il ne se vante point d'avoir mieux fait que l'Avertissement de l'édition française, qui, à son avis, avait traité la question de la transsubstantiation de façon concluante; il a voulu uniquement recueillir le plus de renseignements possibles sur l'auteur et l'objet controversé au 9e siècle. Cette introduction critique, assez circonstanciée, divisée en sept chapitres, précède la nouvelle traduction. Hopkins, qui le plus souvent se trouve être assez indépendant, nous dit pourtant, citant Sir Humphrey, que Ratramne a été abbé d'Orbais [2]; il examine les auteurs qui se sont occupés du livre de Ratramne, particulièrement en France. Nous les avons rencontrés presque tous. Il défend Ussher contre d'Achéry et Mabillon, dont il combat l'interprétation catholique-romaine de Ratramne sur divers points, et s'efforce de prouver que la doctrine eucharistique de Ratramne s'accorde sans difficulté avec celle de l'Eglise anglicane (ch. V). Il est le premier à supposer que le livre de Ratramne a été attribué à Jean Scot par simple méprise, due à une interprétation fausse de Bérenger et de ses adversaires et d'expliquer la rareté des manuscrits de ce traité de Ratramne par la condamnation de Verceil

---

English Translation, // more exact than the former. // Also, // An Historical Dissertation concern- // ing the Author and this Work; // wherein both are vindicated from // the Exceptious (sic) of the Writers of // The Church of Rome. // London, Printed for Thomas Boomer, at the // White Horse in Ludgate-street, 1686, in-8°.

[1] *Bertram // or // Ratram // concerning the // Body and Blood // of the // Lord, // In Latin; with a New English Translation. // To which is prefix'd, // An Historical Dissertation touching the // Author and his Work. // The second Edition corrected, // and Enlarged with an // Appendix: wherein Monsieur Boileau's French Version, and Notes // upon Bertram are considered, and his // Unfair Dealings in both Detected.* London, Printed by H. Clark, for Thomas Boomer, // at the Chirurgeons-Arms in Fleetstreet, // near Temple-Bar, 1688, in-8°.

[2] V. ci-dessus p. 119.

et la déstruction des exemplaires, surtout en Normandie, le pays où régna l'influence de Lanfranc. Il réfute l'interprétation de Du Perron, de Mauguin et de leurs successeurs, d'après laquelle Ratramne combat les Stercoranistes, car, dit-il, cette hérésie n'existait pas encore aux temps de Ratramne et l'accusation de stercoranisme ne fut pas portée avant Hubert, qui en incrimina Nicetas Stesthetos. Après avoir constaté que l'authenticité, grâce surtout à Mabillon, est au-dessus de tout soupçon, il consacre le chapitre IV à une explication très acceptable de la terminologie du traité, qui en aucun cas ne saurait être interprétée dans un sens transsubstantiatien. Hopkins ne croit pas que Paschase Radbert ait écrit pour réfuter Ratramne, il considère plutôt Paschase comme l'innovateur, dont la doctrine fut mal acceptée, et Ratramne comme l'interprète de la doctrine traditionnelle (ch. VI). Encore nie-t-il, contre Mabillon et Noël Alexandre [1], qu'au fond Ratramne et Paschase soient d'accord. Afin de corroborer la thèse de l'accord entre la doctrine anglicane et celle de Ratramne, et en réfutant la tentative de François de Ste Claire, qui avait interprété les 39 Articles en un sens catholique [2], il explique lui-même l'idée de la présence divine dans les articles 27 et 28 et la 'black rubric' et se réclame de Jewel, Lancelot Andrewes, l'évêque d'Ely [3], l'opinion du roi Jacques II chez Casaubon [4], Hooker [5], Richard Montagu [6], John Cosins, l'évêque de Durham [7]. Il est donc évident, qu'Hopkins se trouve assez éloigné de la doctrine puritaine, étant au fond anglican et complètement anti-catholique-romain. Il résume: 'La plupart des décisions de notre Eglise, pour ne pas dire toutes, se trouvent dans ce petit livre, sinon en termes exprès tout au moins d'une manière implicite'. Il ne doute pas que, grâce à Ridley et Cranmer, la doctrine de Ratramne n'ait été mise de côté pendant la préparation du Book of Common Prayer, 1549, parce qu'on y trouve, nous dit Hopkins, non la simple commémoration, mais un mystère efficace (ch. V, à la fin). Comme texte de Ratramne il ne cite que l'édition de Cologne, de 1532.

Hopkins, sur les traces d'Ussher, s'est donné beaucoup de peine pour mettre en évidence l'affinité d'Aelfric avec Ratramne. En prenant pour base l'édition d'Aelfric par Matthew Parker — qu'il date de 1566 au lieu de 1567 — il collationne le texte d'Aelfric en anglais et les références de Ratramne en latin. Il faut que nous insistions sur ce point quelques instants. Il y a quatre-vingts ans que le savant critique moderne de la littérature anglo-saxonne, Max Förster [8], a consacré une étude aux

---

[1] N. Alexander, *Hist. ecclesiastica*, t. 6, Lucques 1734, p. 234, 544–547.

[2] François de Ste Claire, *Paraphrastica expositio* dans *Deus, natura et gratia*, Lyon 1634.

[3] Lancelot Andrewes, *Responsio ad apologiam card. Bellarmini*, London 1610, p. 11.

[4] Casaubon, *Ep. au card. du Perron*, p. 48, 52.

[5] Rich. Hooker, *Ecclesiastical Politie*, Londres 1666, l. 5, § 67.

[6] Richard Montagu, *Antidiatribae ad priorem partem diatribae J. Caesaris Bulengeri*, Cambridge 1625; trad. angl. 1676.

[7] John Cosins, *Historia transsubstantialis papalis*, 1675; trad. angl. 1676.

[8] M. Förster, *Über die Quellen von Aelfrics exegetischen Homiliae Catholicae*,

sources qu'Aelfric reconnaît avoir utilisées pour ses 'Homiliae catholicae'. Förster constate que ses principales autorités sont Grégoire le Grand, Bède et plusieurs autres, parmi lesquels Ratramne; il dit qu'Aelfric, pourtant, même lorsqu'il suit un exemple, garde le plus souvent son indépendance et sa liberté; que souvent il n'emprunte que la matière, la forme étant entièrement son œuvre, de sorte que nous ne pouvons considérer son travail comme une simple compilation. Förster ajoute que chez Aelfric les traductions du texte de Ratramne sont bonnes. Ce jugement d'un historien moderne de la littérature anglo-saxonne peut peser dans les débats des théologiens: l'importance de l'autorité de l'homélie à laquelle nous avons à faire ne saurait qu'y gagner.

Or, il y a quelques différences entre les parallèles cités par Ussher, Hopkins et Förster. Jamais Aelfric ne cite nommémant Ratramne. Il vaut la peine de donner ici tous les passages. Nous allons présenter le texte d'Aelfric dans la traduction anglaise de Thorpe, et celui de Ratramne en latin. Nous signalerons si un parallèle se trouve noté par U(ssher), H(opkins) ou F(örster).

Th. p. 269. It is a true and certain thing that Christ was born of a maiden, and of his own will suffered death, and was buried, and on this day (le jour de Pâques) arose from death. He is called bread typically. *H.*

p. 269. But the bread and the wine are hallowed through the mass of the priests, appear one thing to human understanding without, and cry another thing to believing minds within. Without they appear bread and wine, both in aspect and in taste; but they are truly, after the hallowing, Christ's body and his blood through a ghostly mystery *H.*

R. c. 8. Ut pote cum dicitur christus natus de virgine passus crucifixus mortuus et sepultus .... Nam substantialiter nec panis christus ... Quapropter hic figura, superius vero veritas in narratione monstratur ... *H.*

c. 9. At ille panis qui per sacerdotis ministerium Christi corpus conficitur, aliud exterius humanis sensibus ostendit et aliud interius fidelium mentibus clamat. Exterius quidem panis quod ante fuerat forma pretenditur, color ostenditur sapor accipitur. Ast interius longe aliud ... id est christi corpus ostenditur ... *c.* 10. ... claret quia panis ille vinumque figurate christi corpus et sanguis existit ... cum tamen post misticam consecrationem nec panis iam dicitur nec vinum sed christi corpus et sanguis. *U H* (jusqu'à accipitur; *H* encore cum — sanguis); *F c.* 9.

Anglia, t. 16, 1894, p. 1–50; Ed. Dietrich, *Abt. Aelfrik. Zur Literatur-Geschichte der angelsächsischen Kirche, Zeitschr. f. histor. Theologie*, t. 25, 1855, p. 487 suiv. J. Foxe, *The ecclesiasticall History*, Second Volume, London, John Day, 1576, p. 1120 A, B.

p. 269. In like manner the holy font-water, which is called the well-spring of life, is in appearanc like other waters, and is subject to (*p.* 271) corruption; but the might of the Holy Ghost approaches the corruptible water through the blessing of the priests and it can afterwards wash body and soul from all sins through ghostly might.

p. 271. Lo now we see two things in his one creature. According to true nature the water is a corruptible fluid and according to a ghostly mystery has salutary power; in like manner, if we behold the holy housel [c'est-à-dire sacrifice] in a bodily sense, than we see that it is a corruptible and changeable creature. But if we distinguish the ghostly might therein, then understand we that there is life in it and that it gives immortality to those who partake of it with belief. Great is the difference between the invisible might of the holy housel and the visible appearance of its own nature. By nature it is corruptible bread and corruptible wine and is by power of the divine word truly Christ's body and his blood; not, however, bodily but spiritually. Great is the difference between the body in which Christ suffered and the body which is hallowed for housel. The body verily in which Christ suffered was born of Mary's flesh with blood and with bones, with skin and with sinews, with human limbs, quickened by a rational soul; and his ghostly body, which we call housel, is gathered of many corns, without blood and bone, limbless and soulless, and there is, therefore,

c. 17. Consideremus sacri fontem (fontem sacri *U*) baptismatis qui fons vitae non immerito nuncupatur ... In eo tamen fonte (tamen fonte *desunt U*) si consideretur solummodo quod corporeus aspicit sensus elementum fluidum conspicitur corruptioni subiectum nec nisi corpora lavandi potentiam optinere. Sed accessit sancti spiritus per sacerdotis consecrationem virtus et efficax facta est non solum corpora verum etiam animas diluere et spiritales sordes spiritali potentia dimovere *U H F*.

c. 18. Ecce in uno eodemque elemento due videmus inesse sibi resistentia ... Igitur (*U*) in proprietate humor corruptibilis in misterio vero virtus sanabilis.

c. 19. Sic itaque christi corpus et sanguis superficietenus considerata creatura est mutabilitati corruptelaeque subiecta. Si misterii vero perpendas virtutem vita est participantibus se tribuens immortalitatem *U H F (qui insère encore c.* 43*)*.

c. 69. ... multa differentia separantur corpus in quo passus est christus .... et hoc corpus quod in misterio passionis christi cotidie a fidelibus caelebratur *U H F*.

c. 72. Illa namque caro quae crucifixa est de virginis carne facta est ossibus et nervis compacta et humanorum membrorum lineamentis distincta, rationalis animae spiritu vivificata in propriam vitam et congruentes motus. At vero caro spiritalis quae populum credentem spiritaliter pascit, secundum speciem, quam gerit exterius frumenti granis manu artificis consistit, nullis nervis ossibus compacta, nulla

nothing therein to be understood spiritually. Whatsoever there is in the housel which gives us the substance of life, that is from its ghostly power and invisible efficacy; therefore is the holy housel called a mystery, because one thing is seen therein and another thing understood. That which is there seen has a bodily appearance and that which we understand therein has ghostly might.

p. 271. Verily Christ's body, which suffered death and from death arose, will henceforth never die but is eternal and impassible. The housel is temporary, not eternal; corruptible, and is distributed piece-meal; chewed betwixt teeth and sent into the belly: but it is, nevertheless, by ghostly might, in every part all. Many receive the holy body and *p.* 273 it is, nevertheless, in every part all, by a ghostly miracle. Though to one man a less part be allotted, yet is there no more power in the great part than in the less; because it is in every man whole, by the invisible might. This mystery is a pledge and a symbol; Christ's body is truth. This pledge we hold mystically until we come to the truth and then will this pledge be ended. But it is, as we before said, Christ's body and his blood, not bodily but spiritually. Ye are not to inquire how it is done, but to hold in your believe that it is so done. *(Citation des 'Vitae patrum').*

Paul the Apostle said of the old people Israel, thus writing in his epistle to believing men: 'All our forefathers were baptized in the cloud and in the sea and they all ate the same ghostly meat and they all drank the same ghostly drink. Verily they drank from the stone that followed after *(p.* 275) them and the stone was Christ *(ainsi Aelfric explique cette légende).*

membrorum varietate distincta nulla rationali substantia vegetata, nullos proprios potens motus exercere. Quicquid enim in ea vitae praebet substantiam spiritalis est potentiae et invisibilis efficientiae divinaeque virtutis *(U H F).* Atque aliud longe consistit secundum quod exterius conspicitur atque aliud secundum quod in misterio creditur *H F.*

c. 76. Corpus christi quod mortuum est et resurrexit et immortale factum iam non moritur et mors illi ultra non dominabitur, aeternum est nec iam passibile. Hoc autem quod in ecclesia celebratur, temporale est, non aeternum. Corruptibile est, non incorruptum *(U H F)* ... *c.* 77 ... Sed negari non potest corrumpi quod per partes comminutum dispartitur sumendum et dentibus commolitum in corpus traicitur.

c. 88 Et hoc corpus pignus est et species, illud vero ipsa veritas. Hoc enim geretur donec ad illud perveniatur. Ubi vero ad illud perventum fuerit, hoc removebitur *(U H F). c.* 60. Est quidem corpus christi sed non corporale sed spiritale *(H F). c.* 25. Non istic ratio qua fieri potuerit disquirenda sed fides quod factum sit adhibenda *H.*

c. 20. Apostolus quoque scribens chorinthiis ait: nescitis quoniam patres nostri omnes sub nube fuerunt et omnes mare transierunt et omnes in Moysem baptizati sunt in nube et in mari. Et omnes eandem escam spiritalem manducaverunt et omnes eundem potum biberunt? Bibebant autem de spiritali consequenti eos petra, petra autem erat christus.

p. 275. We have said to you a little before, that Christ hallowed bread and wine, before his passion, for housel and said: 'This is my body and my blood'. He had not yet suffered but, nevertheless, he changed, through invisible might, the bread into his own body and the wine to his blood, as he had before done in the wilderness before he was born as man, when he changed the heavenly meat to his flesh and the floating water from the stone to his own blood. Many men ate of the heavenly meat in the wilderness and drank the ghostly drink and, nevertheless, became dead, as Christ said. Christ meant not the death which no man may avoid, but he meant the eternal death, which some of the people had merited for their unbelief. Moses and Aaron and many others of the people who were pleasing to God ate the heavenly bread, but they died not the eternal death, although they departed by the common death. They saw that the heavenly meat was visible and corruptible, but they understood spiritually concerning the visible thing and partook of it spiritually. Jesus said: 'He who eateth my flesh and drinketh my blood, shall have everlasting life'. He did not command the body with which he was invested to be eaten, nor the blood to be drunk which he shed for us; but he meant by that speech the holy housel, which is spiritually his body and *(p.* 277*)* his blood and he who tastes that with believing heart shall have everlasting life ...

p. 277. In the old law believing men offered to God divers gifts, which had a future tokening of Christ's body, which he himself for our sins afterwards offered to his heavenly Father as a sacrifice.

c. 27. ... dominus iesus christus priusquam pateretur, accepto pane, gratias egit et dedit discipulis suis dicens: Hoc est corpus meum *(etc. H)*. Videmus nondum passum esse christum *(etc. U)* et iam tamen sui corporis et sanguinis misterium operatum fuisse.

c. 28. ... Sicut ergo paulo antequam pateretur panis substantiam et vini creaturam convertere potuit in proprium corpus quod passurum erat et in suum sanguinem, qui post fundendus exstabat, sic iam (etiam *U*) in deserto manna et aquam de petra in suam carnem et sanguinem convertere prevaluit *U H*.

c. 78. ... manducavit et Moyses manna, manducavit et aaron, manducavit et finees, mandudaverunt ibi et multi qui deo placuerunt et mortui non sunt. Quare? quia visibilem cibum spiritaliter intellexerunt, spiritaliter esurierunt, spiritaliter gustaverunt ut spiritaliter saciarentur *U H*.

Verily this housel, which is now hallowed at God's altar, is a remembrance of Christ's body, which he shed for us, as he himself commanded: 'Do this in remembrance of me'.

Christ suffered once through himself, but yet his passion is renewed daily through the mystery of the holy housel at the holy mass; therefore the holy mass greatly benefits both the living and the departed, as has very often been manifested. We have also to consider, that the holy housel is both the body of Christ and of all believing people, by a ghostly mystery, as the wise Augustine said of it: 'If ye will understand concerning the body of Christ, hear the apostle Paul, thus saying: 'Ye are truly Christ's body and limbs. Now your mystery is laid on God's table and ye receive your mystery for which ye yourselves are. Be that which ye see on the alter and receive that which ye yourselves are'. Again the apostle Paul said of this: 'We many are one bread and one body'. Understand now and rejoice; many are one bread and one body in Christ. He is our head and we are his limbs. The bread is not of one corn but of many. So we should also have unity in our Lord, as it is written of the faithful company, that they were in so great unity, as if there were for them all one soul and one heart.

Christ hallowed on his table the mystery of our peace and our unity. He who receives the mystery of unity and hold not the bond of true peace, receives not the mystery for himself but as a witness against himself.

Great good it is to *(p. 279)* christian man that they fre-

c. 39 ... Hoc enim fecit semel se offerendo dominus iesus christus (ad Hebr. VII 27). Quod semel fecit, non cotidie frequentat. Semel enim pro peccatis populi se obtulit. Celebratur tamen haec eadem oblatio singulis per fideles diebus, sed in misterio *(H)*. c. 73. Considerandum quoque quod in pane illo non solum corpus christi, verum corpus etiam in eum credentis populi figuretur.

c. 95. ... sic dicit in consequentibus [s. Augustinus *s.* 272]: 'corpus ergo christi si vultis intellegere, apostolum audite dicentem: vos estis corpus christi et membra (I ad Cor. XII 27); misterium vestrum in mensa domini positum est. Misterium vestrum accipitis. ... estote quod videtis et accipite quod estis ... ipsum apostolum identidem audiamus: unus panis, unum corpus multi sumus *(H)* (I ad Cor. X 17), intelligite et gaudete ... recolite quia panis non fit de uno grano sed de multis ... tamquam illud fiat, quod de fidelibus ait scriptura sancta: erat illis anima una et cor unum in Deum (Act. IV 32). fratres, recolite unde fit vinum: grana multa pendunt ad botrum sed liquor granorum in unitate confunditur. ita et dominus ... mysterium pacis et unitatis nostrae in sua mensa consecravit. qui accipit mysterium unitatis et non tenet vinculum pacis, non mysterium accipit pro se sed testimonium contra se [1].

---

[1] *MPL* 38, 1246–48.

quently go to housel, if they bear innocence in their hearts to the altar, if they are not possessed with sins. For the evil man it turns to no good but to perdition, if he unworthy taste the holy housel.

Holy books enjoin that water be mixed with the wine destined for housel, because water is typical of the people, as the wine is of the blood of Christ; and, therefore, that neither should be offered without the other at the holy mass, that Christ may be with us and we with Christ; the head with the limbs and the limbs with the head.

c. 75. Sic et in vino, qui sanguis christi dicitur, aqua misceri iubetur nec unum sine altero permittitur offerri quia nec populus sine christo nec christus sine populo, sicut nec caput sine corpore vel corpus sine capite valet existere. Aqua denique in illo sacramento populi gestat imaginem *H*.

Nous avons cité presque toute la partie centrale de l'homélie pour montrer comment Aelfric s'est servi du traité de Ratramne afin d'exprimer sa doctrine mi-spirituelle, mi-réaliste de l'Eucharistie. Aelfric ne suivit pas Ratramne d'une manière servile: le jugement de Förster est très juste. Deux observations s'imposent encore. Au ch. 39 Aelfric ne peut avoir lu dans son texte que: quod semel fecit non cotidie frequentat, comme nous le prouve sa traduction. Mais certainement Aelfric n'a pas voulu reproduire trop nettement la négation de Ratramne; la pensée générale du traité, surtout sur ce point, le lui défendait. Or il la supprima et reproduisit le reste du chapitre, qui insiste sur la célébration mystique, dans la messe, de l'acte salutaire du Calvaire. Notre deuxième observation touche à la mention de S. Augustin faite au ch. 95 de Ratramne. Ici Aelfric cite le passage de S. Augustin beaucoup plus amplement que Ratramne, qui après avoir cité I ad Cor. X 17 ajoute: et reliqua; ni Hopkins ni Förster ne semblent s'être aperçus de cette particularité; cependant ce passage d'Aelfric confirme d'une façon excellente la théorie de Förster sur la méthode de compilation de l'abbé de Eynsham.

A peine Hopkins eut-il fini son livre, que l'édition de Jacques Boileau de 1686 lui tomba entre les mains. Il n'hésita pas à réfuter l'interprétation catholique-romaine par laquelle celui-ci s'efforçait d'arracher l'opuscule de Ratramne aux théologiens calvinistes. Il réédita donc son texte, sa traduction et son introduction avec un appendice pour 'dévouvrir les partialités' de la traduction et les notes explicatives de Boileau [1].

En 1717 parut à Amsterdam une traduction complète de la première édition de Hopkins. L'éditeur, Jean-Frédéric Bernard, réfugié huguenot, travailla dans la capitale des Pays-Bas du nord de 1700 à 1744. Il n'a édité pour ainsi dire que des livres français de différents genres, parmi

---

[1] V. ci-dessus p. 104 ss.

lesquels une Bible d'Osterwald (1724) et des 'Dissertations mêlées sur divers sujets importants' (1740) — dues à sa main. Dans un 'avertissement du libraire', inséré entre les deux dissertations de Hopkins, il s'excuse de n'en donner en traduction française que la première édition, l'appendice de Hopkins dans la deuxième étant trop volumineuse pour être reproduite, quoiqu'une traduction de celle-ci fut à sa disposition. Bien que Bernard ait fait cette édition [1] pour les réfugiés français, il faut constater que cette réduction volontaire en a beaucoup diminué la valeur. Peut-être que les beaux jours des éditions théologiques des huguenots bannis étaient déjà passés. Le nom de l'imprimeur se trouve en bas du titre d'un autre livre, l''Histoire des Cérémonies et des Superstitions' [2], qu'il a dédié au Prince de Galles, et relié en un volume avec le 'Préservatif contre le changement de Religion' et le traité de Ratramne. Cette 'Histoire' est une réimpression du 'Traité des anciennes cérémonies', dont l'épître dédicatoire dans l'édition de 1629 était signée par Jonas Porre ou Porré, vraisemblablement originaire de Rouen et d'après 'La France portestante' [3] écrivain estimable, qui mérite d'être mieux connu. Le 'Traité' a été réimprimé, et augmenté plusieurs fois [4]. Le célèbre Pierre Jurieu est l'auteur du 'Préservatif' [5]. Il ne parle nulle part de Ratramne, tandis que l''Histoire' le mentionne entre Raban Maur et Jean Scot à l'année 849: 'Bertram fait voir par l'autorité de l'Écriture, de Saint Augustin, et des anciens Docteurs, qu'il ne se fait aucune Transsubstantiation en la Cène, mais que le pain et le vin demeurent en leur première substance' (ch. 10) [6]. Tout le recueil est de caractère ouvertement anti-catholique et semble avoir été composé en vue des luttes théologiques de France plutôt que pour la Hollande.

La première édition de Hopkins, sans le texte latin cependant, a été reprise encore une fois, à Dublin, en 1753 [7]. Cette réimpression, restée

---

[1] *Ratramne // ou // Bertram // Prêtre, // du Corps et du Sang // du Seigneur. // Avec une Dissertation préliminaire, sur // Ratramne, et une autre Dissertation // Historique sur la vie et les ouvrages // de cet Auteur, // Traduite de l'Anglois. //* A Amsterdam // M.DCC.XVII, in-8°.

[2] *Histoire des Cérémonies et Superstitions, Qui se sont introduites dans l'Eglise. On a joint à ce Livre quelques autres Traités qui étoient devenus rares.* A Amsterdam, chez Jean Frédéric Bernard, MDCCXVII, in-8°.

[3] Haag, *La France prot.*, t. 8, p. 297.

[4] Barbier, *Dictionn. des anonymes*, t. 3, p. 347, n. 18147 cite comme première éd. celle d'Amsterdam 1646 in-8°; la Bibl. de l'univ. de Leyde possède une éd. parue à La Haye, chez Arnoult Meuris, 1629, in-8°, qui ne contient que la moitié environ de l'éd. de 1717.

[5] Première éd. Rouen 1680, 3me éd. La Haye 1682. L'Histoire, le Traité et Ratramne ont été paginés distinctement.

[6] *Histoire*, p. 112.

[7] *The Book of // Bertram, // or, // Rathram, // Priest and Monk of Corbey. // Concerning the Body and Blood // of // Jesus // in the // Sacrament. // Carefully compared with the original Latin. // To which is prefix'd, // An Historical Dissertation concern- // ing our Author and his Works; in // which both are vindicated from the // Writers*

assez inconnue, se trouve mentionnée dans l'édition hollandaise des 'Institutions ecclésiastiques' de Jean Laurent Mosheim, le célèbre historien critique allemand de l'Eglise, faite par Archibald Maclaine, ministre de l'Eglise anglaise à La Haye [1]. L'auteur de cette réimpression déclare dans sa préface avoir eu l'intention de réimprimer la traduction de Sir Humphrey Lynde, lorsqu'un certain dr Dawson de Kilkenny lui procura celle de Hopkins, dont, d'ailleurs, il omet le nom. Le livre a été dédié à Richard, évêque de Waterford et Lismore en Irlande (1746–1779), c'est-à-dire Richard Chenevix, descendant d'une familie originaire de Chartres, ayant fui en divers pays. Peut-être Richard est-il le fils de Paul Chenevix, colonel des gardes du roi d'Angletterre et le petit-fils de Philippe Chenevix, qui avait été ministre près de Nantes, avant de se retirer en Angleterre [2]. Richard Chenevix, le futur évêque, avait servi comme chapelain l'ambassadeur d'Angleterre aux Pays-Bas, le comte de Chesterfield, qui devint plus tard lord-lieutenant d'Irlande. Ce dernier appréciait beaucoup Richard Chenevix. Cette réimpression n'offre aucun détail d'intérêt particulier.

Trois éditions se sont suivies encore en Angleterre au 19e siècle, dont deux traductions et une édition du texte latin. La première, à Oxford et Londres en 1838 [3], reprend encore une fois l'homélie d'Aelfric. Dans leur préface les éditeurs, H. W. et W.C.C., après avoir mentionné l''Historia litteraria' de Cave, déclarent que la doctrine de Ratramne et celle des catholiques-romains sont aussi éloignées l'une de l'autre que le sont l'est de l'ouest. Ils citent l'édition de l'homélie par Matthew Parker et ils appellent le livre de Ratramne 'un lien dans l'histoire de l'Eglise anglaise, qui nous relie et avec la réformation et, par les temps saxons, avec les opinions de l'antiquité primitive'. Ils se réclament amplement de Ridley et de Cranmer. Les éditeurs avaient eu l'intention de corriger l'œuvre d'Hopkins, mais ils se virent obligés de composer plutôt une nouvelle traduction, à laquelle ils ajoutèrent plusieurs notes interprétatives. Ils disent encore quelques mots sur les manuscrits: un manuscrit incomplet de la bibliothèque de S. Albin à Angers entre autres, et les manuscrits de Salmanweiler et de Lobbes [4]. Ils se sont servis pour le texte d'Aelfric de l'édition de 1623, pour celui de Ratramne de celle de Boileau, qui

---

of the Church of Rome. // Dublin: Printed by G. Gierson, for the Widow Sherrington, in the Year M.DCC.LIII, in-8°. (Bibl. du Trinity College, Dublin).

[1] *Oude en Hedendaagsche Kerkelyke Geschiedenissen*, etc. door J. L. Mosheim, vertaald en vermeerderd door Archibald Maclaine, t. 3, Amsterdam 1771, p. 275, n.m.

[2] Haag, *La France Prot.*, t. 4, p. 299; *Diction. of Nation. Biogr.*, t. 10, p. 184, 185; W. A. Phillips, *History of the Church of Ireland*, t. 3, Oxford-Londres 1933, p. 247, 248.

[3] *The // Book of Ratramn // the priest and monk of Corbey, // commonly called Bertram, // on the // Body and Blood // of // the Lord. // To which is added, // an appendix, // containing the Saxon homily of Aelfric.* // Oxford, // John Henry Parker, // J. G. and F. Rivington, London 1838, in-8°. V. ci-dessus p. 109.

[4] v. l'Introduction p. 14 et 9.

se trouve reproduit ici aux pp. I–VIII. Les mêmes éditeurs ont donné séparément une édition du texte latin [1].

La dernière édition anglaise, que nous ayons rencontrée, nous renvoie à l'histoire française du livre. Nous voulons parler de la traduction de W. F. Taylor, vicaire de S. Chrysostome à Everton, simple adaptation anglaise de l'édition française de Quévilly, 1673 [2]. L'éditeur, qui croit toujours à l'existence d'un traité analogue dû à la main de Jean Scot, reprend rapidement l'histoire du livre et retrouve une grande partie de l'argumentation de Ratramne chez Cranmer. Il estime que la doctrine eucharistique actuelle de l'Eglise d'Angleterre est identique en substance à celle de Ratramne; quoiqu'il émette des objections, qu'il ne précise pas, 'en tout cas on n'y trouve, dit-il, ni la transsubstantiation, ni la consubstantiation, mais seulement une présence réelle du Christ en bénédiction et en grâce dans la Cène du Seigneur pour ceux qui le reçoivent en foi, et c'est cela qu'aucun Chrétien bien instruit ne voudra nier'. Taylor raconte encore avoir trouvé l'exemplaire français chez le ministre J. Harrison, de Askern, qui avait écrit pour lutter contre les idées des membres du mouvement d'Oxford son livre: 'Whose are the fathers' [3], où il traite les problèmes de l'épiscopalisme et de la succession apostolique.

Aux Pays-Bas on s'est occupé de Ratramne quatre ou cinq fois. Nous avons parlé déjà de l'édition du texte latin avec une introduction et un petit commentaire du français De Feugueraye, professeur à l'Université de Leyde en 1579 [4] et de la version française de la traduction de Hopkins (de 1686) en 1717 [5]. Ni l'une, ni l'autre ont eu, à ce que nous savons, quelque effet sur la théologie scientifique néerlandaise. La première fois que le nom de 'Bertram' fut cité, c'est dans un livre qui, à l'époque de la préréforme aux Pays-Bas, a eu une assez grande célébrité, nous parlons du 'Guide des laïques' de Jean Anastase Veluanus ou Versteghe, de 1540 [6]. Parce qu'il se borne à le nommer sans aucun commentaire, notons simplement le fait, assez curieux, sans formuler aucune conclusion.

---

[1] *Ratramni // Presbyteri et monachi Corbiensis, // qui vulgo Bertramus nuncupatur, // liber // de corpore et sanguine // Domini. //* Oxonii. // Prostant venales apud J. H. Parker; // J. G. et F. Rivington, Londini MDCCCXXXVIII, in-8°.

[2] *The Book of Bertram // Monk of Corbie, A. D. 840, // on // The Body and Blood of the Lord. // ('De corpore et sanguine Domini'). // Done into English from the original Latin with notes // and brief introduction by W. F. Taylor, D.D., // Vicar of St. Chrysostom's, Everton. // From the edition of 1673. Rouen: Jean Lucas. //* London // Simpkin Marshall & Co. // Liverpool: Edward Howell, Church Street. // 1880. VIII et 67 p. in-16°.

[3] John Harrison, curé de Pitsmoor, Sheffield, *Whose are the Fathers? Or the Teaching of certain Anglo-Catholics on the Church and its ministry, contrary alike to the Holy Scriptures, to the Fathers of the first six Centuries, and to those of the Reformed Church of England*, Londres 1867.

[4] V. ci-dessus p. 85–87, 103.

[5] V. ci-dessus p. 129, n. 1.

[6] *Der Leken Wechwyser, Bibl. reformatoria neerlandica*, t. 4, La Haye 1906, p. 267.

Un siècle plus tard Samuel Desmarets, le picard, qui, après avoir été ministre et professeur en France, à Maastricht et à Bois-le-Duc, devint professeur de théologie à Groningue en 1643, emprunta à 'Bertram', dont l'histoire en ce temps-là lui était encore assez mal connue, des arguments contre la doctrine de la transsubstantiation. Ces emprunts servirent en particulier le vigoureux polémiste calviniste dans une dispute littéraire avec des missionnaires catholiques en Allemagne. Avec Jean Scot et Fredeward — lire Frudegard — il compte Ratramne parmi les adversaires de la 'indistans praesentia corporis Christi in Eucharistia'. Aussi, à son point de vue, Bérenger ne fut pas le promoteur de cet opinion [1]. Cette petite polémique a été signalée par Hopkins. Cinq années plus tôt Desmarets avait déjà reconnu l'authenticité du traité de Ratramne contre l'opinion de Mauguin et Des Sainctes et avait pris Ratramne comme témoin irrécusable de la doctrine eucharistique réformée. Il n'était pas d'accord avec les Centuriateurs de Magdebourg, qui, nous l'avons mentionné, trouvèrent des 'semina transsubstantiationis' chez Ratramne. Au contraire, Desmarets croyant que Ratramne combat seulement les catholiques-romains, sa doctrine lui semble être la vraie doctrine catholique et orthodoxe de l'Eglise 'pure' [2].

Deux traductions anonymes en langue néerlandaise, indépendante l'une de l'autre, parurent respectivement à Rotterdam en 1610 [3] et à Utrecht en 1628 [4]. Dans un très bref avertissement au lecteur, l'éditeur de la première, déclare qu'il a fait traduire le traité de 'Bertram' afin de mettre en évidence par l'antiquité de ce célèbre auteur catholique l'ancienneté de la doctrine sacramentelle, avec laquelle la doctrine actuelle des catholi-

---

[1] S. Maresius, *Disputatio apologetica ex Scripturis et Patribus de Novitate et Absurditate Transsubstantiationis Pontificiae*, Groningue 1656, p. 89–91; D. Nauta, *Samuel Maresius*, Amsterdam 1936, p. 24, n. 69 et p. 346.

[2] S. Maresius, *Synopsis verae catholicaeque Doctrinae de Gratia et annexis quaestionibus*, Groningue 1651, p. 6–10; Nauta, o.c., p. 19, n. 54.

[3] *Tractaet // van Bartram Priester // aen Koninck Karel de Caluwe // coninck van Vrankrijck // van het lichaem ende bloedt ons Heeren // Jesu Christi // Hebr. cap. 13. // Wij hebben eenen Altaer, vanden welcke gheen macht en heb- // ben te eten, die ghene die den tabernakel dienen. // Nu van nieus overgheset. // Tot Rotterdam, // Bij Matthijs Bastiaensen, Boeckvercooper op 't // West-nieuwe lant, in Josephus. // Anno M.DC.X.* sign. A–H, in-4°.

[4] *Het Boeck // Bertrami Presbyteri // van het // Lichaem ende Bloedt // des Heeren. // In 't welck claerlijck te sien is, dat de oude // Kercke over acht hondert jaren, ende daer te boven, van het Avont= // mael onses Heeren, niet anders heeft gelooft ende belij= // denisse ghedaen, als tegenwoordich doet de // Gereformeerde Kercke. // Getrouwelijck uyt het Latijn, in onse tale over-geset, // ende met eenige Annotatien aen de cant versien. // Sijn hier bij-ghedaen // Corte ende bondige redenen, principalijck genomen uyt // de heylige Schrifture, met de welcke de uytlegginge // der Gereformeerder Kercke over de woorden Christi in den // Avontmale, dat is mijn Lichaem, krachtelijck be- // vesticht, ende der Roomscher Kercke, wederleyt wordt.* // Tot Utrecht, // Ghedruckt bij Abraham van Herwijck, Boeckvercoper // woonende bij S. Jans Dam, 1628. // 8 + 76 p. in-4°. *Hist. lit. de la France*, t. 5, p. 342, d'après Fabricius, *Bibl.*, *MPL*, 121, 10A, abusivement: 1620.

ques ne s'accorde point et, ensuite, que l'opinion des réformés, d'accord avec celle-là, n'est pas du tout nouvelle. A la fin de la traduction, l'éditeur répète que l'opinion de Ratramne s'appuie sur l'Ecriture sainte, sur la raison et sur l'autorité bien argumentée des pères de l'Eglise. La vie de 'Bertram' de Jean Trithenie *(sic)* précède la traduction, qui, du reste, n'offre rien de très remarquable. Du fait qu'à la fin de cette traduction ait été ajouté le texte de l'Ev. de Jean, ch. 6 v. 64, on peut conclure que le traducteur s'est servi de l'édition de Genève, 1541, ou d'une réimpression de celle-ci.

L'autre traduction est précédée d'une préface plus ample et suivie d'une grande série de textes bibliques pour soutenir l'opinion eucharistique calviniste du traducteur. Son principe ne differt pas de celui de son prédécesseur dont, d'ailleurs, il ne s'occupe point: l'opinion calviniste est d'accord avec la doctrine de l'Eglise primitive. Le traducteur ne doute pas que le lecteur, après quelque exercice, comprenne bien ce qui, à première vue, lui semble être un peu obscur dans le traité. Il poursuit: 'personne ne se heurtera que beaucoup de choses, racontées dans ce petit traité, se trouvent aussi chez des autres, car qui sait aujourd'hui écrire quelque chose de neuf? Or, il n'y a rien de neuf sous le soleil ... mais, parce qu'on ne sait dire rien de neuf, il ne faut pas renoncer à répéter ce qui est bon ... afin qu'il ait son effet, en divers temps et de façons différentes'. Le jugement des théologiens de Douai et la vie de 'Bertram' de Jean Trithème sont ajoutés à l'introduction. Le traducteur déclare avoir suivi le texte latin de Bâle, sans préciser si c'est celui du Mikropresbytikon ou bien celui des Orthodoxographa, ce qui d'ailleurs n'a aucune importance du point de vue de la critique.

Comme en Angleterre, nous avons à faire à deux traductions, datant d'à peu près la même époque, dûes au même motif, mais entre lesquelles nous ne pouvons constater aucune interdépendance. On s'en étonne davantage, lorsque l'on considère que le champ d'action de l'Eglise réformée des Pays-Bas fut assez limité. Il semble qu'il y a eu des acheteurs et des lecteurs du petit livre, mais nous ne pouvons les identifier.

Nous avons dû constater déjà que les luthériens sont les seuls parmi les théologiens du 16e et du 17e siècle qui ne se sont pas occupés du livre de Ratramne [1].

Deux ou trois éditions cependant parurent en Allemagne au commencement du 17e siècle. L' 'Histoire littéraire de la France' [2] et Brunet [3] en signalent une, Fabricius [4], d'après Hendreich, nous parle de l'autre.

---

[1] Le catalogue de la Bibliothèque Nationale et Universitaire de Strasbourg mentionne: *Ein köstlich und edel Buchlein Bertrami des Priesters von dem leyd und blut Christi*, s.l. n.d., lequel était absent au récolement et à la numérotation générale en 1919/20 et n'a pas été retrouvé depuis. Nous n'avons pas su identifier cette traduction.

[2] *Hist. lit. de la France*, t. 5, p. 539.

[3] Brunet, *Manuel du libraire*, 1878, *Dictionn. géograph.*, col. 1196.

[4] *MPL* 121, 10A.

Hendreich, dans ses 'Pandectae Brandenburgicae', donne une liste générale des éditions du traité de Ratramne, c'est l'ouvrage le plus cacographique qu'on puisse imaginer[1]. L''Histoire littéraire de la France' dit qu'Albert Lomeir donna une édition, qu'il accompagna de notes, en 1601 à Stexfort chez Théophile César, in-8°. Pour Stexfort, qui n'esixte pas, il faut lire: Steinfurt ou Burgsteinfurt en Westphalie. Hendreich signale dans sa liste: 'Cum Alb. Cromejeri annot. Steinfurti 1601. 8', et encore: 'Cum annotat. Lomejeri Steinfurti F.a.M. 1601. 8'. Or, il est clair, malgré ces notices inexactes, qu'il s'agit d'une seule et même édition, celle que Brunet signale: 'Bertraham Liber, de corpore et sanguine Christi, Steinfurti, 8°' sous la date de 1601, en constatant que c'était le premier livre, à notre connaissance, qui fut imprimé à Burgsteinfurt. Peut-être le meilleur renseignement que nous ayons sur les éditions allemandes se trouve dans l''Elenchus' de Clessius qui, datant de 1602, fut leur contemporain; il cite: 'Bertrahami presbyteri de corpore et sanguine Domini liber ad Carolum Mag. Imperator. annotationibus illustratus ab Alberto Lomeiero, Steinfurt 1600. in 8' [2]. Burgsteinfurt, autrefois Steinfurt, était la résidence des princes de Bentheim et Steinfurt; le comte Arnold IV y fonda une école illustre en 1588, qui bientôt fleurit, surtout grâce au professeur Conrad Vorstius, qui y enseigna de 1596 à 1611, date à laquelle il se rendit à l'université de Leyde. Plusieurs livres sortirent alors de presse à Steinfurt. La bibliothèque du gymnase à Burgsteinfurt possède un exemplaire de l'édition par Lomeier (v. nos *Addenda*), mais nous n'avons pu vérifier, si Lomeier a également publié une traduction.

L'état allemand, où cette édition a paru, était réformé. Il ne s'agit donc en aucun cas d'un intérêt pour la doctrine de Ratramne chez les luthériens; au contraire, la traduction entre plutôt dans le cadre des controverses entre réformés et luthériens. Or, il n'y a plus de doute à propos de la personne de Lomeier. Wülfrath [3], d'après Goedeke et Schwering, le fait naître à Lübbecke et le fait pasteur à Wettbergen en 1584, à Linden en 1596, deux faubourgs de Hannovre; des six titres d'ouvrages

---

[1] Chr. Hendreich, *Pandectae Brandenburgicae*, Berlin 1699, p. 543 en outre a encore les erreurs suivantes: *Micropr*. Basil. 1550 et 1555, le deuxième millésime est celui des *Orthodoxographa*; Alibi 1579, cum comment. Fengnraei 1579, ce qui n'est que: Feugueraei 1579; Germanice 1634, introuvable; Anglice 1584, l. 1582; Lond. 1648, l. 1548; Aueville 12, 1673, l. Quéville in-4°, 1672 ou 1673; et encore: *Bertrand du Corps de Nostre Seigneur contre Mr Arnaud* 1673, qui est le même; il parle de Carolostade au lieu d'Oecolampade et de Pierre de Maria au lieu de Marca.

[2] Ioa. Clessius, *Unius seculi eiusque virorum literatorum monumentis tum florentissimi, tum fertilissimi: ab Anno Dom. 1500. ad 1602. Nundinarum Autumnalium inclusive Elenchus consummatissimus*, Francofurti 1602, p. 47.

[3] K. Wülfrath, *Bibliotheca Marchica, Die Literatur der Westfälischen Mark*, t. 1, *Von den Frühdrucken bis 1666 (Veröffentlichungen der Hist. Komm. d. Provinzialinstituts für westfälische Landes- und Volkskunde*, XXI), Munster-en-W. 1936, p. 365 et 113.

de Lomeier, qu'il mentionne, le dernier, 'De vita humana libelli duo' [1], parut aussi à Burgsteinfurt 1601. D'après le titre du cinquième [2] l'auteur s'appelle Albertus Lomeierus Lubeccensis. Le premier de ces titres porte le millésime de 1587. Nous rapprochons de ces données, empruntées à l'histoire de la littérature allemande, quelques dates prises dans l'histoire ecclésiastique des Pays-Bas. En 1595 nous trouvons un Albert Lomeier, originaire de Lübbecke [3], comme pasteur réformé à Stedum (prov. Groningue): il partit pour Freren [4] près de Lingen (Westphalie) avant le 2 avril 1599, date, où son successeur fut installé. En 1600 il redevint pasteur en Groningue, à Zuidhorn, en 1603 à Aduard [5]: en 1605 Lomeier est appelé un vieux et 'fidèle' pasteur, quoiqu'il dût avoir causé quelques difficultés au maître d'école et à quelques membres de son église. En 1610 il quitta Aduard pour Dinxperlo (prov. Gueldre, sur la frontière), où il mourut en 1618. Il nous semble être certain que ce pasteur allemand-néerlandais soit identique au poète, historien, éditeur de Ratramne.

La deuxième édition en Allemagne du texte de Ratramne fut l'œuvre de Jean Lampade, pasteur réformé à l'église S. Etienne de Bremen [6]. Lampade [7], d'origine luthérienne, devenu réformé, fut recteur d'école à Brunsvick et à Salzwedel et professeur d'histoire à Heidelberg, d'où il vint à Bremen en 1603, d'abord comme pasteur, puis, à partir de 1613, comme professeur de théologie et d'histoire au gymnase; souvent les deux fonctions étaient remplies par les professeurs des facultés de théologie et des lettres [8]. Sa réputation comme éditeur et continuateur

---

[1] *De vita humana libelli duo pulcherrimis elegiis breviter absoluti.* 1. *annus vitae humanae*...2. *inaequale vitae humanae sodalitium,* Steinfurti o. Dr. 1601; d'après Clessius, p. 354: Francofurti 1600.

[2] *Ranzovii Incliti, Antiqui, natalis ac haereditarii...nunc recens instaurati.... descriptio* ab Alberto Lomeiero Lubeccense, Islebii A.C. 1591. Aux six titres, qu'on trouve chez Wülfrath, on peut encore ajouter les poèmes de Lomeier imprimés dans l'appendice de Caspar Ens, *Rerum danicarum historia,* Francofurti 1593.

[3] Lübbecke à l'ouest de Minden.

[4] Albertus Lohmeyer, pasteur à Freren mentionné par Ph. Meyer, *Die Pastoren der Landeskirchen Hannovers und Schaumburg-Lippes seit der Reformation,* t. 1, Göttingue 1941, p. 296.

[5] Brucherus, *Gedenkboeck van Stad en Lande,* Groningue 1792, p. 175, raconte que Robertus Wippingius, pasteur à Aduard depuis 1598, et Albertus Lomeier à Zuidhorn changèrent leurs églises en 1605.

[6] *Bertramus, // Hoc est, // Perpetuus orthodoxae // ecclesiae de verbis Sacrae coe- // nae consensus, // Recens editus et notis illustratus // A // Johanne Lampadio, s. theologiae et historiarum // in ill. Sch. Bremensi prof. et past. ad s. Stephanum. // In praefatione causae redduntur, quibus, ut ortho- // doxam sententiam amplectamur, omnes // adduci debemus. // Joan. 5. v. 44. // Quomodo vos potestis credere, quum gloriam alii, ab aliis captatis, et gloriam illam, quae a solo // Deo proficiscitur, non quaeratis? // Bremae, // Typi Thomae Villitiani, scholae typographi, anno MDCXIV. //* 79 p. in-8°.

[7] Rotermund, *Bremer Gelehrtenlexikon,* t. 1, 1818, p. 263, avec bibliogr.

[8] J. F. Iken, *Das Bremische Gymnasium Illustre im 17. Jahrh.,* dans *Bremisches Jahrbuch,* t. 12, 1883, p. 16.

des conférences de Christophe Pezel est très douteuse: Valentin Loescher le compte parmi les plagiaires, parce que, dans les conférences qu'il dit être de sa main, il a inséré presque tout le 'Mellificium' de Pezel[1]. Que dire donc de son édition de l'opuscule de Ratramne?

Elle est dédiée à un certain docteur Wulbrand à Reden, avocat. Dans la lettre dédicatoire, Lampade, s'appuyant sur S. Augustin[2] et plusieurs textes bibliques (Genèse XLI 26 et XVII, I aux Cor. X 16, Exode XIII 9) essaie d'établir que la copule 'est' veut dire souvent 'significat'. Ainsi: 'panis significat corpus meum', 'vinum significat sanguis meus'. Le Christ, qui est monté aux cieux visiblement, ne reste donc pas visiblement, dit-il, dans la Cène, 'et manet tantum in nobis spiritualiter'. Lampade pourtant n'est pas zwinglien; plus loin il dit, qu'il faut comprendre les paroles de Christ 'sacramentaliter'; mais il est furieux contre les 'ubiquitistas', c.-à-d. les luthériens: 'quid agant nesciunt'. Après avoir fait quelques conclusions assez grossières, pour pouvoir mieux combattre la doctrine de la consubstantiation, il renvoie à ses 'Disputations doctrinaires'[3]. D'autre part, dit-il, Luther cite aussi S. Augustin: 'hoc est manducare illam escam et illum bibere potum, in Christo manere etc.'[4]. En terminant cette lettre, il confesse la présence du corps et du sang de Christ dans la Cène, comme la foi, non la bouche, comme l'esprit, non la lettre, comme le sens du Christ, non le capernaïtisme, la comprennent et il déclare que Ratramne est le $\delta\mu\delta\psi\eta\varphi\varsigma$ et l'allié de cette foi et de cette confession. Lampade se révèle alors dans cette lettre comme l'antiluthérien qu'il est aussi dans ses autres écrits. Or, cette partialité est tout ce que nous pourrions lui reconnaître d'original.

Lampade ne dit nulle part sur l'œuvre de quel prédécesseur il a fondé son édition; dans le titre il abuse même du terme 'recens editus'. Son texte n'offre aucune particularité. Les titres et le commentaire, qu'il donne pourtant en marge du texte, sont d'un bout à l'autre des emprunts à l'édition de Feugueraye (1579), soit précis, soit légèrement adaptés; seul les changements du texte, que le professeur de Leyde s'est permis, n'ont pas été adoptés par son imitateur brémois. Un exemple entre cent suffira.

de F. p. 55 (au ch. 13) Sexto argumento, ex Christi verbis aliquid in signis sacramentis esse mutatum probat: ut tandem non omnem se commutationem tollere demonstret, sed eam tan-	*L. p. 26. VI.* ex verbis Christi probat (sc. Ratramnus), aliquid in signis sacramenti esse mutatum: ut demonstret non omnem se commutationem tollere, sed tantum eam, quae corporis

---

[1] *Mellificium historicum complectens historiam monarchiarum, Chaldaicae, Persicae et Graecae*, Neostadii 1590.

[2] Aug., *in Lev. qu.* 57, 1, III.

[3] *Decas II. disputationum X de conciliis*, Bremae 1615.

[4] Aug., *Tract. in Ev. Ioa.* 26 et 27.

tum quae corporis Christi veritati et sacramentorum naturae repugnet: id autem ea arte facit ut connexo affirmato pugnantia loqui adversarium convincat. Si nihil est mutatum in elementis vi consecrationis (inquit, sc. Ratramnus) post consecrationem non sunt corpus et sanguis Christi elementa: at sunt: ergo sunt mutata.	Christi veritati et sacramentorum naturae repugnet. id autem ea arte facit, ut connexo affirmato, pugnantia loqui adversarium convincat hoc sensu: si nihil est in elementis vi consecrationis mutatum, post consecrationem non sunt corpus et sanguis Christi elementa; At sunt. Ergo sunt mutata.

Parfois Lampade ajoute au commentaire, qu'il a trouvé chez Feugueraye, une petite observation, comme à la p. 36, au ch. 29 il cite une expression de Jean Sturm contre les capharnaïtes, le plus souvent cependant pour combattre les 'ubiquistas' (p.ex. p. 39, au ch. 31). A la p. 40, au ch. 34, que Feugueraye passe sous silence, Lampade dit: 'Augustinus statuit tropica esse coenae verba. Ergo haec est totius primitivae ecclesiae fides, et contraria sententia Lutheranorum non orthodoxa, sed cacodoxa est'. Son caractère de polémiste apparaît encore lorsqu'on compare son commentaire du ch. 82 avec celui de Feugueraye:

de F. p. 181. verborum Christi digna antiquitate verneranda interpretatio, quae si nostris saeculis placeret, via ad concordiam munita videretur.	*L. p.* 68. Hac unica interpretatione satisfieri poterat adversarii nostris, nisi carnales essent nimis.

Au ch. 78 Ratramne cite un passage de S. Augustin, *Tract. in Joh.* XXVI 11: 'manducavit et Moyses manna, manducavit et Aaron, manducavit et Finees, manducaverunt ibi multi qui Deo placuerunt et mortui non sunt. Quare? etc.'. Feugueraye, se heurtant à la négation qui n'existe pas chez Augustin: 'et mortui non sunt' commenta: 'Nota non omnes patres, qui manna manducaverunt, mortuos esse, et causam quae hos a morte immunes fecit, alio autem exitio addixit'. Lampade n'a pas estimé nécessaire de reprendre cette explication plus ou moins rationaliste. Notons que seul Boileau a supprimé cette négation, sans tenir compte des manuscrits de Ratramne, qu'il a eus à sa disposition, ni du texte de S. Augustin. Nous nous refusons quand même à féliciter Lampade, qui ne reste qu'un pauvre plagiaire. Rarement un auteur a autant péché contre une devise qu'il emprunte à la Bible que Lampade contre Jean 5 v. 44.

ADDENDA

P. 19, n. 1. La lettre de Ratramne sur les Cynocéphales, découverte par Gabr. Dumont dans la Bibliotheca Paulina à Leipsic, a été publiée dans l'*Histoire critique de la République des Lettres, tant Ancienne que Moderne* (J. et P. Masson), t. VI, Amsterdam, chez Jaques Desbordes, 1714, p. 167–196, avec le commentaire de Dumont, dédié à Casimir Oudin, sous-bibliothécaîre de Leyde. C. Oudin, *Commentarius de scriptoribus ecclesiae antiquis*, t. II, Lipsiae 1722, p. 124–135. Le texte de Ratramne aussi: *Mon. Germ. hist., Epist. Karolini aevi* t. VI, p. 155–157, ed. E. Dümmler; *MPL* 121, 1153–1156. La lettre de Ratramne fut adressée à Rimbert, ancien moine de Corbie, élève et ministre d'Anschair et successeur de celui-ci comme évêque de Brême.

P. 71, n. 2. Pour les éditions de Paschase Radbert, cf. Pascasius Radbertus, *De corpore et sanguine domini* cum appendice *Epistola ad Fredugardum* cura et studio Bedae Paulus O.S.B. dans: *Corpus Christianorum, Continuatio Mediaevalis (C.C., C.M.)*, XVI, Turnholti 1969, p. xxxvi–xl; pour celles de Lanfranc, v. J. de Montclos, *Lanfranc et Bérenger. La controverse eucharistique du XIe siècle*, dans: *Spicilegium sacrum Lovaniense*, fasc. 37, 1971, p. 255–261.

Concordance des éditions des traités eucharistiques de Paschase Radbert, Ratramne et Lanfranc jusqu'à 1551:

1. Paschase Radbert — Hagen 1528.
2. Lanfranc (avec Philastrius) — Bâle 1528.
3. Ratramne (sous le nom de Bertramus) — Cologne 1531.
4. Paschase Radbert (avec Lanfranc) — Rouen 1540.
5. Ratramne (sous le nom de Bertramus) — Genève 1541.
6. Paschase (sous le nom de Raban Maur, avec Ratramne) — Cologne 1551.
7. Lanfranc — Louvain 1551.

P. 75, n. 3. Cf. W. Näf, *Vadian und seine Stadt St. Gallen*, II, 1518–1551, *Bürgermeister und Reformator von St. Gallen*, St. Gallen (1956), p. 436, n. 205. *Vadianische Briefsammlung*, V, 1, ép. 823, H. Bullinger à Vadian, 'Ceterum quomodo Bertramus istis libris (i.e. 'De Sacramentis et Eucharistia' Ambrosii) usus sit, non nescis. Vixit Caroli II, cognomento Calvi, temporibus'.

P. 75, au milieu de la page. L'editio princeps chez Jean Prael à Cologne, 1531, est suivie de deux suppléments dans le même volume: 'De corpore et sanguine Domini Divi Augustini sententia' (ff. c v – d vj), et: 'De corpore et sanguine Domini ex Augustini sermone secundo de verbis domini' (ff. d vij – e iij).

La 'sententia' commence: 'Totum ergo quod oblatione dominici corporis et sanguinis agitur, mysterium est. Aliud enim videtur, aliud intelligitur. Quod videtur speciem habet corporalem, quod intelligitur fructum habet spiritualem'. On reconnait *sermo* 272, dont d'autres paroles se trouveront encore plus loin. L'explicit: 'Quia igitur non est oblita (Anna, I Reg. 1) quae petiit, non est privata munere quod poposcit'. La 'sentence' est prise de Hincmar, *De cavendis vitiis*, 9-10, *MPL* 125, 919A-930A, qui, à son tour, a emprunté à Florus, *Expositio missae* 62, 5-63, 9 *MPL* 119, 15-72 (*P. Duc, Etude sur l'* '*Expositio Missae' de Florus de Lyon, suivie d'une edition critique du texte*, Belley 1937, p. 80), comme m'informe Dom Eligius Dekkers. La 'sentence' se trouve sous le titre: 'De corpore et sanguine domini secundum augustinum' comme troisième texte de S. Augustin après celui de Ratramne dans le codex Coloniensis des Archives d'Histoire de la Ville de Cologne, ms. GB fol. 184 (notre ms. 5, *Ca*, p. 17 *cf*. 16 et 22).

Le deuxième supplément est le *sermo* 131, *De verbis Evang. Johannis* c. vi, 54–66; le sermon est complet. De ce même sermon un fragment, c. I jusqu'à la deuxième phrase de II, 2 fait partie du 'Compendium' de Paschase Radbert et de l''Exaggeratio' (v. notre tableau, première colonne n. 3, p. 29). Le sermon complet figure comme deuxième supplément à l'édition du traité de Ratramne chez Michel du Bois, Genève 1541 (v. ci-dessus, p. 81).

P. 81, n. 2. Ce volume est enrichi de deux suppléments: 'D. Aurelii Augustini Hipponensis episcopi Epistola ad Dardanum', *ep*. 187 (alias 57), souvent intitulée 'De praesentia dei' (p. 70–119); elle est complète. Le deuxième supplément (p. 120–135) est le même que celui de l'editio princeps (v. ci-dessus).

P. 82, n. 1. De l'édition du traité de Ratramne par Michel du Bois (Sylvius) de 1541 la Bibliothèque publique et universitaire de Genève possède un exemplaire (Rés. B. c 2508). Th. Dufour l'a amplement décrite dans ses Notes bibliographiques qui se trouvent dans la même Bibliothèque. — Dufour donne comme millésime de la réimpression française, mentionnée notre p. 88, n. 2: M.D.LXII.

P. 108 ss., v. J. N. Bakhuizen van den Brink, *Ratramn's Eucharistic Doctrine and its Influence in Sixteenth-Century England*, dans: *Studies in Church History*, II, Londres 1965, p. 54–77.

P. 120, n. 5. Pour le 'Préservatif contre le changement de Religion' par Pierre Jurieu, v. F. R. J. Knetsch, *Pierre Jurieu, Theoloog en politikus der Refuge*, Kampen 1967, p. 100–106.

P. 125 s. Pour l'édition du traité de Ratramne par Alb. Lomeier à Burgsteinfurt en 1601, cf. J. N. Bakhuizen van den Brink, *Ratramnus in Gereformeerde handen*, dans: *Up Ponciaens Outaer*, Kerkhistorische opstellen aangeboden aan Pater Pontius Polman O.F.M., Utrecht–Antwerpen 1968, p. 38–62. Günter Richter, *Theophil Caesar Drucker am Gymnasium Illustre zu (Burg-)Steinfurt*, Nieuwkoop 1967, p. 53 et 74, n. 24.

CHAPITRE IV

CONCLUSION

Fracta vel leviter diminuta auctoritate veritatis omnia dubia remanebunt.
S. Augustin, *De mendacio* X 17; cité dans la *Vita Joh. Mabillonii, Vet. anal.*, Paris 1723.

Ratramne, tout en confessant que l'Eucharistie est la 'somme de la rédemption chrétienne' (ch. 1) et déplorant qu'il y ait un grand schisme entre les fidèles à cause de l'interprétation du saint sacrement (3), se déclare prêt à répondre à la double question que le roi Charles le Chauve vient de lui poser (2). Il ne se confiera point à son propre génie, mais il suivra les traces des saints pères (4, 102). Le questionnaire contient deux problèmes, du moins Ratramne les en déduit: *a*. Le corps et le sang du Christ, qui sont pris dans l'Eglise par la bouche des fidèles, l'est-il en mystère ou en vérité? *b*. est-ce le même corps que celui né de Marie, qui a souffert, qui est mort et enterré, celui qui est ressuscité et monté aux cieux et qui est assis maintenant à la droite du Père (5)? Ainsi son livre comprendra deux parties, qui correspondent à la première (6–49) et à la seconde question (50–101).

Pour répondre à la première question Ratramne veut définir d'une part ce qu'il faut entendre par 'figura', 'obumbratio quaedam' — qu'il prend pour mystère — d'autre part ce qu'il faut entendre par 'veritas', 'rei manifesta demonstratio' (7). Le mystère — synonyme de sacrement — par son nom même implique l'idée de 'figure' et ainsi montre aux sens extérieurs de l'homme autre chose qu'il ne montre intérieurement aux esprits des fidèles (9). Ratramne donc se pose dès le début en augustinien. 'Non sunt idem quod cernuntur et quod creduntur' (19). Il reconnaît une mutation des éléments: le pain est devenu le corps, le vin est devenu le sang de Christ (13). Mais il est impossible de dire qu'ils se présentent sans aucune figure, voile ou ombre: les yeux nient qu'il y ait un changement visible et extérieur; le corps et le sang ne sont pas 'en vérité' dans les éléments, c'est-à-dire visibles extérieurement et matériellement; sans cela le sacrement ne serait plus un mystère (14, 15). Afin de pouvoir établir l'idée générale de sacrement, Ratramne fait appel à la typologie: l'eau du baptême, la nuée et la Mer Rouge; puis l'eau qui coula du rocher au désert et la manne (17–26), analogies bien connues des écrits de l'ancienne Eglise. Revenant à son propre thème, Ratramne prend un nouveau point de départ dans les paroles mêmes de l'institution. Se basant sur leur autorité, il accepte sans réserve, que Christ ait fait du pain son corps et que le calice contienne son sang (28). Il y ajoute pourtant immédiatement qu'il faut comprendre ces choses d'après Jean 6 v. 62, 63, 'non comme les infidèles qui s'imaginent que ma chair doit être mangée par les croyants, mais en reconnaissant que dans la vérité du mystère, le pain et le vin, changés en la substance de mon corps et de mon sang, doivent être mangés par les croyants' (30). Ratramne nie ici que les choses se font 'in veritate' et sans mystère, ils se font 'in figura'. Il se sert de plusieurs passages pris dans S. Augustin, dans l'épître aux Hébreux (39) et dans les Etymologies de S. Isidore, dont il cite la définition du sacrement, qui est bien augustinienne: 'sacramentum est in aliqua celebratione, cum res gesta ita fit ut aliquid significare intellegatur quod sancte accipiendum est' (45). Ratramne lui-même avait déjà dit: 'sanguis et corpus Christi dicuntur (sc. les éléments après la consécration) quia non exterius videntur sed quod interius, divino spiritu operante, facta sunt, accipiuntur' (43). Il n'est pas du tout nécessaire de déduire du mot 'accipiuntur' que Ratramne ait voulu professer ici une doctrine subjective. Il dit que les éléments sont devenus intérieurement et objectivement autre chose et 'accipere' est équivalent de 'intellegere', comprendre. Il renforce son raisonnement par l'explication isidorienne: 'quae ob id sacramenta dicuntur quia sub tegumento corporalium rerum virtus divina secretius salutem eorundem sacramentorum operatur' (47), et il termine cette première partie de sa réponse en disant que, après tout ce qui a été dit jusqu'ici, il est clair que le corps et le sang de Christ, qui sont pris par la bouche des fidèles dans l'Eglise, sont des figures d'après leur apparence visible; mais d'après leur substance invisible, c'est-à-dire d'après la puissance du Verbe divin, ils sont véritablement le corps et le sang de Christ. En tant que créature visible, ils nourrissent le corps: mais d'après la vertu de leur substance plus puissante ils nourrissent et sanctifient les esprits des fidèles' (49).

Nous n'avons pas besoin d'exposer combien toute cette argumentation est influencée par S. Augustin. L'on peut se demander quelle a été, à l'époque de Ratramne, l'accueil réservé à cette argumentation augustinienne; et qui, parmi les théologiens huguenots, et leurs adversaires catholiques, les Mabillon et les Boileau, a interprété Ratramne avec le plus d'intelligence. M. Vernet dit que, 'à travers des gaucheries d'expression et des formules, qu'il n'a pas réussi à dégager de toute équivoque, Ratramne affirme la présence réelle' et, un peu plus loin: 'le fond du traité de Ratramne est exact, mais la forme est défectueuse'[1]. Nous sommes au contraire d'avis que les formules et les distinctions de Ratramne sont nettes, mais on peut se demander ce que Vernet entend par le fond exact. On pourrait admettre, avec Vernet, que Ratramne, en matière de terminologie, retarde sur Paschase Radbert, mais est-ce que Radbert représente un progrès vraiment avantageux? Ratramne a voulu

---

[1] Art. *Eucharistie, du IXe à la fin du XIe siècle*, Dict. de théol. cath., V. 2, 1214.

maintenir non seulement les termes, mais encore la conception du sacrement en usage dans l'Eglise des pères et non pas céder aux idées modernes de son temps, idées qui risquèrent d'inféoder le concept de sacrement aux conceptions philosophiques de la réalité. Jos. Ernst ne trouve pas chez Ratramne des expressions indistinctes ou douteuses. 'Ses paroles sont essentiellement très distinctes et on ne trouve pas d'argumentations confuses. Or, on n'a pas le droit de prendre certaines expressions spécifiquement ratramniennes dans un sens qui théoriquement pourrait bien leur convenir et qui leur convient d'habitude, mais que Ratramne ne leur donne pas. Ratramne s'éloigne en plusieurs manières de la terminologie de son temps et à plus forte raison des postérieures' [1]. Et M. Peltier appelle Ratramne un esprit vif et pénétrant, qui lance ses idées avec vigueur; il est discuté, combattu, mais il combat lui aussi. Si Radbert est plus réaliste, plus simpliste aussi, Ratramne est plus subtil, plus logicien, plus 'théologien' [2].

C'est surtout dans la deuxième partie de son livre que Ratramne, sans d'ailleurs le nommer, se distance de Paschase Radbert (50–101). A l'aide de plusieurs citations de S. Ambroise, interprétées le plus souvent comme preuve de l'identité complète et citées comme telles par Paschase, et avec le concours d'un texte de S. Jérôme (70), il constate au contraire que le corps historique de Christ diffère essentiellement du corps qui, dans le mystère de la passion, est 'célébrée' journellement par les fidèles (69, 76, 89, 97). Il y a ici la différence qui existe entre les choses corporelles et les choses spirituelles, visibles et invisibles, divines et humaines. Le corps historique est de nature palpable et sans aucun mystère (69), le corps eucharistique cependant donne la substance de la vie par sa puissance spirituelle et par son efficacité invisible, sa divine vertu (62, 71, 72). Ratramne accepte la formule ambrosienne: 'corpus nimirum Christi corpus divini spiritus' (61, 62, 65), afin d'en déduire qu'il n'y a rien de corporel à sentir dans cette nourriture et dans ce breuvage, mais qu'il faut comprendre tout cela spirituellement (65). Ainsi s'accomplit l'accord entre les deux parties qui constituent son traité. Ratramne développe encore l'analogie suivante: comme dans le calice l'eau signifie spirituellement le peuple des fidèles, il s'ensuit que, nécessairement, ce que le vin nous présente du sang de Christ doit aussi être pris spirituellement (74). Même le corps de Christ, qui est célébré dans l'Eglise, ne saurait être incorruptible et éternel, 'sed aliud est quod exterius geritur, aliud vero quod per fidem creditur' (77). Après quelques explications bibliques de

---

[1] Jos. Ernst, *Die Lehre des hl. Pasachasius Radbertus von der Eucharistie*, Fribourg-en-Br. 1896, p. 119.

[2] Art. *Ratramne*, Dict. de théol. cath., XIII 2, 1781. L'on va certainement être frappé par le jugement de Jacques Basnage, qui dans son *Histoire de l'Eglise*, t. 2, Rotterdam 1699, p. 932–937, en parlant de Ratramne et de Jean Scot, dit du prémier: l'un est un écrivain subtil, qui n'a point de méthode, qu'on n'entend presque pas; au lieu que [Scot] est savant, habile, et qu'il manie avec art sa matière.

S. Augustin, Ratramne répond à la question: comment on peut comprendre le corps sacramentel comme le corps de Christ: en figure et en image, dit-il (84) ou par gage (85). La liturgie demande à Dieu de nous accorder dans l'au-delà, après le gage et l'aspect extérieur des choses, la vérité elle-même (85, 88). Dans sa première partie Ratramne avait parlé de l'eau du calice, qui représente le peuple des fidèles; à la fin de la deuxième partie il y revient en disant que le sacrement est le mystère, qui porte l'image du corps de Christ, qui a souffert et est ressuscité, et du peuple, régénéré en Christ et sauvé de la mort (98). Pour terminer, l'auteur n'oublie pas de rappeler que le sacrement est aussi 'la mémoire' de la passion du Seigneur. Il explique ce terme 'memoria', souvent mal compris, en montrant que, en nous souvenant de cette passion, nous devenons participants de la grâce divine, parce que nous sommes libérés par elle de la mort (99, 100). Il n'est donc pas question d'une conception de mémoire purement symboliste chez Ratramne. On peut dire que, d'un bout à l'autre, son traité commente l'idée du sacrement d'une façon spirituelle mais non symboliste, réelle mais non grossière, positive mais non matérielle. Il arrange tous les termes en usage de façon qu'ils s'expliquent et se déterminent les uns les autres. Aussi R. Seeberg est trop exigeant en disant que peut-être Ratramne aurait pu donner une doctrine plus profonde et plus riche, si la définition du problème, qu'on lui avait posé, n'eût été tellement limitée. Au contraire, le cadre de la pensée de Ratramne est large et sa pensée elle-même est loin d'être pauvre [1]. La richesse, bien connue des idées théologiques de ses autres écrits, s'exprime dans son traité eucharistique par un vocabulaire très étendu, conforme au vif développement de la doctrine sacramentelle au 9e s. Ratramne, en traitant son sujet, se rend compte d'un grand nombre de termes et de leurs synonymes: mysterium, sacramentum; figura, figurate; obumbratio, adumbrare, velamentum, obvelare; secretum, imago, pignus; res, essentia, substantia, substantialis, substantialiter, vere, rei manifesta demonstratio, nuda et aperta significatio; superficietenus, exterior, exterius, visibilis; interius, invisibilis, invisibiliter; ostendere, ostentare, monstrare; corporeum, corporalis, corporaliter; humanus; corrumpere, corruptibilis, incorruptibilis, temporale; Spiritus, spiritalis, spiritaliter, aeternus, divinus, intellectus, intelligentia, intellegere, sentire, cognoscere, apprehendere, attendere, incomprehensibilis; existere, existentia, consistere; virtus, potestas, potentia; dispositio; distinctio, distinguere, differentia; permutatio, commutatio, transitus, transire, converti, sanctificare, conficere; gerere, celebrare, celebratio, operatio; repraesentatio, repraesentare, significare, signare, memoria, participatio, participare, commemoratio, commemorare, etc.

Plusieurs auteurs ont déclaré qu'il y a une certaine confusion dans ce traité et que l'usage des termes manque de clarté. C'est l'opinion de Zeck [2]

---

[1] Cf. Béraudy, *o.c.*, passim.
[2] *Kirchenlexikon*, t. 10, p. 803.

et de Hergenröther [1], qui n'accuse pas Ratramne de l'hérésie purement symboliste ou 'virtuelle', sans d'ailleurs aller aussi loin que l'historien du dogme médiéval Jos. Bach [2] et que Jos. Ernst, qui le considère comme un pur orthodoxe. Ernst, dans son livre sur Paschase Radbert, dit que la vérité fondamentale de l'Eucharistie est, si l'on veut, affirmée encore plus nettement et plus exactement dans le traité de Ratramne que dans celui de Radbert [3]. A. Nägle aussi tient en principe Ratramne pour orthodoxe dans le sens catholique du terme [4]. Il y a certainement de l'exagération dans ce jugement essentiellement plus dogmatique qu'historique. Geiselmann, d'autre part, dans son analyse rigoureuse, conclut au contraire, en traitant la doctrine eucharistique de Ratramne, de dynamique, spiritualiste et par cela hétérodoxe [5]. Bien que cette analyse de Geiselmann mérite d'être considérée comme la plus argumentée de toutes celles que nous possédons, la norme même de la critique de Geiselmann ne semble pas être toujours indépendante du dogme ecclésial, qui se développe d'une manière si rapide et en un sens si particulier après Ratramne. Adolphe de Harnack prend beaucoup de peine pour faire justice à Ratramne du point de vue purement historique et objectif [6]. Ratramne, à notre avis, par son traité eucharistique, remarquablement composé pour l'époque [7] et tellement riche en nuances, qui n'abuse jamais des termes mais se rend toujours compte de la valeur de chacun d'eux, s'élève au dessus de plusieurs de ses contemporains: amis comme Raban Maur, adversaires comme Radbert ou prudents peu originaux comme Hériger de Lobbes plus tard. Il s'agit chez Ratramne du concept de la réalité sacramentelle, que presqu'aucun théologien de cette époque a su interpréter si clairement comme une catégorie indépendante et dont la définition échappe et doit toujours échapper à toute conception philosophique: Ratramne n'est pas simplement un augustinien conservateur. Il ne se cantonne pas dans une attitude négative vis à vis du développement philosophique. Mais il n'inféode pas les idées théologiques à des conceptions qui sont essentiellement d'un autre ordre. Il ranime un pur augustinisme qui était en train de n'être plus compris. L'histoire du livre de Ratramne nous a appris qu'il faut se méfier de toute interprétation influencée par un dogme ecclésiastique. Ratramne est-il catholique-romain ou calviniste avant la lettre, cela importe peu.

---

[1] A. Hergenröther, *Handbuch der allgem. Kirchengeschichte*, t. 2, 5me éd.' Fribourg-en-Br. 1913, p. 136.

[2] Jos. Bach, *o.c.*, p. 191–203.

[3] Jos. Ernst, *Die Lehre des h. Pasachsius Radbertus von der Eucharistie*, Fribourg-en-Br. 1896, p. 99–120.

[4] A. Nägle, *o.c.*, passim.

[5] Jos. R. Geiselmann, *o.c.*, p. 176–218.

[6] A. von Harnack, *Lehrbuch der Dogmengeschichte*, t. 3, 4me–5me éd. 1909, 1932, p. 317–320.

[7] Em. Amann, *L'époque carolingienne*, dans Fliche et Martin, *Histoire de l'Eglise*, t. 6, Paris 1937, p. 318.

Le théologien érudit du 9e s. n'appartient ni aux uns ni aux autres. Autrefois Schwane avait suggéré un peu méchamment que c'étaient les Bénédictins — il pensait surtout à Mabillon — qui avaient essayé de justifier les expressions de leur coreligionnaire [1]. Nous croyons que c'est trop dire et qu'il y a de l'objectivité dans les notices de Mabillon. Schwane lui-même a commis une erreur beaucoup plus grande que tous les défenseurs de Ratramne: il a été le seul à emprunter au c. XXXIX du traité et à la phrase: 'Quod semel fecit nunc cotidie frequentat' des arguments pour défendre l'orthodoxie de Ratramne. Il aurait dû se méfier de cette expression falsifiée, qui, personne ne saurait le nier, ne cadre en rien avec la vraie pensée de Ratramne sur le sacrement de l'autel. Nous avons fait remarquer que, parmi les modernes, même Béraudy, s'efforçant d'accentuer le réalisme sacramentel de Ratramne, a échoué à propos du même texte [2]. Geiselmann, en expliquant ce chapitre, sans connaître la vraie leçon du texte: 'non cotidie frequentat', ne se laissa du moins pas entrainer par la fausse leçon [3]. Ratramne vaut d'être jugé selon les mérites de sa théologie authentique. Grabmann loue la disposition logique et systématique du traité de Ratramne, qu'il considère comme une excellente introduction à la méthode scolastique [4]. Ajoutons que chez Ratramne, 'redoutable à la fois par sa puissance dialectique et son érudition' [5], on ne trouve point de légendes superstitieuses comme Radbert aimait en raconter.

Geiselmann et Harnack sont d'accord pour reconnaître qu'il y a des éléments traditionnels, qui ont eu trop de force pour être rejetés par Ratramne. Mieux encore aurait valu dire: des éléments populaires, comme Radbert les acceptait et favorisait. Cela se comprend car, en prêtre fidèle, lui aussi, il participait sincèrement à la liturgie. D'autre part, sans être pédant — qu'on se souvienne des citations patristiques qui étoffent méthodiquement son argumentation — il s'oppose avec vigueur à des développements des idées sacramentelles qui risquent d'être préjudiciables à la foi chrétienne. Ratramne a été l'un des ornements de l'abbaye de Corbie au 9e s. Son traité eucharistique se recommande en particulier par la brièveté et la clarté de l'expression [6], qualités remarquables dans un sujet que est un des plus complexes que la théologie catholique ait à exposer.

---

[1] Jos Schwane, *o.c.*, p. 632.
[2] Cf. ci-dessus, p. 19.
[3] Jos. R. Geiselmann, *o.c.*, p. 188 et 193.
[4] M. Grabmann, *Die Geschichte der scholastischen Methode*, t. 1, Fribourg-en-B. 1909, p. 201.
[5] Cappuyns, *o.c.*, p. 110.
[6] Manitius, *o.c.*, p. 412. R. Béraudy, *Les catégories de la pensée de Ratramne dans son enseignement eucharistique*, dans: Corbie abbaye royale. Volume du XIIIe centenaire, Facultés catholiques de Lille, 1963, p. 135–155.

TABLE ALPHABETIQUE DES NOMS PROPRES

Abbot, George 115
Adalhardus 12
Adrevald 99
Aelfric 117, 118, 119, 122, 123–128
Agrippa de Nettesheim 75
Albert, Margrave de Brandebourg 73
Alcuin 115
Alexander, N. 122
Alfred le Grand 117
Alger de Liège 79
Allan, William 92
Allix, Pierre 89, 90, 91, 102 104
Ambroise, S. 30, 31, 55, 96, 108, 142
Andrewes, Lancelot, évêque d'Ely 122
Anonyme de Cellot 5, 27, 97, 98
Anonyme de Melk 8
Arbussy, Joseph 104
Arnauld, Ant. 90, 101, 102
Arnold IV de Bentheim-Steinfurt 134
Aubertin, Edme 94, 95, 96
Augustin, S. 16, 17, 21, 22, 29, 30, 51, 96, 108, 110, 112, 128, 129, 136, 137, 138, 139, 141, 143
Augustin, Ps. 30

Bach, Jos. 144
Backer-Sommervogel 106
Baluze, Etienne 34
Baronius, C. 91
Basnage, Henri 91
Barbier, M. 90
Beda Venerabilis 20, 30, 96, 108, 115, 123
Beda, Ps. 30
Bellarmin, Rob. 93, 95, 106, 114
Benoît, S. 20, 34
Béraudy, Roger 19, 28, 145
Bérenger 98, 99, 103, 109, 110, 111, 116, 117, 132
Bernard, J. Fr. 128, 129
Bethmann, L. C. 10
Bèze, Théod. de 85
Bischoff, B 4, 6, 31
Bishop, T. A. M. 3, 4, 10–13, 31
Blondel, David 98
Boileau, Jacques 13, 14, 18, 19, 23, 41, 42, 73, 76, 86, 87, 88, 91, 104, 105, 106, 107, 128, 130, 137, 141

Boileau-Despréaux, Nic. 105
Bonner, Edmund, évêque de Londres 109
Bourne, G. 109, 110
Brenz, Joh. 116
Brereton, John 25, 26
Brooks, dr 110
Brunet, J. Ch. 72, 133
Bryan, Matth. 115
Bucer, Martin 83
Bullinger, Henri 72, 73, 74, 75, 91, 116, 138

Calvin, Jean 81, 89, 101, 118
Calvinistes 101
Carlstadt, André Bodenstein 109
Casaubon, Isaac 97, 122
Cassien, Jean 20
Cave, William 130
Cellot, Louis S. J. 5, 97
Centuriateurs de Magdebourg 80, 91, 97, 99, 116, 132
Césaire d'Arles 29
Charles le Chauve 5, 6, 7, 8, 14, 20, 21 22, 27, 28, 36, 86, 92, 100, 112, 134, 138
Chaufepié, J. G. 90
Chrysostome, S. Jean 31, 106, 115
Cicéron 76
Ciengerus, George 78
Claude, Jean 101, 102, 103, 104
Clément VIII, pape 92, 100
Cochlée, Jean 77
Cooke, Sir Anthony 83
Cosins, John 122
Cranmer, Th. 84, 109, 111, 112, 122, 130, 131
Cromwell, Th. 119
Cyprien, S. 108, 115
Cyrille d'Alexandrie, S. 30

D'Achéry, Luc 13, 16, 98, 121
Daillé, Jean 94
Dalburg, Jean 79
Damascenus, Joh. 99
David 49
Dawson, dr. 130
Daye, John 117

De Harlay, François 106
Dekkers, Dom Eligius 29, 139
De Marca, Pierre 34, 98, 102, 103, 105, 106
Denny, Mme. 113
Derolez, A. 4
Des Maizeaux 90
Desmarets (Maresius), S. 132
D'Espence, Claude 91, 92, 94, 114
Des Sainctes, Claude 92
De Thou, J.-A. 17, 25
De Valence, Grégoire 92
Douai, théologiens de 79, 80, 84, 91, 92, 97, 100
Doumergue, E. 81
Druthmar de Corbie, Chrétien de Stablo 100, 111
De Bar, Catherine 85
Dubois, H. 38
Du Bois, Michel, v. Sylvius
Dufour, Th. 81
Dümmler, E. 6, 15
Du Perron, card. 71, 80, 93, 94, 95, 105, 106, 122
Du Plessis-Mornay, Phil. 93, 94, 95, 98, 100
Durand de Troarn, 115

Edouard II, roi 77, 108
Egilon 5
Elisabeth, reine 77
Erasmus 75
Erigène, Jean Scot 3, 7, 26, 34, 90, 93, 97, 98, 99, 100, 101, 102, 103, 106, 112, 121, 129, 131, 132
Ernst, Joh. 142, 144
Eusebius de Césarée 108
Eusebius d' Emesa 15, 29, 31

Fabricius, J. A. 87, 89, 133
Facundus de Hermiane 100
Faustus de Riez 29
Featley, ou Fairclough, Dan.
Feckenham, John 109, 110
Feugueraye, G. de 41, 85, 86, 87, 103, 131, 136, 137
Fisher, John 72, 73, 111
Fisher, John S. J. 115
Flacius, Matth. Illyricus 81
Flore de Lyon 16
Floyd, John 115, 116
Forbes, Patrick 119
Förster, May 122, 123, 128
Foxe, John 111
François de Ste Claire 122
Frudegard 98, 132

Gardiner, St. 84, 92, 95, 96, 110, 111, 112
Garet, J. 114
Garrett, C. H. 83
Gast, Job 71
Geiselmann, J. R. 73, 144, 145
Gélase 96
Genebrard, archevêque d'Aix 92
George de Valence 114
Gerbert d'Aurillac 5, 20, 21
Gerson, Jean 22
Gillot, Jacques 97
Goad 115
Gotteschalck d'Orbais 27, 97
Goulart, S. 41, 80, 87
Grabmann, M. 145
Grégoire le Grand, pape 29, 93, 123
Grenier, Dom 14
Gretser, Jacques 92
Guild, W. 119, 120
Guitmund d'Averse 79, 99

Haag, E. et E. 89
Hardenberg, A. R. 83
Harding, Thomas 112
Hardouin, Jean 106, 107
Harnack, Ad. von 144, 145
Harrison, J. 131
Hartman, prieur de S. Blaise 20
Haymo d'Halberstadt 99, 111
Hendreich, Chr. 133, 134
Henri IV, roi de France 85, 93
Henri VIII, roi d'Angleterre 77, 108
Hergenröther, A. 144
Hériger de Lobbes 5, 6, 10, 13, 17, 26, 28, 31, 33, 97, 99, 106, 144
Heribaldus 33, 34
Hérold de Hochstaedt, Jean Basile 78, 79
Heskyns, Thom. 114
Heurtevent, R. 28
Hilaire de Poitiers 29
Hincmar de Reims 17, 26, 27, 91, 98
Hooker, Richard 122
Hooper, John 120
Hopkins, W. 41, 86, 91, 112, 120, 121, 122, 123, 128, 129, 131, 132
Hudson, W. S. 84
Hugh(e), William 113
Hus, Jean 109

Isidorus Hispalensis 29, 37, 53, 54, 108
Isidorus Pelusiota 115

Jacques II, roi 122
Jansénistes 101

Jérôme, S. 29, 75, 108, 115, 142
Jewel, John 112, 117, 122
Juda (Jud), Léon 72, 75, 76
Jurgiewicz, André 81
Jurien, Pierre 129

La Bastide, M.-A. 90, 91
Labbé, Phil. 98
Lampade, Jean 41, 135–137
Lanfranc 78, 79, 138
Langdale, A. 114
Latimer, Hugh 109
Latomus, B. 76
Lavather, Louis 75
Legrand, moine de Lobbes 10
Le Hongre 85
Leo Magnus 30
Lieftinck, G. I. 4, 31–32, 36–38
Loescher, Valentin
Lomeier, Alb. 134, 135, 139
Longolius, (Longueil), Gilbert 76
Lothaire, empereur 8, 74
Lovell, T. 111
Luther, Martin 71, 73, 77, 83, 136
Lynde, Humphrey Sir 109, 114, 115, 116, 117, 121, 130

Mabillon, Jean 3, 5, 6, 13, 14, 15, 18, 19, 24, 71, 97, 98, 100, 103, 104, 105, 121, 122, 141, 145
Maclaine, Archibald 130
Maldonat, J. 115
Malone, W. 118
Maresius, v. Desmarets, S.
Marie Tudor 77, 95, 109
Marlorat, Aug. 85, 88, 89
Mauguin, Gilb. 98, 122, 132
Melanchthon, Phil. 75, 83
Merlette, Bernard 12
Migne 91, 107
Minio-Paluello, L. 37
Molanus 7, 92
Miraeus, Aubertus 7, 8, 100
Molina, L. de 92
Molinier, A. 23
Montagu, Richard 122
Montfaucon, B. de 16, 22, 23
More, Thomas 73
Morin, Germain 5, 6, 15, 29
Mosheim, J. L. 130

Nägle, A. 72, 89, 144
Nicole, P. 101, 102, 103, 104

Nouet, Jacques 104

Oecolampade, Jean 71, 73, 74, 75, 93, 100, 109, 114
Ogilvie, G. 119, 120
Origène 108
Ostervald, J.-F. 129

Pannier, Jacques 81
Panzer, G. W. 75, 76
Paris, P. Anselme 34, 102, 104, 105
Parker, Matthew 117, 118, 122, 130
Parsons, R. 114
Paulus apostolus 22
Paul IV, pape 79
Paulus, P. Bedae 6, 138
Pelham, Sir William 113
Pestalozzi, Carl 72
Petri, Henri 78
Petrus Lintrensis, Barthol. 8
Pez, Bernard 5
Pezel, Chr. 136
Philippe, Landgrave de Hesse 71
Pius IV, pape 79
Pollard and Redgrave 109, 111
Polman, Pontien 72, 76, 80, 95, 139
Porre (Porré), Jonas 129
Possevin, Ant. 80, 92, 114
Poynet, John 41, 83, 84, 112
Prael, Joh. 41, 71, 74, 76, 138
Prosper d'Aquitanie 108
Pye, Sir Walter 114

Quentel, Jean 9, 25, 41, 76, 77
Quiroga 120
Quodvultdeus 30, 31

Raban Maur 5, 20, 25, 26, 33, 34, 76, 77, 78, 97, 111, 119, 120, 129, 144
Radbert, Paschase 3, 5, 6, 7, 17, 23, 26, 27, 28, 29, 30, 31, 35, 71, 73, 77, 78, 79, 93, 98, 99, 105, 111, 122, 138, 139, 142, 144
Ratramne d'Orbais 27
Ravaisson, F. 24
Raynaud, Théoph. 100
Reynolds, W. 114
Richard 98
Ridley, N. 109, 110, 111, 112, 113, 114, 120, 122, 130
Rilliet, A. 81
Romaeus, Nic. 92
Rupert de Deutz 77

Sadolet, Jacq., card. 81
Sainte-Beuve, Jacques de 105
Sanders, N. 114
Schavye, P. C. 38
Schwane, Jos. 145
Seeberg, R. 143
Servius Grammaticus 10
Sichardius, J. 78
Sigebert de Gembloux 7, 29, 90, 92, 97, 98, 99, 119
Silvestre II, pape 5
Simler, Josias 116
Sirmond, Jacques 5
Sixte de Sienne 74, 91, 94, 96, 114
Snoeks, R. 95
Stercoranistes 94, 106, 122
Stesthetos, Nicetas 122
Strabo, Walafrid 73
Sturm, Jean 83
Sweet, John 115
Suffridus Petri 7
Sylvius, Michaëlis, v. Du Bois 41, 81, 139

Taylor, W. F. 131
Térence 76
Tertullien 115
Thibault, P. 98
Théodoret 96
Thierry, prince-évêque de Worms 79
Thorpe, Benjamin 123
Trithème, Jean de 8, 27, 76, 90, 96, 97, 98, 108, 109, 113, 114, 119, 133
Turner, dr. 109

Tunstall, Cuthbert 25, 77
Turrianus, Fr. 118
Tyndale, William 77

Ussher, James 91, 96, 97, 103, 112, 115, 117, 118, 119, 121

Vadian, Joa 75, 138
Van den Gheyn, J. 29
Veluanus, J. Anast. 131
Vergauwen 10
Vermigli, Pierre Martyr 81, 95, 96, 106, 111, 112, 116
Vernet, F. 141
Versteghe, v. Veluanus
Vincent de Lérins 115
Vitré, Jacques de 99
Vlimmerius, J. 71, 79
Voltaire 105
Volustianus 16
Vorstius, Conrad 134
Vossius, G. J. 119

Watt, v. Vadian
Werl, Vinzenz 20
Wilcox, Thomas 113, 114
Wood, Anth. 113
Wülfrath, K. 134
Wyatt, Thomas 83
Wyclif, John 109

Zeck, K. W. 73, 143
Zwingli, Ulrich 71, 72, 73, 76, 90

TABLE DES MATIERES

Préface 3

Chapitre I. La tradition littéraire et manuscrite. Datation . . . 5
Les témoins, 1. L'Anonyme de Cellot, 5–6. Le catalogue de la bibliothèque de l'abbaye de Lobbes, 6–7. Sigebert de Gembloux, 7–8. L'Anonyme de Melk, 8. Jean de Trithème, 8–9. Les manuscrits, 1. Codex Lobiensis, 9–14. Codex Salemensis, 14–15. Codex Pontiniacensis, 15–20. Codices Gottwicenses, 20–21. Codex Coloniensis, 21–22. Codex Andegavensis, 22–23. Codex Par. lat. 11.687, 23–24. Codex d'Avranches, 24–25. Codex de Trinity College, Dublin, 25. Codex de Marsh's Library, Dublin, 25–26. Datation, 26. Appendices, I. Exaggeratio, 29–32. II. Cod. Par. lat. 11.687, Reflexions, 33–35, III. Observations ultérieures sur le Codex Lobiensis, alias Corbeiensis, 36–38.

Chapitre II. RATRAMNI Liber De corpore et sanguine domini . . 39

Chapitre III. Notice bibliographique 71
Editio princeps, 1531, 71. Traduction en langue suisse-allemande, 73. Deuxième édition, Cologne 1551, 76. Réimpression dans *Mykropresbytikon* et *Orthodoxographa*, 78. Les Indices de Paul IV, Pie IV, l'Index belge de 1571, 79. Les Centuriateurs de Magdebourg; les luthériens allemands, 80. Edition de Genève 1541, 81. Strassbourg 1566, 82. De Feugueraye 1579, 85. Dans le *Catalogus testium veritatis* 1597, 87. Les traductions françaises de 1558 à 1673, 87. Edition et traduction de La Bastide (?) à Quévilly, 90. Ratramne et les controverses eucharistiques en France, 91–108. Jean Mabillon, 98. La *Maxima Bibliotheca Veterum Patrum*, 100. Antoine Arnauld; Jean Claude contre Nicole, 101. Jacques Boileau, 104. Ratramne en Angleterre, 108–131: Traduction de 1548, 108. Nicholas Ridley, 109. Pierre Martyr; John Foxe; Thomas Cranmer, 111. Thomas Wilcox, 113. Humphrey Lynde, 114. Ussher; Aelfric, 118. Ecosse, 119. Hopkins, 120. Aelfric, 122. Ratramne aux Pays-Bas, 131–133. Ratramne parmi les réformés en Allemagne, 133–137. Addenda, 138–139.

Chapitre IV. Conclusion 140

Table alphabétique des noms propres 146

DATE DUE

JUN 2 6 2001			

GAYLORD   PRINTED IN U.S.A.